왕부지의
대학 읽기

왕부지의
대학 읽기

왕부지 지음
최석기 역주

讀大學大全說

보고사
BOGOSA

왕부지(王夫之, 1619~1692)

왕부지의 초상화

왕부지의 생가

왕부지의 『선산유서(船山遺書)』

차례

해제

1 왕부지(王夫之 1619-1692)의 자는 이농(而農), 호는 강재(薑齋)이다. 왕부지는 1619년 9월 1일 호남성(湖南省) 형양(衡陽)에서 왕조빙(王朝聘)의 셋째 아들로 태어났다. 그는 만년에 호남성 형양현 곡란(曲蘭)의 석선산(石船山)에 은거하여 '선산유로(船山遺老)'라 자칭하였기 때문에 후인들이 그를 '선산 선생(船山先生)'이라 불렀다.

왕부지의 생애는 크게 세 시기로 나누어 볼 수 있다. 제1기는 29세 이전으로, 독서를 하며 과거시험을 준비하던 시기이다. 제2기는 29세 때인 1647년부터 39세 때인 1657년까지로 반청복명(反淸復明)의 기치를 내걸고 청나라에 저항하며 유랑하던 시기이다. 제3기는 39세 때인 1657년 이후로 형양에 돌아와 은거하며 연구와 저술에 전념하던 시기이다.

왕부지의 부친 왕조빙은 국자감에서 독서한 인물로 경사(經史)에 박통하였으며, 당시 유행하던 양명학을 추종하지 않고 정주리학(程朱理學)을 존숭하였다. 또한 숙부 왕정빙(王廷聘), 형 왕개지(王介之)·왕참지(王參之)는 모두 경학에 치력한 사인(士人)들이다. 이를 보면 그의 집안은 정주학을 가학으로 한 호남 지방 사대부 가문임을 알 수 있다.

　왕부지는 네 살 때부터 집안에서 형들에게 글을 배웠고, 7세 때 십삼경을 다 읽었으며, 14세 때 부친에게 오경의 경의(經義)를 배웠으며, 16세 때 음운학을 배우고 경사자집을 두루 열람하였다. 20세 때인 1638년 장사(長沙)의 악록서원(岳麓書院)에 가서 독서하였다. 24세 때 무창(武昌)의 향시에 응시하여 『춘추』 1등, 전체 5등으로 합격하였다. 그해 겨울 북경의 회시(會試)에 응시하러 가다가 이자성(李自成)·장헌충(張獻忠) 등이 이끄는 반란군에 의해 길이 막혀 남창을 경유해 형양으로 돌아왔다. 1644년 청나라 군대가 북경을 함락시키자, 100운의 비분시를 지었다. 이해 형산(衡山) 흑사담(黑沙潭) 쌍계봉(雙髻峯) 밑에 속몽암(續夢庵)을 짓고 은거하였다. 1645년 청나라 군대가 남경을 함락시키자, 다시 속비분시를 지었다.

　1647년 청나라 군대가 호남까지 점령하자, 왕부지는 관사구(管嗣裘) 등과 형산에서 의병을 일으켰다가 패하였다. 그는 반청복명의 꿈을 실현하고자 남명(南明) 계왕(桂王)에게 투신하여 행인사(行人司) 행인개자(行人介子)에 임명되었다. 그러나 남명정권의 부패한 실상을 보고 권간들을 탄핵하다가 도리어 화를 당해 겨우 살아났다. 이후 그는 반청운동을 하던 구식사(瞿式耜)에게 의탁하여 그를 도왔다. 오래지 않아 계림(桂林)마저 함락되고 구식사도 체포되자, 왕부지는 성명을 숨기고 영릉(零陵)·상녕(常寧) 등지의 산간을 떠돌며 3년 동안 유랑생활을 하였다. 그는 유랑생활을 하면서도 『주역』·『춘추』를 강설하고, 『주역외전』·『노자연(老子衍)』·『황서(黃書)』 등을 저술하였다.

　청나라의 반군에 대한 탄압이 완화되자, 왕부지는 1657년 4월 형양의 속몽암으로 돌아왔다. 왕부지는 이때부터 반청투쟁을 접고 전통문화를 연구하는 쪽으로 노선을 바꾸었다. 그는 속몽암에 거주하다

가, 1660년 상서(湘西) 금란향(金蘭鄉) 고절리(高節里)에 패엽려(敗葉
廬)를 짓고 이주하였다. 그리고 1669년에는 관생거(觀生居)에, 1676
년 이후에는 상서초당(湘西草堂)에 거처하며 저술활동을 하였다.

왕부지는 전란으로 혼란스런 시대를 살았고, 또 거처가 안정되지
못하여 어려 차례 이주하였지만 학문을 게을리 하지 않고 부지런히
전통문화를 연구하였다. 그의 방대한 저작 가운데 경학 관련 저술을
살펴보면 다음과 같다.

- 주역류 : 『주역내전(周易內傳)』·『주역내전발례(周易內傳發例)』
  ·『주역대상해(周易大象解)』·『주역패소(周易稗疏)』·『주역고이
  (周易考異)』·『주역외전(周易外傳)』
- 서경류 : 『서경패소(書經稗疏)』·『상서인의(尙書引義)』
- 시경류 : 『시경패소(詩經稗疏)』·『시경고이(詩經考異)』·『시광전
  (詩廣傳)』
- 예기류 : 『예기장구(禮記章句)』
- 춘추류 : 『춘추패소(春秋稗疏)』·『춘추가설(春秋家說)』·『춘추세
  론(春秋世論)』·『속춘추좌씨전박의(續春秋左氏傳博議)』
- 사서류 : 『사서훈의(四書訓義)』·『사서패소(四書稗疏)』·『독사서
  대전설(讀四書大全說)』

이외 사부(史部) 저술로는 『독통감론(讀通鑑論)』·『송론(宋論)』·『영
력실록(永歷實錄)』·『연봉지(蓮峯誌)』 등이 있으며, 자부(子部) 저술로
는 『장자정몽주(張子正蒙注)』·『황서(黃書)』·『노자연(老子衍)』·『장
자해(莊子解)』 등이 있으며, 집부(集部) 저술로는 『초사통석(楚辭通
釋)』·『강재문집(薑齋文集)』 등이 있다.

그의 유서는 1865년 증국번(曾國藩)이 57종 288권의 『선산유서(船山遺書)』를 간행하였고, 1933년 상해 태평양 서점에서 72종 358권의 『방산유서』를 출판하였다.

2 왕부지는 명나라가 망하고 청나라가 들어서는 전환기에 명나라 회복을 도모하다가 실패한 뒤 명나라의 유민(遺民)으로 일생을 산 불우한 학자다. 그는 의병을 일으켜 반청운동을 하다가 투옥되기도 하였으며, 중년 이후에는 산림에 은거하여 연구와 저술에 전념한 경학가다.

왕부지에 대한 평가는 풍우란(馮友蘭)이 '왕부지는 후기 도학의 주장(主將)으로 전기 도학의 주장인 주희와 어깨를 나란히 할 수 있다.'(풍우란, 『中國哲學史新編』)고 지적한 것처럼, 도학과 경학 분야에서 주희와 쌍벽을 이룰 만한 인물이다. 근래 왕무(王茂) 등이 저술한 『청대철학』(김동휘 옮김)에서는 왕부지의 경학사적 위상을 다음과 같이 보다 구체적으로 논평하였다.

청초 초년의 학자들 속에서는 대유가 배출되었는데 세상 사람들은 고염무(顧炎武)·왕부지(王夫之)·황종희(黃宗羲)·방이지(方以知)를 일대 종사로 추대하고 있다. 그러나 철학을 논한다면 왕부지를 첫 자리에 놓아야 한다. 고염무는 경학·사지(史地)·음운 분야에서 저명하였고, 황종희는 『명유학안』·『송원학안』으로써 뭇 유학자들의 영수 지위를 차지하였고, 방이지는 학식이 연박하고 철학과 실측에 정통하여 그 박학과 청조(淸操)로써 천하에 이름을 날렸다. 그러나 그들은 모두 왕부지처럼 중국 고전 철학의 유산을 전면적으로 총화하지는 못하였다. 왕부지는 철학의 유산에 새로운 시대정신을 융합시켜 범위가 넓고 의미가 심각하고 사상이 완비한 기일원론의 논리 체계를 축성하였다. 이리하여 사람들은 왕선산을 청초 제일대가라 불렀는데, 이는 사실 과분한 찬양이 아니다.

여기서 우리가 주목할 만한 점은 왕부지가 종래의 유학을 전면적으로 재평가했다는 것과 종래의 사상에 새로운 시대정신을 융합시켰다는 것이다. 이러한 지적처럼 왕부지는 명대까지 이어진 송·명대의 학문적 전통을 계승하면서 이를 전면적으로 재검토하여 새로운 시대정신으로 융합시킨 거유(巨儒)라고 하겠다. 따라서 그를 장재(張載)의 학문을 계승한 기철학자(氣哲學者)로만 보는 시각은 교정될 필요가 있다.

3 왕부지는 송대 정주학(程朱學)을 비판적으로 계승한 학자로서 다방면에 걸쳐 방대한 저술을 남겼는데, 특히『독사서대전설(讀四書大全說)』은 그가 47세 때인 1165년에 저술한 대표적인 저작이다. 본 번역서는 이 가운데 권1에 수록된『독대학대전설』을 역주한 것인데, 속수사고전서(續修四庫全書)에 실린『독사서대전설』을 번역 대본으로 하고, 대만 하락도서출판사(河洛圖書出版社)에서 중화민국 63년(1973)에 간행한『독사서대전설』을 참조하였다.

사서대전(四書大全)은 명나라 영락연간(永樂年間)에 황제의 칙명으로 호광(胡廣) 등이 편찬한 책으로, 주희(朱熹)의 사서집주(四書集註)의 주를 대주(大註)로 하고, 주자 및 주자학파의 설을 간추려 뽑아 소주(小註)로 하여 편찬한 책이다. 이 책은 15세기 세종연간 우리나라에 유입되어 줄곧 교과서로 읽혔고, 지금까지도 사서를 배우는 사람들은 이 대전본을 텍스트로 삼고 있다.

『독대학대전설』은 주희의 주를 대주로 하고 주자학파의 설을 소주로 한 『대학장구대전』을 읽고 비판적으로 논평하면서 자신의 견해를 개진한 『대학』 주석서다. 왕부지가 주희의 설을 비판한 대목이 많기 때문에 얼핏 보면 주자의 설에 반대한 것처럼 보이지만, 자세히 들여다보면 주희의 설을 긍정하고 지지한 견해도 다수 발견된다. 따라서 왕부지는 주희 및 주자학파의 설을 비판적으로 수용하는 시각에서 『독대학대전설』을 저술한 것인데, 그 내용에는 전인들이 발명하지 못한 점을 발명한 것이 다수 눈에 띈다. 그러므로 그의 『독대학대전설』은 주희의 『대학장구』를 비판적으로 계승하며 미비점을 보완한 해석서라고 보는 것이 객관적인 평가일 것이다. 이런 점에서 『독대학대전설』은 『대학』 해석사에 빼놓을 수 없는 중요한 위치에 있는 저술이라 하겠다.

4 『독대학대전설』에도 자의(字義)를 면밀히 고증해 주요 어휘의 개념을 명확히 해석하는 경향이 뚜렷이 나타난다. 이러한 성향은 명말청초에 대두된 고증학의 영향에 의한 것으로 여겨진다. 이러한 그의 주요 어휘 개념정의 속에는 전대의 설과 다른 주장을 하고 있는 것이 많다.

왕부지는 『대학장구』 전 제8장에서 "글자의 뜻을 풀이할 적에는 선유들이 밝히지 못한 점을 보충해 한 글자씩 분명하게 풀어내야지, 두루뭉술하게 보아 넘기려 해서는 안 된다. 십삼경에는 그 글자를 통해 어떤 의미를 드러내거나 어떤 의미를 혼합한 것이 애초 한 글자도 없다. 예컨대, 이 장 '친애(親愛)' 등의 10자와 같은 경우, 그 유형은 다섯 가지이지만 그 요점은 열 가지 뜻이 된다."라고 하여, 경문의 글자의 의미를 명확하게 파악하는 것으로부터 해석을 해야 한다는 점을 강조하였다.

또한 그는 전 제9장에서 "경전의 뜻에는 대의(大義)도 있고, 은미한 말씀[微言]도 있고, 서로 도와 이루어주는 문장을 완성하는 말도 있다. 글자마다 뜻을 찾으면서 그 편안한 문리를 돌아보지 않으면, 어긋나지 않는 경우가 드물다."라고 자의파악을 먼저 한 뒤에 문리에 맞는 의미를 읽어낼 줄 알아야 한다는 점을 추가하였다.

이처럼 왕부지의 『독대학대전설』 해석에는 자의파악으로부터 출발하여 문장의 이치를 탐구하는 방향으로 해석의 원칙을 제시하고 있다.

5 왕부지가 『대학』의 주요 명제에 대해 해석한 것을 간략히 살펴보도록 하겠다.

삼강령의 명덕에 대해, 왕부지는 "사람은 이 명덕이 있는 것을 말미암기 때문에, 지(知)에는 탐구할 만하여 끝까지 탐구함이 있으며, 의(意)에는 속일 수 없어서 반드시 선으로 가득 채움이 있으며, 심(心)에는 바름을 취하여 바르게 하는 바가 있는 것이다. 그리고 그것이 표출되어 사지(四肢)에 발현되고 사업에 드러난 것이, 몸[身]이 닦여져서 가(家)·국(國)·천하(天下)에 응하는 것이다. 명덕은 사람만이 가지고 있으니, 이미 사람에게 오로지 속한 것이다. 명덕이 사람에게 오로지 속한 것이라면, 성(性)이 되는 것이라고 다시 명명할 수 없다. 왜냐하면 성(性)은 하늘과 사람이 주고받는 것을 총칭하는 이름이기 때문이다. 그러므로 주자는 '명덕'을 곧장 심(心)으로 본 것이다."라고 하여, 주희가 심(心)으로 본 설을 수용하면서 성(性)과 다른 점을 분변하고 있다.

　또한 왕부지는 경문의 지지(知止)·정(定)·정(靜)·안(安)·려(慮)·능득(能得)의 육사(六事)에 대해, "주자의 설에 '정·정·안·려·득은 공효의 차례이지, 공부의 절목은 아니다.'라고 하였다. 이를 공부라고 하면 참으로 불가하다. 이른바 공효란 단지 공부할 때 자신이 터득한 것을 스스로 깨닫는 효과일 뿐이지, 『중용』의 '형(形)·저(著)·명(明)·동(動)'과 같이 지위에 따라 각각 그에 해당하는 사실이 있는 것은 아니다. 그러므로 주자의 설에 '그칠 바를 알고 나자마자 자연히 서로 연관되어 나타난다.'라고 한 것이다. 총괄하자면, 이 다섯 가지 공효는 원래 단계를 따라 머물며 공효를 드러내는 것이 아니니, 오늘 지향(志向)이 정해졌다[定]고 해서 내일 마음이 고요해지는[靜] 것이 아니다. '지지(知止)'로부터 '능득(能得)'에 이르기까지 수미가 관통하여 다섯 가지가 차례대로 나타나며 멈추지 않는다."라고 하여, 공부가 아니라 공효라고 한 주희의 설을 그대로 수용하고 있다.

　주희의 후학들은 주희가 개편해 만든 『대학장구』에 격물치지전이 없는 것을 의심해서 경문의 '지지(知止)' 이하 42자를 격물치지전으로 보아 『대학장구』의 체제를 일부 개정하는 설이 재전 문인대로부터 줄곧 제기되어 명대 중반까지 이어졌다. 왕부지는 이러한 사실을 익히 알고 있었을 터인데, 그에 대해 일언반구도 하지 않고 있다. 그리고 주희가 육사를 공효로 본 설을 지지하며 그에 대해 부연설명하고 있다. 이를 보면, 왕부지는 주희의 『대학장구』 체제를 전적으로 수용한 것을 알 수 있다.

　왕부지의 격물치지(格物致知)에 대한 해석은 주희가 '심(心)이 사물의 이치에 끝까지 이르러 그 극처가 나에게 이르지 않음이 없게 하는 것[窮至事物之理 欲其極處無不到也]'이라고 해석한 것과 다르다. 그는 격물치지의 공부에 대해 "격물의 공부는 마음과 귀·눈이 균일하게 작용한다. 배우고 묻는 것[學問]이 주가 되고, 생각하고 분변함[思辨]이 그것을 보조하니, 생각하는 바와 분변하는 바는 모두 배우는 바와 묻는 바의 일이다. 치지(致知)의 공부는 오직 마음에 달려있다. 생각하고 분변하는 것이 주가 되고, 배우고 묻는 것이 그것을 보조하니, 배우는 바와 묻는 바는 생각하고 분변할 때의 의심을 결정하는 것이다."라고 격물의 공부와 치지의 공부를 구별하였다. 그리고 경문의 '치지재격물(致知在格物)'에 대해 "이는 귀·눈이 마음의 작용에 의지하여 따르는 바가 있게 하는 것이지, 귀·눈이 마음의 권능을 전적으로 잡고서 마음을 폐할 수 있다는 것은 아니다. 주자 문하의 여러 제자들은 오직 이 점을 몰라, 아호(鵝湖)에서의 비웃음을 샀다."고 하여, 인식의 과정을 마음과 감각기관이 함께 작용하는 것으로 설명하였다.

왕부지는 보망장의 '천하지물 막불유리(天下之物 莫不有理)'에 대해서도 하자가 있다고 지적하면서, 보망장에서 '이지지리(已知之理)'라고 한 것은 『소학』에서 익힌 쇄소응대진퇴(灑掃應對進退)의 절도와 예악사서서수(禮樂射御書數)의 그러한 까닭을 말하는 것이라고 하였다. 이러한 해석은 이치가 실제 일상의 행사에 있는 것이지 막연한 형이상의 이치가 아님을 분명히 한 것이다. 그리하여 그는 "이 외에도 천하의 사물에 이치가 있지 않음이 없으나, 학자들이 반드시 궁구해야 할 바는 아니다."라고 하면서, 하나의 사물을 만날 때마다 반드시 그 이치를 궁구해야 한다면 기송(記誦)·사장(詞章)의 속유가 되거나 실상이 없는 적멸(寂滅)을 추구하는 이단이 될 것이라고 하였다.

주자학파에서는 팔조목을 격물·치지의 지(知)와 성의·정심·수신·제가·치국·평천하의 행(行)으로 구분하는데, 왕부지는 이에 대해 "선유들은 팔조목을 나누어 치지·격물은 지(知)에 속하고, 성의 이하는 행(行)에 속한다고 하였다. 이는 『대학』을 두 절로 나누는 것이다. 단락을 크게 나눌 적에는 이와 같이 말할 수 있지만, 항목에 따라 공부할 적에는 치지·격물에도 행(行)이 있고, 성의로부터 평천하에 이르기까지도 지(知)가 있지 않음이 없다."라고 하여, 공부의 측면에서는 지에도 행이 있고 행에도 지가 있다고 하였다.

또한 왕부지는 팔조목의 성의(誠意)에 대해, 주희가 마음속에서 막 싹튼 생각을 악으로 흐르지 않도록 선으로 가득 채우는 것이라고 해석한 것을 따르지 않고 아래와 같이 해석하였다.

> 요컨대 이 성의 공부는, 이미 알고 있는 이치를 가지고 생각이 발할 때를 만나 적용하여 그 이치를 내 마음속에 가득하게 하는 것이다. 그리고 나의 본디 바른 마음을 가지고 내가 대응하려는 사물에 대해 긴밀하게 꿰뚫어보아 부절(符節)처럼 합하고 하나로 통해서, 나의 생각이 그 위로부터 발하게 하는 것이다. 죽순이 나올 때 시종 같은 그러한 모양을 하는 것과 같다. 이처럼 마음속에 가득 찬 것이 다양하게 표출되는데 한결같이 진실하게 하여 다시는 중간에 스스로 속이는 마음이 일어나지 않게 하는 것을 바로 '스스로 속이지 마는 것[毋自欺]'이라고 한다. 그러나 생각이 일어나기 전에는, 그것이 선의 기미일지 악의 기미일지 미리 헤아려 제압할 수 없다. 그래서 조용히 함양(涵養)하는 데에 힘을 쓰며, 급박하게 좋은 생각[意]이 나오도록 핍박할 수 없다. 생각이 발하여 알 수 있게 된 뒤에는 억지로 보충하거나 수식해서 소인이 자신의 불선을 숨기고 선을 드러내는 것처럼 해서는 안 된다. 그러

므로 자기가 앎[知]에 이르기를 기다리거나 자기만 혼자 아는 때를 당해서 삼감[愼]을 더하는 것이다. 이런 마음이 가득 차게 되면, 성(誠)이 생각에 흘러들어 표리·시종이 강하고 견고하고 정밀하고 밝게 될 것이니, 혼자만 아는 데에서 그것을 방지하는 것만은 아니다.

또한 왕부지는 정심(正心)에 대한 주희의 해석이 미비한 점을 지적하여 "주자는 '정심(正心)'의 심(心)에 대해, 단지 '마음은 몸이 주인으로 삼는 바이다.[心者 身之所主也]'라고만 말하였다. 그리고 소주에도 이에 대해 상세히 언급한 것이 없다. 그래서 '신(身)'과 '의(意)'의 중간에 있는 하나의 중요한 본령을 분명하게 알 수 없다. 주자가 '마음은 몸이 주인으로 삼는 바이다.'라고 한 말이 부당하다는 것이 아니다. 단지 슬쩍 지나치는 정도의 말만 하고, 본래의 분수와 지위는 드러내지 않음으로써 자질이 낮은 사람들로 하여금 '의(意)'를 심(心)으로 여기게 하고, 자질이 높은 사람들로 하여금 '심통성정(心統性情)'으로 말한 것이라 여기게 한다면, 정심(正心) 공부도 그로 인해 실상이 없게 될 것이다."라고 하였다.

왕부지는 '정기심(正其心)'이라고 하면 '바르지 못한 것을 바르게 한다.'는 의미가 있기 때문에, 정심공부는 바르지 못함이 있을 경우 바르게 하는 것이라고 보았다. 그리고 바르게 하는 주체를 심지(心志)로 보아, 맹자가 부동심장(不動心章)에서 기지수(氣之帥)로 본 지(志)에 주목하였다. 왕부지는 결론적으로 정심에 대해 "항상 마음을 보전하고 유지하여 선을 좋아하고 악을 미워하는 이치로 하여금 은연중 침범할 수 없는 보루를 세우게 하고, 나의 기(氣)를 거느리고서 사물이 다가오기를 기다리면, 보이지 않고 들리지 않는 가운데 수신·제가

·치국·평천하의 이치가 모두 갖추어지게 될 것이다. 이것이 신(身)과 의(意)가 교차하는 곳으로, 심(心)의 본체이다. 그리고 그렇게 하는 것이 수신(修身)·성의(誠意)의 중간에 있는 정심의 실제 공부이다. 그러므로 주자가 '마음[心]은 몸[身]이 주인으로 삼는 바이다.'라고 한 것이다. 보고 듣고 말하고 움직이는 것을 주관하는 것은 오직 의지[志]뿐이다."라고 해석하였다.

다음 왕부지는 수신(修身)에 대해 "수신은 치우친 바를 제거하는 데 있으니, 치우친 바가 없어진 뒤에 몸이 닦여진다. 예컨대 집안사람들을 균평히 하는 공은 효도를 가르치고, 공경을 가르치고, 자애를 가르치는 것이니, 이는 단지 그것을 알 뿐만 아니라 반드시 그것을 가르치는 것이다."라고 하여, 말하고 실천하고 행동하는 것에서 치우친 바를 제거하는 것으로 보았다. 이러한 설은 대체로 주자학자들이 마음이 외적인 대상을 만나 일어나는 치우친 감정을 제거하는 것으로 수신을 해석한 것과 같은 맥락에서 말한 것이다.

전 제9장(제가치국장)에는 제가(齊家)의 원리를 미루어 치국(治國)으로 나아가는 교화를 말하고 있는데, 그 핵심적인 교화의 내용으로 효(孝)·제(悌)·자(慈)를 제시하고 있다. 왕부지는 삼강령의 신민(新民)에 대해 "신민은 효·제·자로써 집안을 다스리고, 나라에 교화를 이룩해서 나라 사람들로 하여금 모두 따르고 깨우치게 하는 것이다."라고 하여, 주희가 민중들이 각자 예전에 물든 더러운 습속을 제거하는 것으로 해석한 설을 따르지 않았다. 또한 그는 효·제·자를 명명덕(明明德)으로 보는 설에 대해서도 양명학에 물든 설이라고 비판하였다.

6 『독대학대전설』에는 주희의 설을 수용한 경우도 있고 비판한 경우도 있는데, 필자가 보기에는 전적으로 비판하기보다는 비판적으로 수용하면서 자신의 설을 개진한 것이 많다고 생각한다. 예컨대, 격물치지에 대한 해석은 "어찌 그리도 번거로운가!"라고 비판하였지만, 보망장에 대해서는 불필요하다는 주장을 하지 않았다. 또한 성의와 정심에 대한 해석도 주희의 해석과는 다른 관점에서 해석하였다. 그러나 명덕을 해석하면서는 주희가 심(心)으로 본 설을 지지하였고, 경문의 육사(六事)에 대한 해석도 주희의 설을 지지하였다. 이런 점을 두고 볼 때, 왕부지는 주희의 설을 비판적으로 수용하면서 자신의 독자적인 설을 첨입한 것을 알 수 있다.

또한 왕부지는 주희의 『대학장구』와 『대학혹문』의 설을 면밀히 검토하여 『대학혹문』의 설의 장점을 적극적으로 드러내기도 하였다. 이 역시 『중용』을 해석하면서 『중용혹문』의 설이 『중용장구』의 설보다 더 낫다는 점을 여러 곳에서 말한 것과 유사하다.

그리고 주희의 『대학장구』가 유행한 뒤로 주자학파 학자들은 『대학장구』의 미비점을 보완하기 위하여 『대학장구』를 일부 개정해 격물치지전으로 삼는 설이 부단히 제기되었는데, 왕부지는 이러한 사실을 익히 알고 있었을 것인데도 주희의 『대학장구』 체제를 그대로 따르고 있다. 이런 점에서 그는 주희의 『대학장구』를 수용하면서 의미나 개념이 지나치게 형이상학적으로 치우친 점에 문제의식을 갖고 실제 일상의 행사에 초점을 맞추어 독자적인 설을 편 것이라고 보인다. 그는 인간의 심성에 중심을 두기보다는 인간의 일상의 행위와 일에 시선을 두었기 때문에 관념적인 리(理)보다는 실제적인 기(氣)에 나아가 해석을 한 것이다.

왕부지의
대학 읽기

讀大學大全說

대학장구서(大學章句序)

『대학』은 옛날 태학(太學)에서 사람들을 가르치던 바의 법이다.

대개 하늘이 사람을 태어나게 한 뒤로부터는, 이미 인(仁)·의(義)·예(禮)·지(智)의 본성을 사람에게 부여하지 않음이 없었다. 그러나 사람은 기질(氣質)을 품부 받은 것이 혹 균등할 수 없다. 그러므로 모두 자기 본성이 소유하고 있는 것을 알아서 그것을 온전하게 함이 있을 수 없다. 그런 상황에서 총명하고 지혜로워 자기 본성을 능히 극진히 한 어떤 한 분이 그들 사이에서 태어나면, 하늘이 반드시 그 사람에게 명령하여 그로써 대중의 임금과 스승을 삼아, 그로 하여금 대중을 다스리고 가르치게 하여 그들의 본성을 회복하게 한다. 이것이 바로 복희(伏羲)·신농(神農)·황제(黃帝)·요(堯)·순(舜) 같은 성왕들이 하늘의 뜻을 이어 이 세상에 표준을 세운 까닭이고, 사도(司徒)의 직책과 전악(典樂)의 관직이 그것을 말미암아 개설된 바이다.

삼대(三代) 초기 문물이 융성했던 시기에 그 법이 점점 갖추어졌다. 그런 뒤에 왕궁과 수도로부터 시골 마을에 이르기까지 학교가 있지 않음이 없었다. 그래서 사람이 태어나 8세가 되면 왕공(王公) 이하로부터 서인(庶人)의 아들·동생에 이르기까지 모두 소학교에 들어가 물뿌리고 비질하며 어른에게 응하고 대답하며 나아가고 물러가는 절

도와 예절·음악·활쏘기·말타기·서예·수학의 글을 배웠으며, 나이
15세 이르면 천자의 원자(元子) 및 여러 왕자들로부터 공(公)·경(卿)
·대부(大夫)·원사(元士)의 맏아들 및 일반 백성의 아들 중 준수한 자
에 이르기까지 모두 태학에 입학하여 이치를 궁구하고 마음을 바르게
하며 자신을 수양하고 남을 다스리는 도리를 가르쳤다. 이것이 학교
의 교육에 대·소의 구분이 나누어진 까닭이다.

학교를 설치한 것으로는 그 광범위함이 이와 같고, 학생들을 가르
치는 방술에 있어서는 그 차례·절목의 상세함이 또 이와 같았다. 그
런데 그 가르치는 내용은 또한 모두 임금이 몸소 실천해 보고 마음으
로 터득한 데에 근본한 것이어서, 사람들이 일생생활 속의 떳떳한 인
륜 밖에서 구하기를 기다리지 않았다.

그러므로 당시의 사람들은 배우지 않는 자가 없었고, 학교에서 교
육을 받은 사람들은 자기 본성 속에 본디 간직하고 있는 것과 자기
직분 상 마땅히 해야 할 바를 알아 각자 그 일에 힘을 써서 그 힘을
극진히 하지 않음이 없었다. 이것이 옛날 문물이 성대했던 시절에 정
치가 위에서 융성하고 풍속이 아래에서 아름다워 후세 사람이 능히
미칠 수 있는 바가 아닌 까닭이다.

주나라의 문물이 쇠미해지자, 어질고 성스러운 임금이 나타나지
않고, 학교를 세워 교육시키는 정사도 제대로 이루어지지 않아서 교
화가 무너지고 아름다운 풍속이 없어졌다. 당시 공자(孔子) 같은 성
인이 계셨지만, 임금과 스승의 지위를 얻어 그 정치와 교화를 행할
수 없었다. 이에 홀로 선왕(先王)의 법도를 취해 말씀을 하여 전해서
후세 사람들에게 그 법도를 알려주셨다. 예컨대, 「곡례(曲禮)」·「소의
(少儀)」·「내칙(內則)」·「제자직(弟子職)」 같은 여러 편의 글은 참으로

소학(小學)의 지류이거나 후예에 해당하는 것이고, 이『대학』은 소학의 성공을 인하여 대학의 밝은 법을 드러낸 것이니, 밖으로는 그 규모가 큰 점을 지극히 함이 있고, 안으로는 그 절목이 상세함을 극진히 함이 있다. 공자 문하의 제자 3천 명 중 그 말씀을 듣지 않은 사람이 없을 것이지만, 증씨(曾氏)가 전한 것이 홀로 그 종지(宗旨)를 얻었다. 이에 그들이 전한 뜻을 글로 지어 그 의미를 드러냈다. 맹자(孟子)가 별세함에 이르러서는, 그 전함이 세상에서 사라졌다. 그러니 그 책이 비록 남아 있었지만, 그 뜻을 아는 사람은 드물었다.

이로부터 속유(俗儒)들의 기억하고 외우거나 문장을 짓는 등의 학습은 그 노력이 소학을 배우는 것보다 배나 되었지만 쓸모가 없었고, 이단(異端)의 허무(虛無)·적멸(寂滅)의 가르침은 그 고원함이 대학에서 배우는 것보다 지나쳤지만 실제가 없었다. 그 외 권모술수가로서 온갖 방법을 써서 공명(功名)을 이루려고 하는 설, 그리고 제자백가와 여러 기예(技藝)의 부류로서 혹세무민하여 인의(仁義)를 가로막는 설이 그런 분위기 속에서 어지러이 뒤섞여 나타났다. 그리하여 그 시대 위정자로 하여금 불행히도 대도(大道)의 요지를 들을 수 없게 하였으며, 그 시대 일반인들로 하여금 불행히도 지치(至治)의 혜택을 받을 수 없게 하였다. 이처럼 어둡고 꽉 막힌 분위기가 반복되면서 더욱 침체되어 오대(五代)의 쇠락한 시대에 이르러서 무너지고 혼란스러움이 지극해졌다.

천운(天運)은 순환하여 지나가면 돌아오지 않음이 없는지라, 송(宋)나라의 덕이 융성하여 정치와 교화가 아름답고 밝아졌다. 이에 하남 정씨(河南程氏) 두 선생께서 태어나 맹씨(孟氏)가 전한 것을 접함이 있게 되었다. 실상 처음으로 이분들이 이『대학』을 존신하여 드

러냈고, 또 이 책을 위해 그 편차를 다시 정해서 그 귀결되는 의미를
드러냈다. 그런 뒤에 옛날 태학에서 사람을 가르치던 법과 성경현전
(聖經賢傳)의 본지가 찬란히 세상에 다시 밝혀졌다. 비록 나의 불민
함으로서도 다행히 두 선생을 사숙하여 참여해 그 가르침을 들음이
있었다. 다만 이『대학』은 아직도 잃어버린 것이 많다. 그러므로 나의
고루함을 잊고서 여러 서적에서 관련 내용을 채집해 모으고, 간혹 나
의 의견을 삼가 천부하여 빠진 부분을 보충해서 후세의 밝은 군자를
기다린다. 나는 참람한 짓을 하여 죄를 피할 길이 없음을 잘 알지만,
국가가 백성을 교화하고 풍속을 이룩하려는 의도와 학자들이 자신을
수양하고 남을 다스리는 방도에는 반드시 작음 도움이 없지 않을 것
이다.

순희(淳熙) 기유년(1189) 2월 갑자일(20일)에 신안(新安) 주희(朱熹)
가 서문을 지음.

大學之書 古之大(太)學 所以敎人之法也 蓋自天降生民 則旣
莫不與之以仁義禮智之性矣 然 其氣質之稟 或不能齊 是以 不
能皆有以知其性之所有而全之也 一有聰明叡智 能盡其性者 出
於其間 則天必命之 以爲億兆之君師 使之治而敎之 以復其性
此伏羲神農黃帝堯舜 所以繼天立極 而司徒之職 典樂之官 所
由設也 三代之隆 其法寢備 然後王宮國都 以及閭巷 莫不有學
人生八歲 則自王公以下 至於庶人之子弟 皆入小學 而敎之以
灑掃應對進退之節 禮樂射御書數之文 及其十有五年 則天子之
元子衆子 以至公卿大夫元士之適(嫡)子 與凡民之俊秀 皆入大

(太)學 而教之以窮理正心修己治人之道 此又學校之教 大小之
節 所以分也 夫以學校之設 其廣如此 教之之術 其次第節目之
詳又如此 而其所以爲教 則又皆本之人君躬行心得之餘 不待求
之民生日用彝倫之外 是以 當世之人 無不學 其學焉者 無不有
以知其性分之所固有 職分之所當爲 而各俛焉 以盡其力 此古
昔盛時 所以治隆於上 俗美於下 而非後世之所能及也 及周之
衰 賢聖之君不作 學校之政不修 教化陵夷 風俗頹敗 時則有若
孔子之聖 而不得君師之位 以行其政教 於是 獨取先王之法 誦
而傳之 而詔後世 若曲禮少儀內則弟子職諸篇 固小學之支流餘
裔 而此篇者 則因小學之成功 以著大學之明法 外有以極其規
模之大 而內有以盡其節目之詳者也 三千之徒 蓋莫不聞其說
而曾氏之傳 獨得其宗 於是 作爲傳義 以發其意 及孟子沒 而其
傳泯焉 則其書雖存 而知者鮮矣 自是以來 俗儒記誦詞章之習
其功倍於小學而無用 異端虛無寂滅之教 其高過於大學而無實
其他權謀術數 一切以就功名之說 與夫百家衆技之流 所以惑世
誣民 充塞仁義者 又紛然雜出乎其間 使其君子 不幸而不得聞
大道之要 其小人 不幸而不得蒙至治之澤 晦盲否塞 反覆沈痼
以及五季之衰 而壞亂極矣 天運循環 無往不復 宋德隆盛 治教
休明 於是 河南程氏兩夫子出 而有以接乎孟氏之傳 實始尊信
此篇 而表章之 旣又爲之 次其簡編 發其歸趣 然後古者大(太)學
教人之法 聖經賢傳之指 粲然復明於世 雖以熹之不敏 亦幸私
淑 而與有聞焉 顧其爲書 猶頗放失 是以 忘其固陋 采而輯之 間

亦竊附己意 補其闕略 以俟後之君子 極知僭踰無所逃罪 然於
國家化民成俗之意 學者修己治人之方 則未必無小補云 淳熙己
酉二月甲子 新安朱熹序

대학서(大學序)

「대학장구서」에 대한 설

1

무릇 인의예지(仁義禮智)를 겸해 말한 경우는, 본성의 네 가지 덕을 말한 것이다. 지(知) 자는 의미의 본원이 옳고 그름의 위에서 말하는 데 있다. 사람은 사람으로서의 옳고 그름이 있고, 일은 일로서의 옳고 그름이 있다. 그런데 사람으로서의 옳고 그름과 일로서의 옳고 그름이 마음속에서 곧장 분명해지는 것은 이 지혜[智]뿐이다. 운봉 호씨(雲峰胡氏)[1]는 주자(朱子)가 '치지(致知)'의 지(知) 자를 해석한 설[2]에 근거하여, "지(智)는 마음의 신명(神明)이니, 여러 이치에 묘하게 작용하여 만물을 주재하는 것이다."[3]라고 해석하였는데, 이 지(智)

---

1) 운봉 호씨(雲峯胡氏) : 원나라 때 학자 호병문(胡炳文 1250-1333)을 말함. 강서성 무원(婺源) 사람으로, 자는 중호(仲虎), 호는 운봉이다. 주자의 종손에게 『주역』 등을 배웠으며, 강녕교유(江寧教諭)를 역임하였다. 저술로 『사서통(四書通)』·『대학지장도(大學指掌圖)』·『춘추집해(春秋集解)』 등이 있다.

2) 주자가……설 : 주자는 『대학장구』에서 '치지(致知)'의 지(知)를 식(識)으로 해석하였다. '치지'에 대한 『대학장구』의 해석은 다음과 같다. "知猶識也 推極吾之知識 欲其所知無不盡也"

자를 해석한 것이 크게 잘못되었다. 지(知) 자는 작용[用]의 측면에서 말한 것이니, 재질(才質)에 도달해야 바야흐로 앎이 있게 된다. 여기서의 '지(智)' 자는 본성[性體]이다. 운봉 호씨가 '여러 이치에 묘하게 작용하여 만물을 주재한다.'라고 한 설은, 본성에 있어서는 도리어 의(義)·예(禮) 위에서 발하는 것이다. 주자가 의(義)를 해석하면서 '마음의 절제이며, 일의 마땅함이다.[心之制 事之宜]'[4]라고 한 것이, 어찌 '만물을 주재하는 것'으로써 해석한 것이 아니겠는가? 또 주자가 예(禮)를 해석하면서 '천리의 절제된 문장[天理之節文]'[5]이라고 한 것이, 어찌 '여러 이치에 묘하게 작용하는 것'으로써 해석한 것이 아니겠는가?

심씨(沈氏)의 설[6]은 특히 정밀하고 합당하다. 그의 설에 '포함한다[涵]', '갖추고 있다[具]'고 말한 것은 분명 개체의 본성이다. 또 그는 '천리의 동정의 기미[天理動靜之機]'라고 하였으니, 천리가 고요할 적에는 옳은 것만 있고 그른 것은 없지만, 천리가 바야흐로 움직이게 되면 옳고 그름이 나타나게 된다. 그러니 '동정의 기미'는 곧 '옳고

---

3) '지(智)'는……것이다 : 『대학장구대전(大學章句大全)』「대학장구서(大學章句序)」 '大學之書 古之大學……' 다음의 소주(小註) 운봉호씨(雲峯胡氏)의 설에 보이는데, 그 원문은 다음과 같다. "雲峯胡氏曰〈朱子四書 釋仁曰 心之德 愛之理 義曰 心之制 事之義 禮曰 天理之節文 人事之儀則 皆兼體用 獨智字未有明釋 嘗欲竊取朱子之意以 補之曰〉智則心之神明 所以妙衆理而宰萬物者也……"

4) 마음의……마땅함이다 : 이는 『맹자집주』권1, 「양혜왕 상」제1장의 주에 보인다.

5) 천리의……문장 : 이는 『논어집주』권1, 「학이(學而)」제12장의 주에 보인다.

6) 심씨(沈氏)의 설 : 『대학장구대전』「대학장구서」 '大學之書 古之大學……' 다음의 소주에 보이는 '번양 심씨(番易沈氏)'의 설을 가리키는데, 그 내용은 다음과 같다. "智者 涵天理動靜之機 具人事是非之鑑"

그름의 거울[是非之鑑]'인 것이다. 거기에 옳은 것만 있고 그른 것이 없기 때문에 그른 것이 나타날 수 있다. 만약 원래 그른 것이 있다면, 옳고 그름은 절충할 바가 없게 된다. 그른 것은 옳은 것의 상대적인 말이 아니니, 그른 것은 '옳지 않다'는 뜻이다. 예컨대, 사람은 본래 병이 없기 때문에 '그에게 병이 났다.'거나 '그는 병이 치유되었다.'는 것을 아는 것이다. 만약 사람에게 본디 병이 있다면, 병중에 있을지라도 그는 늘 병을 앓고 있는지라 '병이 났다'고 말할 수 없다.

凡仁義禮智兼說處 言性之四德 知字 大端在是非上說 人有人之是非 事有事之是非 而人與事之是非 心裏直下分明 只此是智 胡雲峯據朱子解致知知字 "心之神明 所以妙衆理 宰萬物" 釋此智字 大妄 知字帶用說 到才上方有 此智字則是性體 妙衆理宰萬物 在性體 卻是義禮上發底 朱子釋義曰 "心之制 事之宜" 豈非以宰萬物者乎 釋禮曰 "天理之節文" 豈非以妙衆理者乎

沈氏之說 特爲精當 云涵云具 分明是個性體 其云 "天理動靜之機" 方靜則有是而無非 方動則是非現 則'動靜之機' 卽'是非之鑑'也 惟其有是無非 故非者可現 若原有非 則是非無所折衷矣 非不對是非者 非是也 如人本無病 故知其或病或愈 若人本當有病 則方病時 亦其恒也 不名爲病矣

2

선왕이 음악으로 사람들을 교화했다는 것은 참으로 주자의 설[7]과 같으니, 음악으로써 사람의 성정(性情)을 조화하고 바꾼 것이다. 또한 음악의 도 됨은, 그 정미한 점으로는 형이하의 기(器)에 통하고, 그 도수(度數)·성명(聲名)으로는 또한 모두 형이상의 도를 싣고 있다. 예컨대, 율려(律呂)·도량형(度量衡)이 모두 황종(黃鐘)[8]으로부터 나온 것이 그런 것이다. 이 정도까지 이해하면, 천하의 이치는 반 이상 헤아린 것이다. 그런데 주자의 설처럼 '음악이 빨라서도 안 되고, 느려서도 안 된다.[急不得 緩[9]不得]'[10]는 말을 빌어다 마음을 조절하는 법으로 삼으면, 불가(佛家)에서 의미도 없는 화두를 드는 것과 유사할 것이니, 이는 성인의 가르침이 아니다.

先王以樂敎人 固如朱子說 以調易人性情 抑樂之爲道 其精微者
旣徹乎形而下之器 其度數聲名 亦皆以載形而上之道 如律度量衡
皆自黃鐘生之類 是也 解會及此 則天下之理 亦思過半矣 若專以'急
不得緩不得'借爲調心之法 將與釋氏參沒意味話頭相似 非聖敎也

---

7) 주자의 설 : 『대학장구대전』「대학장구서」'此伏羲神農……' 다음의 소주에 보이는 주자의 설 가운데, 다음과 같은 구설을 가리킨다. "古者敎法 禮樂射御書數 不可闕一 就中樂之敎 尤親切 變敎冑子 只用樂 大司徒之職也 是用樂 蓋是敎人朝夕從事於此物 束得心 長在這上面 蓋爲樂有節奏 學他底 急也不得 慢也不得 久之 都換了他性情"

8) 황종(黃鐘) : 십이율(十二律)의 하나로, 육률(六律)·육려(六呂)의 기본이 된다. 음력 11월에 배치되기 때문에 11월의 별칭으로도 불린다.

9) 緩 : 『대학장구대전』에는 '慢'으로 되어 있다.

10) 음악이……된다 : 이는 『대학장구대전』「대학장구서」'此伏羲神農……' 다음의 소주에 보이는 주자의 설로, 그 전문은 다음과 같다. "古者敎法 禮樂射御書數 不可闕一 就中樂之敎 尤親切 變敎冑子 只用樂 大司徒之職也 是用樂 蓋是敎人朝夕從事於此 物束得心 長在這上面 蓋爲樂有節奏 學他底 急也不得 慢也不得 久之 都換了他性情"

3

'서(書)'[11] 자에는 '글자를 인식하다[識字]', '글자를 쓰다[寫字]'라는 두 건의 공부가 있다. '글자를 인식하다'라고 할 경우에는 육서(六書)[12]의 뜻을 알아야 한다는 것이고, '글자를 쓰다'라고 할 경우에는 단정하고 예쁘고 법도에 맞게 해야 한다는 것이다.—'법도에 맞게 한다.'는 것은 '오늘날 사람들은 약자를 쓰지 않는다.[今人不寫省字]'는 것과 같은 경우이다.— 주석가들은 이 '서(書)' 자에 대해 육서의 뜻으로만 말하였으니, 도리어 반쪽만 남긴 것이다.

書有識字寫字兩件工夫 識字便須知六書之旨 寫字卻須端姸合法 (合法者 如今人不寫省字之類) 注疏家專以六書言 卻遺下了一半

---

11) 서(書) : 『대학장구대전』「대학장구서」의 '禮樂射御書數之文'의 '書' 자를 가리킨다.

12) 육서(六書) : 한자의 여섯 가지 형성 원리인 상형(象形)·지사(指事)·회의(會意)·形聲·전주(轉注)·가차(假借)를 가리킨다.

『대학장구』경일장(經一章)

　　대학의 도는 명덕(明德)을 밝히는 데 있고, 백성을 새롭게 하는 데 있고, 지극한 선의 경지에 이르러 머무는 데 있다. 〈격물치지를 하여 지선(至善)의 소재를 알게 되면 그칠 바를 알게 된다.〉 그칠 바를 안 뒤에는 심지(心志)에 정해진 방향이 있게 되니, 심지에 정해진 방향이 있게 된 뒤에는 마음이 능히 고요해지고, 마음이 고요해진 뒤에는 마음이 처하는 곳마다 능히 편안해지고, 마음이 편안해진 뒤에는 능히 일을 사려(思慮)하게 되고, 일을 사려한 뒤에는 능히 그칠 바를 얻게 된다. 물(物)에는 본(本)과 말(末)이 있고, 일[事]에는 종(終)과 시(始)가 있으니, 먼저 할 바와 뒤에 할 바를 알면 도에 가까울 것이다. 옛날 온 천하 사람들에게 그들의 명덕을 밝히게 하고자 했던 사람은 먼저 자기 나라 사람들을 잘 다스렸고, 자기 나라 사람들을 잘 다스리고자 했던 사람은 먼저 자기 집안사람들을 균평하게 대하였고, 자기 집안사람들을 균평하게 대하려 했던 사람은 먼저 자기 몸을 닦았고, 자기 몸을 닦으려 했던 사람은 먼저 자기 마음을 바르게 하였고, 자기 마음을 바르게 하고자 했던 사람은 먼저 자기 마음속에 싹트는 생각을 선으로 가득 차게 하였고, 마음속에 싹트는 생각을 선으로 가득 차게 하려 했던 사람은 먼저 자기의 앎을 극진히 하였으니, 자기의 앎을 극진히 하는 것은 사물에 나아가는 데에 달려 있다. 사물의 이치가 이른 뒤에 앎이 지극해지고, 앎이 지극해진 뒤에 내 마음속에 싹튼 생각이 선으로 가득 차게 되고, 마음속에 싹튼 생각이 선으로 가득 찬 뒤에 내 마음이 바르게 되고, 마음이 바르게 된 뒤에 내 몸이 닦여지고, 내 몸이 닦여진 뒤에 집안사람들이 균평히 대우를 받게 되고, 집안사람들이 균평히 대우를 받게 된 뒤에 나라 사람들이 잘 다스려지고, 나라 사람들이 잘 다스려진 뒤에 온 세상 사람들이 평안하게 된다. 천자로부터 일반인에 이르기까지 일체의 사람들이 모두 수신(修身)으로 근본을 삼는다. 그 근본이 어지러운데도 그 말단이 잘 다스려지는 경우는 없으며, 그 후하게 대할 사람에게 박하게 대하면서도 그 박하게 대할 사람에게 후하게 대하는 경우는 아직까지 있지 않았다.

大學之道 在明明德 在親(新)民 在止於至善 知止而后 有定 定而后 能靜 靜而后 能安 安而后 能慮 慮而后 能得 物有本末 事有終始 知所先後 則近道矣 古之欲明明德於天下者 先治其 國 欲治其國者 先齊其家 欲齊其家者 先修其身 欲修其身者 先 正其心 欲正其心者 先誠其意 欲誠其意者 先致其知 致知在格 物 物格而后 知至 知至而后 意誠 意誠而后 心正 心正而后 身修 身修而后 家齊 家齊而后 國治 國治而后 天下平 自天子 以至於 庶人 壹是皆以修身爲本 其本亂而末治者否矣 其所厚者薄 而 其所薄者厚 未之有也

성경(聖經)[13)]

『대학장구』 경일장에 대한 설

1

'덕(德)' 자 위에 '명(明)' 자가 붙어 있기[14)] 때문에 주자는 곧장 이 '명덕'을 심(心)이라고 하였다.[15)] 그러나 여기서 이른바 심이란 함의 (含意)가 지극히 크며, 신체에 가장 먼저 의탁하는 것인지라, 팔조목 의 '정심(正心)'의 심(心)과는 참으로 구별된다. 성(性)은 음양과 오행 이 묘합(妙合)하고 응결(凝結)해서 생기는 것으로, 이는 합하면 균평 을 얻고 응결하면 청결을 얻으며 끝까지 머물며 잃어버리지 않아서 사람과 몽매한 동물을 구별하게 하는 것이다. 덕(德)은 '얻음이 있다' 는 말로, 사람이 그것을 얻어 사람이 되는 것이다. 사람은 이 명덕이

---

13) 성경(聖經) : '성인이 만든 경'이라는 뜻으로 여기서는 공자(孔子)가 지은 『대학장구』
    의 경문(經文)을 가리킨다.

14) '덕(德)' 자……있기 : 『대학장구』 경일장(經一章) 제1절 '재명명덕(在明明德)'의 '명
    덕(明德)'을 가리킨다.

15) 주자는……하였다 : 주자는 『대학장구』의 주에서 "明德者 人之所得乎天 而虛靈不昧
    以具衆理而應萬事者也"라고 하였고, 『대학장구대전』 경일장 '大學之道……' 아래의
    소주에 "虛靈自是心之本體……"라고 하였다.

있는 것을 말미암기 때문에, 지(知)에는 탐구할 만하여 끝까지 탐구함이 있으며, 의(意)에는 속일 수 없어서 반드시 선으로 가득 채움이 있으며, 심(心)에는 바름을 취하여 바르게 하는 바가 있는 것이다. 그리고 그것이 표출되어 사지(四肢)에 발현되고 사업에 드러난 것이, 몸[身]이 닦여져서 가(家)·국(國)·천하(天下)에 응하는 것이다. 명덕은 사람만이 가지고 있으니, 이미 사람에게 오로지 속한 것이다. 명덕이 사람에게 오로지 속한 것이라면, 성(性)이 되는 것이라고 다시 명명할 수 없다. 왜냐하면 성(性)은 하늘과 사람이 주고받는 것을 총칭하는 이름이기 때문이다. 그러므로 주자는 '명덕'을 곧장 심(心)으로 본 것이다. 그러나 마음이 스스로 얻은 바로써 말하면, 그 또한 성(性)이다. 그러므로 주자는 장자(張子)[16]의 '심통성정설(心統性情說)'을 거론하여 그 점을 밝혔다.[17] 그런데 '만사에 응한다.'고 하면 정(情)을 겸하니, 위로 성(性)을 통섭하지만 성에 순전(純全)한 것만은 아니다.

성은 스스로 구속하거나 가려버릴 수 없는 것이다. 설령 사람들이 그 성을 구속하거나 가려버리더라도 끝내 그 성을 어찌할 수 없어 때로 발로(發露)되어 나오는 경우가 있다.─예컨대 어린아이가 우물 속으로 기어 들어가는 것을 얼핏 볼 때와 같은 경우이다.─ 곧장 발로되지는 않더라도 그 이치는 없어지지 않는다. 그 성을 구속하거나 가려버릴 수 없다면,

---

16) 장자(張子) : 북송 때 학자 장재(張載)를 가리킨다.

17) 그러므로……밝혔다 : 『대학장구대전』 '大學之道 在明明德……' 다음의 소주에 "……如向父母 則有那孝出來 向君 則有那忠出來 這便是性 如知道事親要孝 事君要忠 這便是心 張子曰 心統性情 此說最精密"이라고 하였다.

그것을 밝히는 공부를 할 수도 없다. 그러나 마음은 한 사람의 몸에 한정되어 있고,―구속을 받기 때문이다.― 또 시행하거나 거두어들일 줄도 안다.―가려짐을 받기 때문이다.― 그러므로 품부 받은 기질이 그 마음을 구속할 수 있고, 물욕이 그 마음을 가릴 수 있지만, 격물·치지·성의·정심하는 공부를 해서 그 밝음을 회복할 수도 있다.

緣德上著明字 所以朱子直指爲心 但此所謂心 包含極大 託體最先 與正心心字固別 性是二氣五行妙合凝結以生底物事 此則合得停勻 結得淸爽 終留不失 使人別於物之蒙昧者也 德者 有得之謂 人得之以爲人也 繇有此明德 故知有其可致而致之 意有其不可欺而必誠焉 心有所取正以爲正 而其所著 發於四肢 見於事業者 則身修以應家國天下矣 明德唯人有之 則已全屬之人 屬之人 則不可復名爲性 性者 天人授受之總名也 故朱子直以爲心 而以其所自得者則亦性也 故又擧張子統性情之言 以明之 乃旣以應萬事 則兼乎情 上統性而不純乎性矣

性者 不可拘蔽 儘人拘蔽他 終奈他不可 有時還迸露出來(如乍見孺子入井等) 卽不迸露 其理不失 旣不可拘蔽 則亦不可加以明之之功 心便扣定在一人身上(受拘之故) 又會敷施翕受(受蔽之故) 所以氣稟得以拘之 物欲得以蔽之 而格致誠正 亦可施功以復其明矣

2

주자의 '심(心)은 화(火)에 속한다.'는 설[18]은, 한 장기(臟器)만을 거

론한 것이다. 따라서 이 심장을 간장·폐장·비장·신장과 함께 분별할
경우에는 또한 통하지 않는다. 여기서 말한 심(心)은 오장(五臟)·오
관(五管)¹⁹⁾·사지(四肢)·백해(百骸) 등 일체의 허령불매(虛靈不昧)한
것들이 모두 그 안에 들어 있는 것이다.─손이 물건을 잡는 것과 같은 경우이
다.─ '허(虛)'는 본래 사욕이 있지 않음을 말하는 것이다.─허공과 같다고
말하는 것은 불가하다.─ '영(靈)'은 세세한 데까지 두루 통하여 모두 선한
것이다.─『상서』의 '영(靈)' 자는 선(善)의 뜻이 되니²⁰⁾, 맹자가 '인술(仁術)'²¹⁾이라고
한 것이 그것이다. 따라서 '영(靈)' 자는 '기지가 영민하다.[機警]'는 뜻이 될 수 없다.─
'불매(不昧)'에는 '처음과 끝[初終]', '표면과 이면[表裏]'의 두 가지 뜻
이 있다. 즉 처음 얻은 것을 끝까지 혼매하지 않게 하며, 표면에서
얻음이 있으면 이면도 혼매하지 않게 된다는 의미이다.─'항상 깨어있는
것[常惺惺]'이라고 말해서는 안 된다.─ 이 세 가지 의미만으로도 '명(明)' 자의
뜻은 극진해지니, '빛나다[光]'라는 뜻으로 '명(明)' 자를 해석해서는
절대로 안 된다.

맹자는 "해와 달에는 밝음이 있으니, 빛을 용납하는 곳에는 반드시
비춘다.[日月有明 容光照焉]"²²⁾라고 하였다. 밝은 것은 저절로 밝고,
빛나는 것은 저절로 빛이 난다. 예컨대, 거울은 밝지만 빛이 없고,

---

18) 주자의……설 : 『대학장구대전』 '大學之道 在明明德……' 다음의 소주에 보인다.

19) 오관(五管) : 번역 저본의 원문에는 '오관(五官)'으로 되어 있는데, 이는 '오관(五管)'
   의 오자인 듯하다.

20) 『상서』의……되니 : 『서경』에서 '영(靈)' 자는 대체로 선(善)의 뜻으로 해석된다.
   예컨대 「반경 하(盤庚下)」의 '조유령(弔由靈)'은 '선을 말미암아 이르다'는 뜻으로 해
   석된다.

21) 인술(仁術) : 『맹자』 「양혜왕 상」 제7장에 보인다.

22) 해와……비춘다 : 이는 『맹자』 「진심 상」 제24장에 보인다.

불은 빛이 나지만 밝지 않으니, 내면과 외면이 구별되는 것이다. '명
덕'은 본체의 밝음일 뿐이다. 그런데 '치지(致知)'의 지(知) 자에 이르
면, 점점 본체[體]를 말미암아 작용[用]에 도달하여 '빛나다'라는 뜻을
갖게 된다.

朱子心屬火之說　單擧一臟　與肝脾肺腎分治者　其亦泥矣　此處說
心　則五臟五官　四肢百骸　一切虛靈不昧底　都在裏面(如手能持等)　虛者
本末有私欲之謂也(不可云如虛空)　靈者　曲折洞達而咸善也(尙書靈字 只作
善解 孟子所言仁術 此也 不可作機警訓)　不昧有初終表裏二義　初之所得　終
不昧之　於表有得　裏亦不昧(不可云常惺惺)　只此三義　明字之旨已盡　切
不可以光訓明

孟子曰"日月有明　容光必照焉"明自明　光自光　如鏡明而無光　火
光以不明　內景外景之別也　明德只是體上明　到致知知字上　則漸緣
體達用　有光義矣

3

'구염지오(舊染之汚)'[23]에는 두 가지 뜻이 있는데, 폭군의 풍화와
말세의 습속은 거기에 해당되지 않다. 대학의 도는 애초 난세를 계승
한 임금[君師]을 위해 말한 것이 아니다. '구염지오'에는 두 가지 뜻이

---

23) 구염지오(舊染之汚) : 『대학장구』 경일장(經一章) '신민(親民)'을 해석한 주에 보인다.

있으니, 하나는 백성들이 어려서부터 장성할 때까지 덕의 교화를 받들지 않고 단지 마음대로 더러운 세속으로 흘러 들어갔다는 것이고, 하나는 사람이 선을 행할 적에 날마다 자신을 변화시켜야 한다는 것이다. 우연히 한 가지 선을 행했을 경우, 선한 사람이 되었다고 스스로 믿는다면, 그 하나의 선 이외는 모두 악일뿐만 아니라, 이 하나의 선마저도 그런 자만심으로 인하여 교만하게 될 것이다. 그러므로 전문(傳文)에 '일신(日新)'[24]이라 하고 '작신(作新)'[25]이라 한 것에는 모두 '다시 나아간다[更進]', '거듭 새롭게 한다[重新]'는 뜻이 있다.

신안 진씨(新安陳氏)가 『서경』의 "옛날 물든 더러운 풍속을 모두 새롭게 하리라.[舊染汚俗 咸與惟新]"[26]라는 말을 인용하여 이 뜻을 해석한[27] 것은, 출처(出處)에 지나치게 얽매여 꽉 막힌 설이 되었다. 탕(湯)임금이 스스로 지은 잠명(箴銘)에 '날마다 자신을 새롭게 한다.[日新]'라고 한 것이, 어찌 '걸(桀)에게 물든 더러운 풍속을 새롭게 한다.'는 것이겠는가? 더구나 『서경』에 '모두 새롭게 하리라.'라고 한 것은, '예전의 것을 제거하여 궁구하지 않는다.'는 뜻일 뿐, '날마다 자신을

---

24) 일신(日新) : 『대학장구』 전 제1장 "湯之盤銘曰 苟日新 日日新 又日新"의 '日新'을 가리킨다.

25) 작신(作新) : 『대학장구』 전 제1장 "康誥曰 作新民"의 '作新'을 가리킨다.

26) 옛날……하리라 : 이 문구는 『서경』 「윤정(胤征)」에 보인다.

27) 신안 진씨(新安陳氏)가……해석한 : 진안 진씨는 남송 때 학자 진력(陳櫟 1252-1334)을 가리킴. 자는 수옹(壽翁), 호는 정우(定宇)·동고(東皐)이며, 안휘성 휴녕(休寧) 사람이다. 주자학을 위주로 하였으며, 저술로 『상서집전찬소(尙書集傳纂疏)』·『사서발명(四書發明)』·『예기집의(禮記集義)』 등이 있다. 신안 진씨의 설은 『대학장구대전』 경일장 '大學之道……' 아래의 주 '新者 革其舊之謂也' 밑에 보이는데, 그 원문은 다음과 같다. "新安陳氏曰 書云舊染汚俗 咸與維新 章句本此以釋新民"

새롭게 한다.'는 이장의 뜻과 무슨 상관이 있겠는가?

'舊染之汚'有二義 而暴君之風化 末世之習俗 不與焉 大學之道
初不爲承亂之君師言也 一則民自少至長 不承德敎 只索性流入汚下
去 一則人之爲善 須是日遷 若偶行一善 自恃爲善人 則不但其餘皆
惡 卽此一善已挾之而成驕陵 故傳云'日新'云'作新'皆有更進重新
之意

新安引書'舊染汚俗 咸與惟新'以釋此 則是過泥出處而成滯累 如
湯之自銘日新也 豈亦染桀之汚俗乎 況書云'咸與惟新'只是除前不
究意 與此何干

4

'필지어시(必至於是)'[28]는 '아직 얻지 못하여 얻기를 구한다.'는 뜻
이고, '불천(不遷)'[29]은 '이미 얻은 것을 잃지 말라.'는 뜻이다. '지어
지선(止於至善)'은 단숨에 읽어내려야 하니, '지선(至善)'의 지(至) 한
자에 중점이 있다. 말하자면 반드시 지선의 경지에 이르러야 바야흐
로 귀착하는 것이고, 지선의 경지에 귀착한 뒤에는 물러나 옮겨가서
는 안 된다는 뜻이다. 주자는 '그 경지를 지키지 못하는 것[不能守]'[30]

---

28) 필지어시(必至於是) : 『대학장구』의 주에 경일장의 '지어지선(止於至善)'을 해석한
   말이다.
29) 불천(不遷) : 『대학장구』의 주에 경일장의 '지어지선(止於至善)'을 해석한 말이다.

을 '불천(不遷)'에 반대되는 뜻으로 보았으니, 가장 명확하고 적절한
설이 된다. 이 가운데는 원래 '너무 지나침[太過]'은 없고, 단지 '미치
지 못함[不及]'만 있다. 『주자어록(朱子語錄)』에는 '너무 지나치거나
미치지 못함이 없는 경지'31)라는 설이 있지만, 『대학장구』의 주가 타
당한 것만 못하다. 이미 '지선'이라고 말하면, 그것을 지나치는 경우
는 끝내 없다.

　혹사는 "명덕은 너무 지나칠 염려가 없지만, 신민(新民)의 경우는
어찌 지나침을 방비하지 않을 수 있겠는가? 가령 백성들에게 선을 하
도록 하면서 격식을 매우 주밀하게 가르치고, 법을 매우 엄격하게 세
운다면 어찌 너무 지나친 것이 아니겠는가?"라고 의심한다. 그러나
결과만 가지고 논한다면 명덕에도 그런 점이 있을 것이다. 예컨대 사
욕을 제거하여 혼인하거나 벼슬하려는 생각을 끊어버리는 데에 이르
고, 인(仁)을 실천하여 우물 속으로 들어가 빠진 사람을 구하고, 의
(義)를 세워 재상이 되어서 녹봉을 사양하는 것과 같은 경우는, 너무
지나친 듯하다. 그러나 내 잘 모르겠지만, 격물·치지·정심·성의하
여 명덕을 밝히는 데에 어찌 너무 지나침이 있을 수 있겠는가? 보망
장(補亡章)32)에 "모든 천하의 사물에 나아가 자기가 이미 알고 있는

---

30) 그……것 : 이 말은 『대학장구대전』 경일장 '大學之道 在明明德……' 다음의 소주
　　"朱子曰 說一箇止字 又說一箇至字……"에 보인다.

31) 너무……경지 : 『주자어류』「대학」에는 이 설이 보이지 않는다. 이 설은 『대학장구
　　대전』 경일장 '大學之道……' 아래의 주 '言明明德新民……' 다음의 소주에 "朱子
　　曰……過之不可 不及亦不可……"라고 말한 것을 가리키는 듯하다.

32) 보망장(補亡章) : 주자가 『대학장구』를 만들면서 전 제5장이 일실(逸失)되었다고
　　생각해, 보충해 만들어 넣은 것을 말한다. 보전(補傳)이라고도 한다.

이치를 인하여 더욱 그것을 궁구해 그 궁극에 이르기를 구하지 않음이 없다.[即凡天下之物 莫不因其已知之理而益窮之 以求至乎其極]"라고 하였으니, 어쩌면 그토록 번거로운가! 성의장(誠意章)에 "악취를 싫어하듯이, 예쁜 여색을 좋아하듯이 한다.[如惡惡臭 如好好色]"라고 하였으니, 어쩌면 그토록 준엄하고 박절한가! 그런데도 이를 통과하여 공부할 자가 있겠는가?

신민(新民)은 효(孝)·제(悌)·자(慈)로써 집안을 다스리고 나라에 교화를 이룩해서 나라 사람들로 하여금 모두 따르고 깨우치게 하는 것이다. 또한 인인(仁人)이 '현인을 방해하고 나라를 병들게 하는 사람'을 오랑캐 지역으로 추방하여, 중원의 사람들과 함께 살지 못하게 하는 것과 같다. 현자를 천거할 적에 오직 자신보다 앞세우지 못할까 걱정하고, 불선한 자를 물리칠 적에 멀리 쫓아내지 못할까 걱정한다면, 또한 두려워하며 오직 그렇게 하지 못할까를 근심할 것이다. 그러니 어찌 너무 지나침을 갑자기 방비하여 그쳐 머물기를 일찍 추구할 수 있겠는가? '자른 듯이 간 듯이 조갠 듯이 간 듯이[如切如磋 如琢如磨]'[33]라는 말은 학문 중의 정밀함의 극치이고, '선왕이 어질게 여긴 분을 어질게 여기고 선왕이 친히 한 분을 친히 하며, 선왕이 즐겁게 해준 것을 즐거워하고 선왕이 이롭게 해준 것을 이롭게 여긴다.[賢其賢而親其親 樂其樂而利其利]'[34]는 말은 후세의 집권자[君子]와 일반인[小人]들에까지 그 덕화가 점점 미쳐 끝이 없다는 말이다. 그러니 어찌 '지(止)' 자의 뜻을 '쉬다[歇息]'라는 의미로 풀이하여, '지선

---

33) 자른……듯이 : 이는 『대학장구』 전 제3장에 보인다.
34) 그……여긴다 : 이는 『대학장구』 전 제3장에 보인다.

(至善)'의 지(至) 자를 불문(不問)에 붙일 수 있겠는가?『대학혹문』에
"사적인 생각으로 구차하게 해서 할 수 있는 것이 아니다."[35]라고 한
말은, 그 뜻을 극진히 드러낸 것이다.

　'必至於是'是未得求得 '不遷'是已得勿失 '止於至善'須一氣讀下
歸重至善一至字　言必到至善地位　方是歸宿　而旣到至善地位　不可
退轉也　朱子以'不能守'反'不遷'　最爲明切　此中原無太過　只有不及
語錄中作無太過不及說　自不如章句之當　蓋旣云至善　則終無有能過
之者也

　或疑明德固無太過之慮　若新民　安得不以過爲防　假令要民爲善
敎格過密　立法過峻　豈非太過　然使但向事跡上論　則明德亦將有之
如去私欲而至於絶婚宦　行人而從井救人　立義而爲宰辭粟　亦似太過
不知格物致知正心誠意以明明德　安得有太過　補傳云'卽凡天下之物
莫不因其已知之理而益窮之　以求至乎其極'　何等繁重　誠意傳云'如
惡惡臭　如好好色'　何等峻切　而有能過是以爲功者乎

　新民者　以孝弟慈齊家而成敎於國　須令國人皆從而皆喩　又如仁人
於妨賢病國之人　乃至迸諸四夷　不與同中國　擧賢唯恐不先　退不善
唯恐不遠　則亦鰓鰓然不及之爲憂　安得遽防太過　而早覓休止乎'如
切如磋　如琢如磨'是學問中精密之極致　親賢樂利　須漸被於沒世後
之君子小人而不窮　奈何訓止爲歇息　而棄至善至字於不問耶　或問云
'非可以私意苟且而爲'　盡之矣

---

35) 사적인……아니다 : 이는『대학혹문』경일장 해석 중에 보인다.

5

'있다[在]'³⁶⁾고 말한 것은, 태학(太學)에서 사람을 가르치는 조목은 여덟 개밖에 되지 않고, 배우는 일은 많고 중요하고 넓고 크지만 그 도를 요약하면 세 가지에 있다는 말이다. 『대학』한 편은 옛날 태학에서 사람을 가르치던 법으로, 처음부터 끝까지 조리가 일관된 대지(大旨)를 보여준 것이지, 공자(孔子)가 처음으로 이 책을 만들어 교과목을 세워서 배우는 자들에게 요구한 것은 아니다.

『대학장구』의 주에 보이는 3개의 '당(當)' 자³⁷⁾는 논리를 미루어 전개한 것이다. 장씨(張氏)는 "'재(在)'는 '당(當)'과 같다.[在猶當也]"라고 하였으니³⁸⁾, 설이 매우 거칠다. 가령 그런 식으로 배우는 자들에게 '명덕을 밝혀야 한다.'고 가르친다면, 그들을 멍하게 하여 어디로부터 밝혀나가야 할지 모르게 할 것이다.

在云者 言大學敎人之目 其所學之事 雖繁重廣大 而約其道 則在
三者也 大學一篇 乃是指示古之太學敎人之法 初終條理一貫之大旨
非夫子始爲是書建立科條 以責學者

---

36) '있다[在]' : 『대학장구』경일장 제1절 "大學之道 在明明德 在親民 在止於至善"의
   3개 재(在)를 가리킨다.

37) 3개의 '당(當)' 자 : 『대학장구』경일장 '大學之道 在明明德……'의 주에 나오는 3개
   의 당(當) 자를 말함. 즉 '故學者**當**因其所發而遂明之……'와 '言旣自明其明德 又**當**推
   以及人……'과 '言明明德新民 皆**當**止於至善之位……'의 진하게 표시된 '當' 자를 가
   리킨다.

38) 장씨(張氏)는……하였으니 : 장씨는 누구인지 자세치 않다. 이 말은 진덕수(眞德秀)
   의 『대학연의(大學衍義)』에 보인다.

章句三當字 是推開論理 張氏曰 "在猶當也" 鹵莽甚矣 藉令以此
教學者 當明明德 亦令彼茫然不知從何處明起

6

황씨(黃氏)의 설[39]에 "품부 받은 기질에 구애되는 것은 분수가 있지
만, 물욕에 가려지게 되면 전체가 가려져 혼매하게 된다."라고 하였
는데, 이는 물욕의 가림에도 분수가 있음을 모른 것이다. 예컨대, '음
란한 소리는 얕고, 아름다운 여색은 깊다.'고 하는 경우, 귀의 욕망은
제거하기 쉬우니 전적으로 혼매한 것은 아니다.

내가 전에 위충현(魏忠賢)[40]의 당여(黨與) 가운데 한두 사대부를 살
펴보니, 과연 탐욕스럽지 않았다. 그들은 관직을 좋아하는 것 때문에
일단의 사욕을 부려 요행의 문으로 나가는 것을 부끄럽게 여기는 일
단의 명의(名義)에는 가려졌으나, 도리어 이익을 가볍게 여기기 때문
에 재물과 이익이 그들의 마음을 가릴 수 없었다. 그들이 재물을 대할
때, 구차하게 구하려 하지 않는 한 점 양심은 또한 끝내 물욕에 가려
지지 않았다. 이 또한 분수의 치우침과 온전함이 가지런하지 않은 경
우이다.

---

39) 황씨(黃氏)의 설 : 황씨가 누구인지 자세치 않다. 이 설은 『대학장구대전』에는 보이
   지 않는다.
40) 위충현(魏忠賢 1568-1627) : 명나라 말의 환관으로, 희종(熹宗)의 유모 객씨(客氏)
   와 사적으로 결탁하여 사당(私黨)을 심고, 희종 때 국정을 마음대로 하였다. 의종(毅
   宗) 때 탄핵을 받고 안치되었는데, 스스로 목을 매어 죽었다.

黃氏說'氣稟所拘有分數 物欲所蔽則全遮而昏' 不知物欲之蔽 亦
有分數 如淫聲淺而美色深者 則去耳之欲亦易 未全昏也

曾見魏黨中有一二士大夫 果然不貪 他只被愛官做一段私欲 遮卻
羞出倖門一段名義 卻於利輕微 所以財利蔽他不得 而其臨財毋苟得
一點良心 也究竟不曾受蔽 此亦分數偏全之不齊也

7

주자의 설에 "정(定)·정(靜)·안(安)·려(慮)·득(得)은 공효의 차례
이지, 공부의 절목은 아니다."[41]라고 하였다. 이를 공부라고 하면 참
으로 불가하다. 이른바 공효란 단지 공부를 할 때 자신이 터득한 것
을 스스로 깨닫는 효과일 뿐이지, 『중용』의 '형(形)·저(著)·명(明)·
동(動)'[42]과 같이 지위에 따라 각각 그에 해당하는 사실이 있는 것은
아니다. 그러므로 주자의 설에 "그칠 바를 알고 나자마자 자연히 서
로 연관되어 나타난다."[43]라고 한 것이다.

총괄하자면, 이 다섯 가지 공효는 원래 단계를 따라 머물며 공효를

---

41) 정(定)……아니다 : 이는 『대학장구대전』 경일장 '知止而后有定……' 다음의 소주에
보인다.

42) 형(形)·저(著)·명(明)·동(動) : 『중용장구』 제23장에 "진실하면 자기 몸에 드러나
고, 자기 몸에 드러나면 남에게까지 보이고, 남에게 보이면 빛이 발하게 되고, 빛이
발하면 남들을 감동시킨다.[誠則形 形則著 著則明 明則動]"라고 하였다.

43) 그칠……된다 : 이는 『대학장구대전』 경일장 '知止而后有定……' 다음의 소주에 보
인다.

드러내는 것이 아니니, 오늘 지향(志向)이 정해졌다[定]고 해서 내일 마음이 고요해지는[靜] 것이 아니다. '지지(知止)'로부터 '능득(能得)'에 이르기까지 수미가 관통하여 다섯 가지가 차례대로 나타나며 멈추지 않는다. 합하여 말하면 배움과 더불어 서로 처음부터 끝까지가 되고, 나누어 말하면 한 사물에 나아갈 적에도 이 다섯 가지 공효가 있어야 바야흐로 그 사물에 나아가 얻을 수가 있으니, 평천하에 이르기까지 또한 그러하다. 또 나아가기 쉬운 한 사물에 나아갈 적에, 오늘 그 사물에 나아가 내일 그 사물에 이르는 것도 그러하다. 한 생각이 속이는 것을 경계할 적에도 그 생각이 일어나는 곳으로부터 그 생각이 완성되는 데에 이르기까지 그러하지 않음이 없다. 그 궁극적인 점을 논한다면, 처음 '격물(格物)'을 가르칠 때로부터 곧장 '천하에 명덕을 밝히는[明明德於天下]' 데에 이르기까지, '천하 사람들로 하여금 그들의 명덕을 밝히게 하고자[欲明明德於天下]' 하는 뜻을 세우는 처음부터 천하를 평치할 수 있는 데에 이르기까지 또한 노력을 기울이는 곳에서 이 다섯 가지를 볼 따름이다. 학문을 하는 사람들은 스스로 이 점을 알아야 한다.

朱子說'定靜安慮得 是功效次第 不是工夫節目'謂之工夫 固必不可 乃所謂功效者 只是做工夫時 自喻其所得之效 非如中庸形著明動 逐位各有事實 故又云'纔知止 自然相因而見'

總之 此五者之效 原不逐段歇息見功 非今日定而明日靜也 自知止到能得 徹首徹尾 五者次見而不舍 合而言之 與學相終始 分而言之 格一物 亦須有五者之效 方格得 乃至平天下 亦然 又格一易格之物 今日格之 而明日已格 亦然 戒一念之欺 自其念之起 至於念之成

亦無不然 若論其極 則自始敎格物 直至明明德於天下 自欲明明德
於天下 立志之始 乃至天下可平 亦只於用功處 見 此五者耳 爲學者
當自知之

8

‘지지(知止)’는, 저 명덕과 신민의 전체(全體)·대용(大用)을 알아서
반드시 거기에 도달한 뒤에 그치기를 구하는 것이다.―부분적으로 말하면
‘지지(知止)’이고, 전체를 갖추어 말하면 ‘지극한 선에 이르러 그침을 아는 것[知止於至
善]’이다.― ‘정(定)’은 지선(至善) 안에서 세세하게 서로 연관되어 이루
어지는 것이 상세하게 완결되는 것이다. 안으로는 신(身)·심(心)·의
(意)·지(知)의 작은 것에 얽매여 그 작용을 잃지 않으며, 밖으로는 천
하(天下)·국가(國家)의 큰 것에 사치하여 그 본체를 잃지 않아 전체가
크게 온전하여 한 눈에 정(定)을 보면 정리(定理)가 나타나―그러므로
‘유정(有定)’이라 한 것이다.― 정체(定體)가 확립되는 것이다. 치우친 학문
과 공리(功利)의 학술로는 그 마음을 흔들 수 없다. 이로부터 공부를
해 나가면, 다시는 마음이 옮겨가거나 바뀌지 않을 것이다. 이는 ‘지
지(知止)’로부터 얻어지는 것이다. 그러므로 주자가 “그칠 바를 알고
나자마자 자연히 서로 연관되어 나타난다.”[44]고 말한 것이다.

---

44) 그칠……된다 : 이는 『대학장구대전』 경일장 ‘知止而后有定……’ 아래의 소주 주자
의 설에 보이는데, 그 전문은 다음과 같다. “朱子曰 知止是識得去處 旣識得 心中便定
更不他求 如行路 知得從這一路去 心中自是定 如求之此 又求之彼 卽是未定 定靜安慮

 뒤의 네 가지[45]가 서로 연관되어 나타나는 신속함도 그러하다. 여기에 나아가 공부할 때는 마음속에 다시 두려움과 의혹이 없게 된다. 여기에 나아가 '마음이 망령되이 움직이지 않는다.[心不妄動][46]'는 것은 '정(靜)'을 말한 것이다. 망령되이 움직이는 것은 근본이 없이 움직이는 것일 뿐이다. 요점은 인식이 온당하지 않기 때문에 기상이 충만하지 않은 것이지, 반드시 바깥의 사물에 감응되어 그런 것은 아니다. 한 사물에 나아갈 경우, 이와 같이 이해해야 한다. 그렇지 않고 도리어 까닭 없이 놀라운 듯 깨달은 듯이 하거나 또한 그렇지 않다고 여기게 되면, 이는 오직 정리(定理)가 나타나지 않고 정지(定志)도 견고해지지 않는다. 한번 뜻이 정해져 옮겨가지 않으면 자연히 그렇지 않을 것이니, 기(氣)도 지(志)를 따라 고요해져서 일삼는 바에 전념하여 그 주밀한 작용을 극진히 할 것이다. 오직 그렇게 하면 몸이 처하는 곳에 사물이 다가와 교섭할 때 순응하지 않음이 없고 편안하지 않음이 없을 것이니, 이는 정(靜)으로써 기다리기 때문이다. 선을 좋아하기를 예쁜 여색을 좋아하듯이 하면, 선에 비록 이롭지 않음이 있거나 선에 비록 좋아하는 것을 바꾸고 싶지 않은 마음이 있을지라도 어디를 간들 좋아하는 바에 마음을 편안히 하지 않음이 없을 것이다.─이는 한 조목 거론한 것을 따라 말한 것이니, 나머지는 모두 그런 유형으로 미루어 얻을 수 있을 것이다.─ 요컨대 마음이 고요한 자만이 그런 일에 능할 수 있으니, 마

　得五字 是功效次第 不是工夫節目 纔知止 自然相因而見"

45) 뒤의 네 가지 : '정(定)' 다음에 있는 '정(靜)·안(安)·려(慮)·득(得)'을 말한다.

46) 마음이……않는다 : 이는 『대학장구』경일장의 주에 본문의 '정(靜)'을 해석한 말이다.

음이 안에서 움직이지 않기 때문에 사물도 그 마음을 움직일 수 없다.

'려(慮)'에 대해 주자는 '일을 조처함이 정밀하고 상세한 것[處事精詳]'[47]이라고 하였는데, 여기서의 일[事]은 지어지선(止於至善)을 구하는 일이다. 그것을 일[事]이라고 한 것은, 학자가 조처하는 바의 일이 명덕·신민의 밖으로 벗어나지 않기 때문이다. 한번 지극한 선에 이르러 그쳐야 함을 알고 나게 되면 반드시 거기에 도달하기를 구해야 할 것이다. 그런데 지극한 선에 이르러 그치기를 구할 적에는, 반드시 조리와 시행이 정밀하고 상세하며 곡진하고 지극해야 한다. 안으로 망령되이 행하지 않고 밖으로 모두 순응하면 조리가 찬란하게 드러나 다시는 소루하거나 벗어남이 없게 될 것이다. 밖에서 어지럽히지 않기 때문에 안에서 능히 극진히 할 수 있다.

안에 주관함이 있고 밖에 의심함이 없어 조리를 얻은 뒤에는, 오직 그것을 결행하는 일만 있을 뿐이다. 행하면 이에 얻는다. 하루 이틀 갖추어 알면 '사려하여 얻음[慮而得]'을 하루 사이에 볼 수 있고, 죽을 때까지 이를 놓지 않으면 정(定)·정(靜)·안(安)이 죽을 때까지 오래도록 길러질 것이다. 정(定)·정(靜)·안(安)·려(慮)가 서로 연관될 적에는 서로 길러주는 공이 없지 않으니, 단서를 바꾸는 노력을 빌리지 않아도 된다. 득(得)에 이르면 독실하게 행하는 일만 남으니, 끝을 맺고 새로 시작해야 한다. 그러므로 『대학혹문』에 "각자 자기가 그칠 바의 지위를 얻어 그곳에 머문다.[各得其所止之地而止之]"[48]—여기서 '이지지(而止之)' 3자는 '능득(能得)' 뒤에 있는 것이다.—라고 한 것이니, 또한 '득

---

47) 일을……것 : 이는 『대학장구』 경일장의 주에 보인다.
48) 각자……것이다 : 이는 『대학혹문』 경일장 해석 중에 보인다.

(得)'이 극진한 경지가 되는 것이 아님을 밝힌 것이다.

知止是知道者明德新民底全體大用 必要到此方休(節云知止 具云知止
於至善) 定則於至善中 曲折相因之致 委悉了當 乃不拘小身心意知而
喪其用 外不侈大天下國家而喪其體 十分大全 一眼覷定 則定理現
(故曰有定) 定體立矣 偏曲之學 功利之術 不足以搖之 從此下手做去
更無移易矣 此卽從知止中得 故曰"纔知止 自然相因而見"

後四者 其相因之速 亦然 就此下手做去時 心中更無恐懼疑惑 卽
此而心不妄動 是謂之靜 妄動者 只是無根而動 大要識不穩 故氣不
充 非必有外物感之 如格一物 正當作如是解 卻無故若警若悟 而又
以爲不然 此唯定理不見 定志不堅也 若一定不易去做 自然不爾 而
氣隨志靜 專於所事以致其密用矣 唯然則身之所處 物之來交 無不
順而無不安 靜以待之故也 如好善如好好色 則善雖有不利 善雖不
易好 而無往不安心於好(此隨舉一條目 皆可類推得之) 要唯靜者能之 心不
內動 故物亦不能動之也

慮而云'處事精詳'者 所謂事 卽求止至善之事也 所以謂之事者 以
學者所處之事 無有出於明德新民之外也 纔一知當止於至善 卽必求
至焉 而求止至善 必條理施爲 精詳曲至 唯內不妄動 而於外皆順 則
條理粲然 無復疎脫矣 不亂於外 故能盡於其中也

於內有主 於外不疑 條理旣得 唯在決行之而已矣 行斯得矣 一日
具知 則慮而得 可見於一日之間 終身不舍 則定靜安相養於終身之
久要 則定靜安慮相因之際 不無相長之功 而不假更端之力 惟至於
得 則篤行之事 要終而亦剙始 故或問云'各得其所止之地而止之'(而
止之三字 在能得後) 亦明非得之爲盡境也

9

　주자는 '정심(正心)'의 심(心)에 대해, 단지 "마음은 몸이 주인으로 삼는 바이다.[心者 身之所主也]"라고만 말하였다.[49] 그리고 소주에도 이에 대해 상세히 언급한 것이 없다. 그래서 '신(身)'과 '의(意)'의 중간에 있는 하나의 중요한 본령을 분명하게 알 수 없다. 주자가 '마음은 몸이 주인으로 삼는 바이다.'라고 한 말이 부당하다는 것이 아니다. 단지 슬쩍 지나치는 정도의 말만 하고, 본래의 분수와 지위는 드러내지 않음으로써 자질이 낮은 사람들로 하여금 '의(意)'를 심(心)으로 여기게 하고, 자질이 높은 사람들로 하여금 '심통성정(心統性情)'으로 말한 것이라 여기게 한다면, 정심(正心) 공부도 그로 인해 실상이 없게 될 것이다.

　'그 마음을 바르게 한다.[正其心]'라고 말하면, '바르지 못한 것을 바르게 한다.'는 의미가 있으니, 바르지 못함이 있을 경우 바르게 하는 것이 비로소 공이 된다. 성정(性情)을 통섭(統攝)하는 마음은 텅 비고 신령스러우며 혼매하지 않으니[虛靈不昧], 어찌 바르지 않음이 있겠는가마는 애초 바름[正]을 받지 않았다. 혹 눈으로 보고 귀로 듣고 입으로 말하고 몸으로 행하는 것을 마음이라 여기니, 이런 것들은 이 마음이 발하여 사물과 서로 감통한 것이 된다. 이는 마음[心]이 아니라 생각[意]이다. 이는 성의(誠意)의 성(誠)이 일삼음이 있는 것이지, 정심(正心)의 정(正)이 공을 이룩할 수 있는 것이 아니다. 대체로

---

49) 주자는……말하였다 : 이는 『대학장구』 경일장 '古之欲明明德於天下者……' 다음의 주에 보인다.

마음에서 생각이 일어나 밖으로 전해지는데, 바로 생기고 바로 나타나 잠시도 머물지 않기 때문에 그것을 바르게 하고자 하지만 공력을 기울이는 것 또한 철저하지 못하다.

대체로 '마음이 성·정을 통섭한다.[心統性情]'고 하는 것은, 그것이 포함하고 있는 바의 근원으로부터 그 점을 말한 것이다. 성(性)은 응결되어 있다. 그것이 형체로 나타난 것이 신체[身]이고, 은밀하게 간직된 것이 마음[心]이다. 이 마음이 비록 성(性)을 통섭하지만, 그것이 본체가 된 점으로 말하면 성(性)이 생겨나는 곳이며, 오관(五官)[50]·백해(百骸)와 더불어 아울러 생겨나면서 그것들의 군주가 되어서 항상 사람의 가슴속에 있는데, 어떤 할 일이 있으면 이에 근거해 의지[志]가 된다. 그러므로 바르게 할 바의 마음을 알고자 한다면, 맹자가 '지(志)'라고 한 것[51]이 여기에 가까울 것이다.

생각건대, 지(志)는 다음과 같다. 감응하는 바가 있어서 생각[意]이 발할 경우 그 의지[志]는 참으로 존재한다. 그런데 감응하는 바가 없어 생각이 발하지 않을 경우에는 그 의지도 존재하지 않고, 무엇을 하고자 하고 어떤 일을 할 수 있는 하나의 본체가 보이지 않고 들리지도 않는 가운데 은연중 있게 된다. 자기 몸을 닦고자 하는 자는 마음도 닦으려 한다. 몸을 닦으려는 마음이 없는 자는 정욕(情欲)을 부릴 바가 아니면 그런 마음이 없게 된다. 전문(傳文)에 '보아도 보이지 않

---

50) 오관(五官) : 원문에는 '五官'으로 되어 있다. 이 책에서는 '官' 자를 '管' 자와 통용하는 것으로 보아, '오관(五管)'을 모두 '오관(五官)'으로 표기하였다. 번역문에서는 혼란을 피하기 위해 모두 '오관(五官)'으로 바꾸어 썼다.

51) 맹자가⋯⋯것 : 『맹자』「공손추 상」제2장에 보이는 "夫志 氣之帥也 氣 體之充也 夫志 至焉 氣次焉"을 가리킨다.

고 들어도 들리지 않고 음식을 먹어도 그 맛을 모른다.[視而不見 聽而 不聞 食而不知其味]⁵²⁾고 한 것이 이것이다. 오직 그 마음을 간직하고 있으면 보는 것, 듣는 것, 말하려 하는 것, 스스로 움직이려 하는 것 등이 이를 기다려 주인으로 삼는다. 그렇게 되면 마음을 바르게 할 수도 있고, 바르게 하지 않을 수도 있으며, 바르게 하거나 바르게 하 지 않는 사이에 의지할 만한 곳이 없어서 생각[意]에 명령을 듣게 할 수도 있다. 이때 얼른 바르게 하는 조처를 취하지 않으면, 생각을 선 하게 했을지라도 번갯불과 같아 항상(恒常)이 없이 쉽게 생겼다가 사 라지게 된다.─그러므로 반드시 그 마음을 바르게 하고자 하는 자는 생각할 적에 선으 로 꽉 채우기를 구한다.─ 이런 방법으로 몸을 닦는다면, 가(家)·국(國)·천 하(天下)에 이르는 데 참으로 근본이 없게 될 것이다.

이 마음의 근원은 참으로 성(性)을 통섭하여 성이 응결되는 바가 되니, 곧 이 마음이 바름을 취하는 법칙이다. 이 마음이 확립되면 한 번 접해도 바로 알게 되어 효용이 무궁하게 되니, 온갖 생각을 수없이 하더라도 그 지키는 것을 미혹되게 하지 않는다. 그러므로『대학』의 도는 반드시 이때 마음을 바르게 하는 일을 하게 한다. 삿된 생각을 막아 사악한 데로 향하지 않게 한 뒤에는, 또 그를 도와 바른 데에 기필하도록 해서 모호한 태도를 없게 하며, 바른 것도 없고 바르지 않은 것도 없는 교차되는 심경에 의탁함이 없게 한다. 그것이 발하여 생각될 때 항상 그 주인이 되면, 그 바른 것으로써 성(誠)의 법칙을 삼게 된다.─『중용』에 '지(志)에 부끄러움이 없게 한다.[無惡於志]⁵³⁾라고 한 것이다.

---

52) 보아도……모른다 : 이는『대학장구』전 제7장에 보인다.
53) 지(志)에……한다 : 이는『중용장구』제33장에 보인다.

— 생각이 발하지 않을 때는, 불성(不誠)의 호오(好惡)에 대해 나의 신독(愼獨)을 쓸 필요가 없고, 눈앞에 나타나는 좋아할 만하고 미워할 만한 것에 대해 나의 감정을 징험할 필요도 없다. 항상 마음을 보전하고 유지하여 선을 좋아하고 악을 미워하는 이치로 하여금 은연중 침범할 수 없는 보루를 세우게 하고, 나의 기(氣)를 거느리고서 사물이 다가오기를 기다리면, 보이지 않고 들리지 않는 가운데 수신·제가·치국·평천하의 이치가 모두 갖추어지게 될 것이다. 이것이 신(身)과 의(意)가 교차하는 곳으로, 심(心)의 본체이다. 그리고 그렇게 하는 것이 수신(修身)·성의(誠意)의 중간에 있는 마음을 바르게 하는[正心] 실제 공부이다. 그러므로 주자가 "마음[心]은 몸[身]이 주인으로 삼는 바이다."[54]라고 한 것이다. 보고 듣고 말하고 움직이는 것을 주관하는 것은 오직 의지[志]뿐이다.

朱子於正心之心 但云'心者 身之所主也' 小註亦未有委悉及之者 將使身與意中間 一重本領 不得分明 非曰"心者 身之所主也" 其說 不當 但止在過關上著語 而本等分位不顯 將使卑者以意爲心 而高者以統性情者言之 則正心之功 亦因以無實

夫曰正其心 則正其所不正也 有不正者 而正始爲功 統性情之心 虛靈不昧 何有不正 而初不受正 抑或以以視以聽以言以動者爲心 則業發此心 而與物相爲感通矣 是意也 誠之所有事 而非正之能爲 功者也 蓋以其生之於心者 傳之於外 旋生旋見 不留俄頃 卽欲正之

54) 마음[心]은……바이다 : 이는 『대학장구』 경일장 '古之欲明明德於天下者……' 아래의 주에 보이는데 원문은 다음과 같다. "心者 身之所主也"

而施功亦不徹也

蓋曰“心統性情”者 自其所含之原而言之也 乃性之凝也 其形見則身也 其密藏則心也 是心雖統性 而其自爲體也 則性之所生 與五官百骸並生而爲之君主 常在人胸臆之中 而有爲者則據之以爲志 故欲知此所正之心 則孟子所謂志者 近之矣

惟夫志 則有所感而意發 其志固在 無所感而意不發 其志亦未嘗不在 而隱然有一欲爲可爲之體 於不睹不聞之中 欲修其身者 則心亦欲修之 心不欲修其身者 非供情欲之用 則直無之矣 傳所謂視不見聽不聞食不知味者 是已 夫唯有其心 則所爲視所爲聽所自動者 胥此以爲之主 惟然則可使正 可使不正 可使浮寄於正不正之間 而聽命於意焉 不於此早授之以正 則雖善其意 而亦如雷龍之火 無恒而易爲起滅(故必欲正其心者 乃能於意求誠) 乃於以修身 而及於家國天下固無本矣

夫此心之原 固統乎性而爲性之所凝 乃此心所取正之則 而此心旣立 則一觸卽知 效用無窮 百爲千意 而不迷其所持 故大學之道 必於此授之以正 旣防閑之使夫向於邪 又輔相之使必於正 而無或倚靡無託於無正無不正之交 當其發爲意 而恒爲之主 則以其正者爲誠之則 (中庸所謂無惡於志) 當其意之未發 則不必有不誠之好惡用吾愼焉 亦不必有可好可惡之現前驗吾從焉 而恒存恒持 使好善惡惡之理 隱然立不可犯之壁壘 帥吾氣以待物之方來 則不睹不聞之中 而修齊治平之理 皆具足矣 此則身意之交 心之本體也 此則修誠之際 正之實功也 故曰“心者 身之所主也”主乎視聽言動者也 則唯志而已矣

10

주자의 설에 "격물(格物)·치지(致知)는 단지 한 가지 일이다. 오늘 격물을 하고, 내일 또 치지를 하는 것은 아니다."[55]라고 하였다. 이 말은 팔조목 중 두 조목[格物·致知]에 나아가 근본의 도리를 드러낸 것이지, 치지와 격물을 혼합하여 하나로 만든 것은 아니다. 정심(正心)·성의(誠意)도 오늘 성의하고 내일 또 정심하는 것이 아니다. 평천하에 이르기까지 모두 그러하니, 격물·치지만 그런 것은 아니다.

종합해서 논하면, 격물로부터 평천하에 이르기까지 모두 한 가지 일일 뿐이다.—예컨대 사람을 등용하고[用人], 재물을 다스리는[理財][56] 것은 분명 격물의 일이다.— 나누어 말하면, 격물의 성공은 물격(物格)이 된다. 경문(經文)의 '사물에 나아간 뒤에 지(知)가 지극해 진다.[物格而后知至]'는 말에는 중간에 세 번 내용 전환이 있다.[57] 이를 몰밀어 하나로 하면, 단계가 분명치 않아 끝내 '사물에 나아가면 지(知)가 저절로 지극해진다.'고 말할 것이니, 결국 '치(致)' 자와 연관된 일단의 공부를 없애버리게 될 것이다.

이는 "격물은 외적인 것으로 말한 것이고, 치지는 내적인 것으로 말한 것이다. 내적·외적으로 명칭을 달리했지만, 공부하는 것은 한 가지다."라고 말하는 것과 같다. 사물은 참으로 밖에 있지만, 나의 인

---

55) 격물(格物)……아니다 : 이는 『주자어류(朱子語類)-대학(大學)』의 곽숙운(郭叔雲)의 질문에 답한 내용에 보인다.

56) 사람을……것 : 이는 『대학장구』 전 제10장에 보이는 내용이다.

57) 중간에……있다 : 내 마음이 사물에 나아가는 격물(格物), 사물의 이치를 아는 치지(致知), 그리고 앎이 지극해지는 지지(知至), 이 삼 단계 인식의 과정을 말한 듯하다.

식이 그 사물에 이르는 것이니, 어찌 밖에 있다고 할 수 있겠는가? 공부하는 것이 한 가지이기 때문에 또 '치지는 격물에 있다.[致知在格物]'고 말한 것이니, 어찌 '격물은 격물에 있고, 치지는 치지에 있다.' 고 말할 수 있겠는가?

　요즘 사람들은 성의(誠意)를 말하면서 치지(致知)를 선무로 여긴다. 모두 "선을 알고 악을 안 뒤에 그 생각을 진실하게 할 수 있으니, 치지(致知)의 지(知)는 선을 알고 악을 아는 것으로 말한 것이다."라고 말한다. 그런데 격물·치지를 말할 적에는 또 "천하의 사물을 아는 것이 바로 치지다."라고 한다. 똑같은 치지인데 위·아래 문장에 따라 말을 바꾸어 두 가지로 하니, 그 미혹되고 잘못된 것이 이와 같다.

　『대학혹문』의 소주에는 "아비와 자식은 본래 한 기운을 함께 나눈 사람이니, 한 사람의 몸이 나누어져 두 개체가 된 것일 뿐이다."라는 『주자어록』의 말을 인용하여 사물의 이치로 삼아서, 여기에 나아가 자식이 효도를 해야 하는 이유와 아비가 자애(慈愛)를 해야 하는 이유를 안다고 하였다.[58] 이와 같이 우활하고 허탄하고 비루한 설은 반드시 주자의 말씀이 아니고, 문인들이 가탁하여 견강부회한 것이 틀림없다. 효자가 되려고 하는 자로서 멍청하게 나와 아버지가 서로 친하게 되는 까닭을 나아가 찾아 본래 한 사람의 몸이었음을 깨달은 뒤에 효도를 해야 함을 아는 자가 천하에 어찌 있겠는가? 이 한 가지 일에

---

58) 『대학혹문』의……하였다 : 『대학혹문』 '至於天下之物……' 단락 아래의 소주에 보이는데, 그 전문은 다음과 같다. "朱子曰 所當然之則 如君之仁 臣之敬 …… 又如父之所以慈 子之所以孝 蓋父子本同一氣 只是一人之身 分成兩箇 其恩愛相屬 自有不期然而然者……"

나아가 살펴보건대, 내 마음의 지각에는 격물을 하지 않고서도 터득함이 있음을 알 수 있으니, 이는 사물에 나아가지 않고서도 앎을 이룩할 수 있는 것이 분명하다.

또 선을 알고 악을 아는 것이 지(知)인데, 선·악이 사물에 있는 경우도 있다. 예컨대, 크게 악한 사람은 사귈 수 없으니, 그의 행동거지를 자세히 관찰해 보면 그가 간악함을 교묘하게 숨길지라도 내가 훤히 그 속을 들여다보지 않음이 없다. 또 비산(砒酸)은 사람을 죽이는 독극물로, 『본초강목(本草綱目)』을 보거나 사람들의 말을 들어보면 먹을 수 없다는 것을 바로 알게 된다. 이런 경우는 참으로 사물에 나아가서 앎이 지극해질 수 있는 경우이다. 그런데 내 마음의 한 생각이 일어나지 않았을 때 단지 옥루(屋漏)[59]에서 부끄러운 짓을 함이 있다면, 이는 곧 도척(盜蹠)[60]과 한 무리가 되는 것이다. 또 술·고기·기장·벼 같은 음식은 본디 사람을 길러주는 것이지만 먹는 양에 대·소가 있게 마련이니, 지나치게 먹으면 사람을 상하게 한다. 이와 같은 경우는 사물에 나아가더라도 끝내 알 수 없으니, 오직 자신에게 구하여 스스로 깨우치면 분명해져서 혼매하지 않게 된다.

그러므로 효는 배우지 않고서도 아는 것이며, 생각하지 않고서도 능한 것이다. 자식 기르는 것을 배운 뒤에 시집가는 자가 있지 않은 것처럼, 자애(慈愛)는 저절로 아는 것이다. 따라서 생각[意]이 앎[知]를 인하지 않고, 앎이 사물[物]을 인하지 않는 것은 참으로 그렇다.

---

59) 옥루(屋漏) : 본래는 방의 서북쪽 귀퉁이로 집안에서 가장 깊숙한 곳을 말하는데, 전하여 남들은 모르고 자기 혼자만 아는 심리상태를 말한다.
60) 도척(盜蹠) : 중국 고대의 큰 도둑의 이름이다.

오직 어버이를 섬기는 도에 있어서는, 정상적인 경우에 마땅함을 행해야 할 때가 있고, 비정상적인 사변에 처해 권도(權道)를 행해야 할 경우가 있다. 이때 사사로운 생각을 스스로 쓰게 되면 신생(申生)[61]이나 광장(匡章)[62]이 불효에 빠진 것처럼 될 것이다. 이럴 경우에는 격물에 의지하여 그 이치를 끝까지 미루어나가 털끝만큼의 의심도 없게 한 뒤에야 자신의 정성을 쓸 수 있다. 이때는 격물·치지가 서로 연관되니, '치지가 격물에 있다.[致知在格物]'는 것은 이런 경우를 두고 말한 것일 뿐이다.

천하의 사물은 끝이 없다. 그러나 내가 그 끝없는 사물에 나아가는 데에는 한계(限界)가 있다. 나의 앎은 한량(限量)이 있지만, 그 이치를 알아낼 적에는 그 한량에 구애되지 않는다. 안자(顔子)[63]는 하나를 들으면 열을 알았으니[64], 한 사물에 나아가 열 가지 이치를 알아낸 경우이다. 자공(子貢)[65]은 하나를 들으면 둘을 알았으니[66], 하나의 사물에 나아가 두 가지 이치를 알아낸 경우이다. 반드시 천하의 사물에 다 나아간 뒤에 만사의 이치를 다 안다고 하는 논리는, 성립될 수 없다. 그러므로 주자의 보망장(補亡章)에 "힘을 씀이 오래되면 하루아

---

61) 신생(申生) : 춘추시대 진 헌공(晉獻公)의 태자. 헌공이 총애하던 여희(驪姬)의 참소만 믿고 태자를 죽이려 하였는데, 태자는 망명을 권하는 공자 중이(重耳)의 말을 듣지 않고 부왕의 명을 거역할 수 없다고 하여 스스로 목숨을 끊었다.

62) 광장(匡章) : 전국시대 제(齊)나라 사람으로 맹자의 제자이다. 『맹자』「이루 하」에 광장의 불효에 대한 맹자의 변론이 있다.

63) 안자(顔子) : 공자의 제자인 안회(顔回)를 가리킨다.

64) 하나를……알았으니 : 이는 『논어』「공야장」 제8장에 보인다.

65) 자공(子貢) : 공자의 제자인 단목사(端木賜)를 가리킨다.

66) 하나를……알았으니 : 이는 『논어』「공야장」 제8장에 보인다.

침에 환히 꿰뚫어 통한다."고 하고, "사물에 나아가는 것을 축적하여 나의 앎이 지극하지 않음이 없다."라고 말하지 않았다. '지지(知至)'는 내 마음의 전체(全體)·대용(大用)이 밝지 않음이 없는 것이다. 그렇다면 '치지(致知)'는 내 마음의 전체·대용을 극진히 하려는 것이니, 어찌 사물에서만 그것을 구하겠는가? 맹자는 "목수와 수레바퀴 만드는 사람이 남에게 컴퍼스[規]·곡척[矩]을 줄 수는 있지만, 다른 사람으로 하여금 그 솜씨를 갖게 할 수는 없다."[67]라고 하였다. 컴퍼스·곡척은 물건이니, 거기에 나아갈 수 있다. 하지만 솜씨는 물건이 아니고 아는 것이니, 나아갈 수 있는 것이 아니다. 솜씨는 컴퍼스·곡척을 가지고 일을 하는 데 있기 때문에 '치지는 격물에 있다.'고 말하는 것이다. 컴퍼스·곡척 속에 솜씨가 없다면 격물과 치지는 저절로 두 가지가 될 것이니, 어느 한 쪽도 폐지할 수 없다.

격물의 공부는 마음과 귀·눈이 균일하게 작용한다. 배우고 묻는 것[學問]이 주가 되고, 생각하고 분변함[思辨]이 그것을 보조하니, 생각하는 바와 분변하는 바는 모두 배우는 바와 묻는 바의 일이다. 치지(致知)의 공부는 오직 마음에 달려있다. 생각하고 분변하는 것이 주가 되고, 배우고 묻는 것이 그것을 보조하니, 배우는 바와 묻는 바는 생각하고 분변할 때의 의심을 결정하는 것이다. '치지는 격물에 있다.[致知在格物]'는 것은, 귀·눈이 마음의 작용에 의지하여 따르는 바가 있게 하는 것이지, 귀·눈이 마음의 권능을 전적으로 잡고서 마음을 폐할 수 있다는 것은 아니다. 주자 문하의 여러 제자들은 오직

---

67) 목수와……없다 : 이는 『맹자』 「진심 하」 제5장에 보인다.

이 점을 몰라, 아호(鵝湖)에서의 비웃음[68]을 샀다. 이에 주공천(朱公遷)[69]처럼 자구(字句)나 헤아리고 동이(同異)를 모으는 것으로 학문을 하는 경우도 있었다. 아, 이를 치지(致知)라고 여긴다면, 옛날 사람들이 소학을 공부하는 데도 겨를이 없었을 것인데, 하물며 대학을 공부하는 데 있어서이겠는가. ―물헌 웅씨(勿軒熊氏)[70]의 경우도 그렇다.―

朱子說‘格物致知 只是一事 非今日格物 明日又致知’ 此是就者兩條目發出大端道理 非竟混致知格物爲一也 正心誠意 亦非今日誠意 明日又正心 乃至平天下 無不皆然 非但格致爲爾

若統論之 則自格物至平天下 皆止一事(如用人理財 分明是格物事等) 若分言之 則格物之成功爲物格 ‘物格而后知至’ 中間有三轉折 藉令槩而爲一 則廉級不清 竟云‘格物則知自至’ 竟刪抹下致字一段工夫矣

若云‘格物以外言 致知以內言’ 內外異名而功用則一 夫物誠外也 吾之格之者 而豈外乎 功用旣一 又云‘致知在格物’ 則豈可云‘格物在格物 致知在致知’也

---

68) 아호(鵝湖)에서의……비웃음 : 아호는 중국 강서성(江西省)에 있던 아호사(鵝湖寺)를 말함. 1175년 주자의 친구 여조겸(呂祖謙)의 주선으로 육상산(陸象山)과 주자가 아호사에서 만나 학문을 토론하였다. 이때 육상산은 주자의 학문을 ‘지리(支離)하다’고 평하였고, 주자는 육상산의 학문을 ‘광선(狂禪)’이라고 평하였다. 여기서는 이 모임에서 지리하다고 비판을 받은 것을 가리킨다.

69) 주공천(朱公遷) : 원나라 때 요주(饒州) 낙평(樂平) 사람으로 자는 극승(克升)이며, 한림직학사(翰林直學士)를 지냈다. 저술로 『사서통지(四書通旨)』가 있다.

70) 물헌 웅씨(勿軒熊氏) : 원나라 때 학자 웅화(熊禾 1253-1312)를 가리킴. 복건성 건양(建陽) 사람으로 자는 거비(去非), 호는 물헌이다. 저술로 『사서표제(四書標題)』·『역학도전(易學圖傳)』 등이 있다.

今人說誠意先致知 咸云'知善知惡而後可誠其意' 則是知者 以知善知惡言矣 及說格物致知 則又云'知天下之物 便是致知' 均一致知而隨上下文轉 打作兩橛 其迷謬有如此者

至如或問小註所引語錄 有謂'父子本同一氣 只是一人之身分成兩個'爲物理 於此格去 則知子之所以孝 父之所以慈 如此迂誕鄙陋之說 必非朱子之言 而爲文人所假託附會者 無疑 天下豈有欲爲孝子者 而癡癡呆呆 將我與父所以相親之故 去格去致 必待曉得當初本一人之身 而後知所以當孝乎 則此一事求之 便知吾心之知 有不從格物而得者 而非卽格物卽致知 審矣

且如知善知惡是知 而善惡有在物者 如大惡人 不可與交 觀察他擧動詳細 則雖巧於藏奸 而無不洞見 如砒毒殺人 看本草 聽人言 便知其不可食 此固於物格之而知可至也 至如吾心一念之非幾 但有媿於屋漏 則卽與蹠爲徒 又如酒肉黍稻 本以養生 只自家食量有大小 過則傷人 此若於物格之 終不能知 而唯求諸己之自喩 則固分明不昧者也

是故 孝者 不學而知 不慮而能 慈者 不學養子而後嫁 意不因知 而知不因物 固矣 唯夫事親之道 有在經爲宜 在變爲權者 其或私意自用 則此如申生 匡章之陷於不孝 乃藉格物以推致其理 使無纖毫之疑似 而後可用其誠 此則格致相因 而致知在格物者 但謂此也

天下之物 無涯 吾之格之也 無涯 吾之所知者 有量 而及其致之也 不復拘於量 顔子聞一知十 格一而致十也 子貢聞一知二 格一而致二也 必待格盡天下之物 而後盡知萬事之理 旣必不可得之數 是以補傳云'至於用力之久 而一旦豁然貫通焉' 初不云'積其所格而吾之知已無不至也' 知至者 吾心之全體大用無不用也 則致知者 亦以求

盡夫吾心之全體大用 而豈但於物求之哉 孟子曰"梓匠輪輿 能與人
規矩 不能使人巧"規矩者 物也 可格者也 巧者 非物也 知也 不可格
者也 巧固在規矩之中 故曰"致知在格物"規矩之中無巧 則格物致
知 亦自爲二 而物價偏廢矣

　大抵 格物之功 心官與耳目均用 學問爲主 而思辨輔之 所思所辨
者 皆其所學問之事 致知之功 則唯在心官 思辨爲主 而學問輔之 所
學問者 乃以決其思辨之疑 致知在格物 以耳目資心之用而使有所循
也 非耳目全操心之權而心可廢也 朱門諸子 唯不知此 反貽鵝湖之
笑 乃有數字句彙同異以爲學 如朱氏公遷者 嗚呼 以此爲致知 恐古
人小學之所不暇 而況大學乎(勿軒熊氏亦然)

11

　『대학』에서는, 치국·평천하에 대해 교화[敎]만을 말하고, 길러줌
[養]은 말하지 않았다. 대체로 백성을 길러주는 도는 왕천하(王天下)
하는 자가 스스로 제정하여 법으로 삼고, 자손들은 그것을 지키고,
신하들은 그것을 받드는 것이다. 관리가 되어 법을 지키는 것은 벼슬
하는 사람들이 준수할 바이지, 학자들의 일은 아니다. 그러므로 『대
학』에서는 그것을 가지고 가르침을 세우지 않은 것이다. 경문(經文)
끝에 '후하고 박함[厚薄]'을 말한 것은 『논어』의 "자신을 책하는 것은
스스로 후하게 하면서 남을 책하는 것은 박하게 한다."[71]라고 한 뜻이
니, 이른바 '자기 집안사람들을 제대로 교화시킬 수 없으면서 다른
사람들을 교화시키는 사람은 없다.'[72]라는 의미다. 은혜를 미루어나

가는 차례로써 말한 것이라는 설[73]은 옳지 않다.

    大學於治國平天下 言敎不言養 蓋養民之道 王者自制爲成憲 子
孫守之 臣民奉之 入官守法 仕者之所遵 而非學者之事 故大學不以
之立敎 所云厚薄 如論語'躬自厚而薄責於人'之旨 卽所謂'其家不可
敎而能敎人者無之'也 其云'以推恩之次第言'者 非是

---

71) 자신을……한다 : 이는 『논어』 「위령공」 제14장에 보인다.

72) 자기……없다 : 이는 『대학장구』 전 제9장에 보인다.

73) 은혜를……설 : 이 설은 『대학장구대전』 소주 및 『대학혹문』과 『주자어류-대학』에
    보이지 않는다. 다만 『대학장구대전』 경일장 '其所厚者薄……' 다음의 소주 삼산 진
    씨(三山陳氏)의 설에 "국가와 천하는 본디 박하게 할 바가 아니지만, 가(家)로부터
    보면 박(薄)이 된다."라고 하였으니, 은혜를 미루어나가는 의미가 있다. 왕부지의
    말은 아마도 이를 지적한 듯하다.

『대학장구』 전(傳) 제1장

『서경』「강고(康誥)」에 말하기를 "능히 덕을 밝힌다."고 하였으며, 『서경』「태갑(太甲)」에 말하기를 "이 하늘의 밝은 명령을 돌아본다." 고 하였으며, 『서경』「제전(帝典)」에 말하기를 "능히 큰 덕을 밝힌 다."라고 하였으니, 이는 모두 〈자기의 명덕을〉 스스로 밝힌 것이다.

康誥曰 "克明德" 太甲曰 "顧諟天之明命" 帝典曰 "克明峻德" 皆 自明也

전(傳) 제1장
『대학장구』전 제1장에 대한 설

　『대학장구』의 주에 "〈하늘의〉 밝은 명(命)은 즉 하늘이 나에게 부여해주어 내가 덕으로 삼은 것이다.[天之明命 卽天之所以與我 而我之所以爲德者也]"라고 하였는데, '즉(卽)'이라는 한 글자를 잘 살려보아야 한다. 예컨대, "성은 곧 리다.[性卽理也]"에서 '즉(卽)' 자를 빼고 "성은 리다.[性理也]"라고 한다면, 참으로 불가하다. 이 '즉(卽)' 자는 '즉 그 어떤 물사'라고 말하는 것과 다르지 않다.

　처음 태어날 적에는 하늘이 이 밝은 명으로써 성(性)을 삼고, 태어난 뒤에는 어느 때 어느 곳이든지 천명이 밝게 사람에게 임하니, 또한 이와 같을 따름이다. 대개 하늘은 무심히 조화를 이룩하니, 단지 이와 같이 그 명령을 시행하여 아무도 알지 못한다. 사람이 태어나서 장성하고 늙고 죽는데, 묘하게 합하는 곳에서 천명을 받을 만한 때를 만나면 바로 그 조화를 이룩한다. 하늘에 있을 적에 명하기도 하고 명하지 않기도 하는 때가 없으니, 사람에게 있을 적에도 처음 태어날 적에 명을 받고 그 뒤에는 명을 받는 바가 없는 것이 아니다.

　맹자가 "순순히 그 정명을 받는다.[順受其正]"[74]라고 말한 것은, 원래 태어난 이후의 일이다. 그것이 화(禍)·복(福)에 관한 명일지라도

'정(正)'이라고 말하면 그것은 이치[理]이고, 이치이면 또한 '밝은 명 [明命]'이다. 처음 태어날 때 받은 명으로만 여긴다면, 반드시 엉키고 정체되고 오래 머물러 하나의 물체가 될 것이다. 주자는 "그 형상을 볼 수 있는 한 물체가 있는 것처럼 이루어지는 것은 아니다."[75]라고 하였으며, 또 "어느 때인들 일상생활 속에서 드러나지 않음이 없다."[76] 라고 하였으니, 처음 태어날 때 받은 것만이 아님은 분명하다. 그런데 오계자(吳季子)[77]는 천명을 태어나는 초기에다 전적으로 속하게 하였 으니, 주자의 은미한 말씀에 통달하지 못한 것이다. 그렇다면 탕(湯)임 금은 항상 마음과 눈으로 처음 태어날 때 받은 것을 주의하였을 것이 니, 불가에서 본래면목을 참구(參究)하는 것과 무슨 차이가 있겠는가?

나는 『주역』과 『상서』의 뜻을 풀이하면서, 태어나는 초기에 천명 을 받지만, 태어난 뒤에도 날마다 천명을 받으니, 『중용』에 '하늘이 명한 것을 성이라 한다.[天命之謂性]'는 것도 날마다 그것을 이룩하여 성(性)이 되는 것이라고 주장하였다.[78] 이 설이 선유들의 설과는 합하 지 않는 듯하다. 그런데 지금 주자의 '어느 때든지 일용지간에 발현되

---

74) 순순히……받는다 : 이는 『맹자』「진심 상」제2장에 보인다.

75) 그……아니다 : 이는 『대학장구대전』경일장 '太甲曰 顧諟天之明命' 아래의 소주에 보인다.

76) 어느……없다 : 이는 주자의 『대학혹문』경일장 '太甲曰 顧諟天之明命'에 관한 혹자 의 질문에 보인다.

77) 오계자(吳季子) : 오계자는 남송 말기의 학자로 자는 절경(節卿)이며, 소무(邵武) 사람이다. 보우연간(寶祐年間 1253-1258) 과거에 급제하여 국자감승(國子監丞) 등 을 역임하였다. 저술로 『대학강어(大學講義)』가 있다.

78) 나는……주장하였다 : 왕부지는 『주역내전(周易內傳)』·『주역외전(周易外傳)』·『주 역비소(周易裨疏)』·『주역고이(周易考異)』 및 『상서인의(尚書引義)』·『상서비소(尚 書裨疏)』·『상서고이(尚書考異)』 등을 저술하였다.

지 않음이 없다.[無時而不發見於日用之間]'[79]라는 말을 보니, 다행스
럽게도 내가 그렇게 어기는 바를 주자가 먼저 터득하고 있었다.

章句云'明命卽天之所以與我 而我之所以爲德者' 須活看一卽字
如性卽理也 倘刪去卽字 而云性理也 則固不可 卽者 言卽者個物事
非有異也

當有生之初 天以是命之爲性 有生以後 時時處處 天命赫然以臨
於人 亦只是此 蓋天無心成化 只是恁地去施其命令 總不知道 人之
初生 而壯而老而死 只妙合處遇可受者 便成其化 在天旣無或命或
不命之時 則在人固非初生受命而後無所受也

孟子言順受其正 原在生後 彼雖爲禍福之命 而旣已云正 則是理
矣 理則亦明命矣 若以爲初生所受之命 則必凝滯久留而爲一物 朱
子曰"不成有一物 可見其形象"又曰"無時而不發現於日用之間"其
非但爲初生所受明矣 吳季子全屬之有生之初 乃不達朱子之微言 使
然則湯常以心目注想初生時所得 其與參本來面目者 相去幾何耶

愚於周易尚書傳義中 說生初有天命 向後日日皆有天命 天命之謂
性 則亦日日成之爲性 其說似如先儒不合 今讀朱子'無時而不發現
於日用之間'一語 幸先得我心之所然

---

79) 어느……없다 : 이는 주자의 『대학혹문』에 보인다.

『대학장구』 전(傳) 제2장

    탕(湯)임금의 세수 대야에 새겨 넣은 명(銘)에 "진실로 어느 날 예전의 나쁜 습관을 버리고 나를 새롭게 변화시킴이 있으면, 그로 인하나날이 새롭게 변화시켜 나가고, 또 날마다 새롭게 변화시켜라."라고 하였으며, 『서경』「강고(康誥)」에 말하기를 "새롭게 변화하는 백성들을 진작(振作)시켜라."라고 하였으며, 『시경』의 시에 "주(周)나라가 비록 오래된 나라지만, 그 명이 새로워졌다."고 하였으니, 그러므로 군자는 어떤 경우인들 그 지극함을 쓰지 않음이 없다.

    湯之盤銘曰 "苟日新 日日新 又日新" 康誥曰 "作新民" 詩曰 "周雖舊邦 其命維新" 是故 君子無所不用其極

전(傳) 제2장

『대학장구』선 제2장에 대한 설

　임금의 덕에 대해서는 '새롭게 한다.[新]'고 말할 수 있지만, 백성들에 대해서는 '밝힌다.[明]'고 말할 수 없다. '명명덕어천하(明明德於天下)'는 주자가 '규모가 이와 같아야 한다.'[80]고 말한 것과 같으니, 나로부터 끝까지 미루어나감을 말한 것이지, 실제로 자신이 명덕을 밝힌 것으로써 백성들에게 교화를 베푸는 것은 아니다. '신(新)'은 '작신(作新)'이라고 말하면, 실제로 어느 날 새로워진[日新] 도를 가지고 백성들을 고무시키는 것이다.

　'명명덕(明明德)'의 명(明)은 본성을 회복하는 것이니, 정심(正心)·성의(誠意)·격물치지(格物致知)에서 공부하는 데 달려있다. 그런데 백성[民]의 경우, 성의·정심은 말할 것도 없고, 격물도 결코 그들이 능히 할 수 있는 바가 아니다. '새롭게 한다.[新]'는 것은 수신(修身)에 관한 것으로, 몸의 한 점 오염을 제거하면 바로 어느 날 새로워진[日新] 것이 된다. 그러므로 『대학장구』의 주에서 탕(湯)임금의 반명(盤

---

80) 규모가……한다 : 이는 『주자어류－대학』에 보인다.

銘)에 있는 '구일신 일일신 우일신(苟日新 日日新 又日新)'을 해석하
면서, '구염지오(舊染之汚)'라고 한 것이다. 다만 탕임금에게 있어서
이른바 오염되었다고 하는 것은 미세하지만, 백성들이 오염된 것은
큰 것이다. 이는 탕임금이 명(銘)을 지어 스스로 경계한 말이니, 오염
되지 않았더라도 오염된 것으로 경계를 삼는 것은 해로울 것이 없다.

　君德可言新 於民 不可言明 明明德於天下 固如朱子所云'規模須
如此' 亦自我之推致而言 非實以其明明德者施敎於民也 新則曰'作
新'則實以日新之道鼓舞之矣
　明是復姓 須在心意知上做工夫 若民 則勿論誠正 卽格物亦斷非
其所說 新只是修身上 止除卻身上一端染汚 卽日新矣 故章句釋盤
銘 亦曰'舊染之汚' 但在湯所謂染汚者細 民之所染汚者麤 且此亦湯
爲銘自警之詞 固無妨非有染汚而以染汚爲戒

『대학장구』전(傳) 제3장

『시경』의 시에 말하기를 "나라의 기내(畿內) 사방 천리의 땅이여, 백성들이 머물러 사는 곳이네."라고 하였다. 『시경』의 시에 "획! 획이요! 지저귀는 꾀꼬리여, 언덕 모서리에 머물러 있네."라고 하였는데, 공자께서 말씀하시기를 "저 새도 그칠 곳에서 그칠 줄 아니, 사람이면서도 저 새만 못할 수 있겠는가?"라고 하셨다. 『시경』의 시에 "깊고 원대한 생각을 하신 문왕이시여, 아! 선왕의 덕을 계승하고 밝혀서 공경한 마음으로 지선의 경지에 그쳐 머무셨네."라고 하였으니, 문왕께서는 임금이 되었을 적에는 인(仁)에 머무셨고, 신하가 되었을 적에는 경(敬)에 머무셨고, 자식이 되어서는 효(孝)에 머무셨고, 아비가 되어서는 자(慈)에 머무셨고, 나라 사람들과 교유할 적에는 신(信)에 머무셨던 것이다. 『시경』의 시에 "저 기수(淇水)의 물굽이를 바라보니, 푸른 대나무가 파릇파릇하구나. 문채 나는 군자이시여, 자른 듯하고 갈아낸 듯하며, 쪼아낸 듯하고 다듬은 듯하네. 엄밀하고 꿋꿋하며, 빛나고 성대하니, 문채 나는 군자이시여, 끝내 당신을 잊을 수 없네."라고 하였으니, '자른 듯하고 갈아낸 듯하다[如切如磋]'는 학문[學]을 말한 것이고, '쪼아낸 듯하고 다듬은 듯하다[如琢如磨]'는 스스로 자신을 닦는 것을 말한 것이고, '엄밀하고 꿋꿋하다[瑟兮僩兮]'는

근신하며 두려워하는 마음을 말한 것이고, '빛나고 성대하다[赫兮喧
兮]'는 내면의 덕이 쌓여 겉으로 드러난 위엄 있는 자세를 말한 것이
고, '문채 나는 군자이시여, 끝내 당신을 잊을 수 없네[有斐君子 終不
可諠兮]'는 그 분의 성대한 덕과 지극한 선을 백성들이 잊을 수 없음
을 말한 것이다. 『시경』의 시에 "아! 전왕(前王)을 잊지 못하네."라고
하였으니, 군자는 전왕의 어짊을 어질게 여기고 전왕의 친히 할 만한
점을 친히 여기며, 소인은 전왕이 즐겁게 해준 것을 즐거워하고 전왕
이 이롭게 해준 것을 이롭게 여긴 것이다. 이것이 바로 전왕이 세상을
떠났지만 그를 잊지 못하는 것이다.

詩云 "邦畿千里 惟民所止" 詩云 "緡蠻黃鳥 止于丘隅" 子曰
"於止 知其所止 可以人而不如鳥乎" 詩云 "穆穆文王 於緝熙敬
止" 爲人君 止於仁 爲人臣 止於敬 爲人子 止於孝 爲人父 止於
慈 與國人交 止於信 詩云 "瞻彼淇澳 菉竹猗猗 有斐君子 如切
如磋 如琢如磨 瑟兮僩兮 赫兮喧兮 有斐君子 終不可諠兮" 如切
如磋者 道學也 如琢如磨者 自修也 瑟兮僩兮者 恂慄也 赫兮喧
兮者 威儀也 有斐君子終不可諠兮者 道盛德至善 民之不能忘
也 詩云 "於戲 前王不忘" 君子賢其賢而親其親 小人樂其樂而利
其利 此以沒世不忘也

전(傳) 제3장

『대학장구』 전 제3장에 대한 설

1

'경(敬)' 자[81]에는 두 가지 뜻이 있다. 공경을 베풀 대상이 있어 그를 공경하면, 이 공경은 공부이다. 그런데 공경만 말하고 베풀 대상이 없으면, 이는 심덕(心德)의 본체[體]를 가리킨다. 그러므로 선유들이 '주경(主敬)'·'지경(持敬)'이라고 한 말은, 공부가 '주(主)'·'지(持)' 두 자에 있다. 경(敬)은 심덕의 본체가 되니, 경외[畏]나 삼감[愼]을 말하는 것과는 비교가 되지 않는다. 『대학장구』의 주에 '공경하지 않음이 없다.[無不敬]'고 한 것은 '인하지 않음이 없다.[無不仁]', '의롭지 않음이 없다.[無不義]'고 말하는 것과 같다. 이미 하나의 '경(敬)' 자를 말하고서, 또 하나의 '지(止)' 자를 덧붙였다. 그러므로 『대학장구』의 주에도 "〈공경하지 않음이 없어서〉 그칠 바에 편안하다.[安所止]"라고 한 것이니, 모두 이루어진 덕을 찬미한 것이다. 공부는 '이어서 밝히

---

81) '경(敬)' 자 : 『대학장구』 전 제3장 '오집희경지(於緝熙敬止)'의 '敬' 자를 가리킨다.

는[緝熙]'데에 있다. '이어서 밝히는' 것은『대학장구』의 주에 '항상
눈이 그곳에 있다.[常目在之]'[82)는 것이며, 전 제2장에 '날마다 날마다
새롭게 하고 또 날마다 새롭게 한다.[日日新 又日新]'는 것이다.

천리(天理)가 항상 밝음을 말미암아 혼매하고 오염된 것이 깨끗이
없어지면, 실리(實理)가 마음에 보존되어 장엄하고 공경함이 날로 강
하게 된다. 장엄하고 공경함이 날로 강해짐을 말미암아 인욕(人欲)이
정화되지 않음이 없고 천리(天理)가 밝아지지 않음이 없게 되면, 덕
이 궁극에 도달하여 옮겨가거나 물러나는 바가 없게 된다. 이것이 '이
어서 밝히고 공경히 하여 그치는 것[緝熙敬止]'이 서로 이어지는 차례
이다.

'경(敬)'은 심체(心體)의 측면에서 말한 것이고, '지(止)'는 일에 나
타나는 것이다. 인(仁)·경(敬)·효(孝)·자(慈)·신(信)[83)은 모두 '그칠
바에 평안한[安所止][84) 일이다. '집희(緝熙)'는 명명덕·신민의 공부
이고, '경지(敬止)'는 명명덕·신민의 공효이다. 밝히고 계속하면 명명
덕·신민에서 그치지 않고 반드시 지선(至善)에 이르게 된다. 공경하
지 않음이 없어서 그 편안한 바에 그치면, 명명덕·신민이 그치지 않
아서 지선에 이르게 될 것이다. 실로 '지선에 이르러 그치는 데 달려있
다.[在止於至善]'는 뜻을 해석하는 데 있어, 요점이 '집희(緝熙)' 2자에
있다. '경지(敬止)' 2자를 위주로 해석한 학자들의 설은 옳지 않다.

---

82) 항상……있다 : 이는『대학장구』전 제1장의 주에 보인다.

83) 인(仁)……신(信) : 이는『대학장구』전 제3장 제3절의 '爲人君 止於仁 爲人臣 止於
敬 爲人子 止於孝 爲人父 止於慈 爲國人交 止於信'에 보이는 다섯 가지 덕목이다.

84) 그칠……평안한 : 이는『대학장구』전 제3장 제3절 '緝熙敬止'의 '止'를 주해한 말
이다.

敬字 有二義 有所施敬而敬之 敬是工夫 若但言敬而無所施 乃是
直指心德之體 故先儒言主敬言持敬 工夫在主持二字上 敬爲德體
而非言畏言愼之比 章句云‘無不敬’ 猶言無不仁無不義 現成下一敬
字 又現成統下一止字 故又曰“安所止”皆贊其已成之德 工夫只在
緝熙上 緝熙者 卽章句所謂常目在之 傳所謂日日新又日新

緣其天理恒明 昏汚淨盡 則失離存於心 而莊敬日彊 緣其莊敬日
彊 而欲無不淨 理無不明 則德造其極而無所遷退 此緝熙敬止相因
之序也

敬但在心體上說 止則在事上見 仁敬孝慈信 皆安所止之事也 緝
熙者 明新之功 敬止者 明新之效 熙而緝 則不已於明新 而必止於至
善也 無不敬而止之安 則明新不已 而旣止於至善矣 實釋在止於至
善意 喫緊在緝熙二字 諸家拈敬止作主者 非是

2

주자가 ‘준율(恂慄)’·‘위의(威儀)’는 성취한 뒤의 기상이라고 말한
것[85]은 지극히 정밀한 점을 지적해 낸 것이다. 주자는 또 “준율은 엄
하고 공경함이 마음속에 보존되어 있는 것이다.[嚴敬之存乎中]”, “위
의는 빛이 밖으로 드러난 것이다.[輝光之著乎外]”라고 하였다.[86] 여

---

[85] 주자가……것 : 이는 『대학장구』의 주에 ‘恂慄威儀 言其德容表裏之盛’이라 한 것을
  가리키는 듯하다. 『대학장구』·『대학혹문』 및 『주자어류-대학』에서 위와 같은 문구
  는 찾아볼 수 없다.

기서의 '존(存)' 자는 안팎[中外]이라는 의미를 따른 것으로, '저(著)' 자와 상대가 된다. 따라서 '존심(存心)'·'존성(存誠)'의 존(存) 자가 '힘을 써서 그것을 보존한다.'는 뜻이 되는 것과는 같지 않다. 이미 '마음속에 보존되어 있다.'고 하고, 또 '기상'이라고 하였으니, 이는 결코 쉽게 드러나는 것이 아니다. 날마다 대인군자를 가까이하여 주의를 기울여 관찰하면, '마음속에 보존되어 있다.'는 것이 저절로 기상을 갖게 되어, 멀리서 바라보아도 알 수 있을 것이다.

'두려워함[恂慄]'이 기상이 되는 줄 알면서도 '마음속에 이 두려워함을 보존하고 있다.'고 말하지 않은 것은, 배움[學]과 닦음[修]의 중간에는 원래 엄밀(嚴密)하고─배움과 닦음에 모두 그런 점이 있다.─ 굳센[武毅]─닦음[修]이다.─ 공부가 있어서 '엄밀하고 굳세네.[瑟兮僴兮]'라고 읊조릴 필요가 없기 때문이다. 또한 『시경』의 시에 '슬혜한혜(瑟兮僴兮)'라고 하였는데, 이 '혜(兮)' 자의 뜻은 참으로 어조사가 된다. 그러나 모두 널리 보는 자가 볼 수 있고 들을 수 있는 데에 나아가 눈으로 주시하며 마음으로 경계하는 데에서 말한 것이다. 예컨대 '도혜달혜(挑兮達兮)'[87]·'치혜치혜(侈兮哆兮)'[88]·'발혜게혜(發兮揭兮)'[89]의 유형이 모두 그렇다. 은밀한 데 숨어서 존양(存養) 공부를 극진히 하는 자는 '혜(兮)'로써 영탄(詠歎)할 수 없다.

---

86) 주자는……하였다 : 이 2구는 『대학혹문』에 보인다.

87) 도혜달혜(挑兮達兮) : 이는 『시경』 정풍(鄭風) 「자금(子衿)」에 보인다.

88) 치혜치혜(侈兮哆兮) : 이는 『시경』 소아(小雅) 「항백(巷伯)」에 보이는데, 『시경』에는 '哆兮侈兮'로 되어 있다.

89) 발혜게혜(發兮揭兮) : 이는 『시경』 회풍(檜風) 「비풍(匪風)」의 '匪風發兮 匪車偈兮'를 가리킨다. '偈'는 『시경』에 '偈'로 되어 있다.

　이 단락의 '준율(恂慄)'은 앞 단락의 '경(敬)' 자와 대략 같으니, 모두 이룩한 덕에 대해 말한 것이다. 다만 앞 단락에서 경(敬)을 말한 것은 문왕(文王)의 지위에서 본 것이므로, 뒤 단락에 비해 깊고 멀고 넓고 크니, 인(仁)·경(敬)·효(孝)·자(慈)·신(信)을 행하는 데 의심도 없고 게으름도 없는 측면에서 말한 것이다. 이 단락에서는 '슬혜한혜(瑟兮僩兮)'로써 '준율(恂慄)'을 영탄하였으니, 전적으로 기상의 측면에서 서로 비유한 것이다.

　'준율(恂慄)'은 '위의(威儀)'와 마찬가지여서 모두 기상의 선한 점이 되지만, 포함하는 바는 '위의'에 비해 넓다. 두려워하면서도[恂慄] 엄밀하고 굳세지[瑟兮僩兮] 못한 경우가 있으니, 군자의 두려워함만이 엄밀하고 굳센 것이 된다. 그러므로 이 준율은 마음속에 보존된 기상의 지극히 선한 것이 된다.—배움[學]과 닦음[修]을 영탄한 것이 여기에 이르렀으니, 또한 이런 군자의 배움과 닦음이 정밀한 것을 말한 것이다. '여절여차(如切如磋)'와 '여탁여마(如琢如磨)'는 그 지극함을 극도로 말한 것이다.— 다만 이 한 가지 기상 중에 엄밀하고 굳센 것은 '준율'에 속하고, 드러나고 성대한 것은 '위의'에 속한다. 『대학장구』의 주에 있는 두 개의 '모(貌)' 자[90]는 합쳐 묘사한 것이니, 한 사람이 두 가지 모양을 가질 수는 없다.

　다만 그 드러나고 성대한 것은 대부분 의관(衣冠)·거동(擧動)의 측면에서 본 것이고—의관은 '앞뒤 옷자락이 가지런하다.[襜如也]'[91]는 경우와 같은 것을 말한다.— 엄밀하고 굳세다는 것은 표정(表情)·기백(氣魄)의 측면

---

90) '모(貌)' 자 : 『대학장구』 전 제3장 제4절의 주에 '瑟 嚴密之貌 僩 武毅之貌'라고 한 2개의 '貌' 자를 가리킨다.

91) 앞뒤⋯⋯가지런하다 : 이는 『논어』 「향당(鄕黨)」 제3장에 보인다.

에서 본 것이다. 그 위의가 있으면서도 표정—엄밀(嚴密)을 말함.—·기백
—무의(武毅)를 말함.—이 성글거나 해이한 경우는, 그것이 근본의 마음에
서 나온 기색이 아님을 알 수 있기 때문에 '마음속에 보존된 것[存乎
中]'으로 말한 것이다. 그러나 표정·기백이 도를 지닌 기색을 잃지
않지만 거동·주선이 경솔해 하나라도 예에 맞지 않으면, 사람들을 감
동시키는 것이 드러나지 않고 성대하지 않게 된다. 그러므로 위의가
드러나고 성대하여 그것을 전함이 있어야 지극한 선이 된다.

朱子謂恂慄威儀爲成就後氣象　拈出極精　其又云'嚴敬存乎中　光
輝著乎外'存字　但從中外上　與著字爲對　非若存心存誠之存　爲用力
存之也　旣云'存乎中'又云'氣象'此亦大不易見　唯日近大人君子　而
用意觀之　則存乎中者　自有其氣象　可望而知耳

所以知恂慄之爲氣象　而非云'存恂慄於中'者　以學修之中　原有嚴
密(學修皆有)　武毅(修)之功　不待更詠瑟僩　且詩云'瑟兮僩兮'兮之爲義
固爲助語　而皆就旁觀者可見可聞　寓目警心上說　如'挑兮達兮''佻
兮嗒兮''發兮揭兮'之類　皆是　其藏於密而致存養之功者　不得以兮
詠歎之

此恂慄字　與上敬字　略同　皆以言乎已成之德　但彼言敬　看文王處
較深遠闊大　在仁敬孝慈信之無貳無懈上說　此以'瑟兮僩兮'詠恂慄
專於氣象上相喩耳

恂慄二字　與威儀　一例　雖俱爲氣象之善者　而所包亦廣　恂慄而不
能瑟兮僩兮者　有之矣　唯此君子之恂慄爲瑟兮僩兮　所以爲存中氣象
之至善(詠學修放此　亦道此君子學修之精密　如切如磋　如琢如磨　極其至也)　止此一
氣象　其嚴密武毅者　則屬恂慄　其宣著盛大者　則屬威儀　章句兩貌字

是合倂寫出 一人不容有二貌也

　但其宣著盛大者 多在衣冠擧動上見(衣冠如禮如也之類) 嚴密武毅 則
就神情氣魄上見 徒有其威儀 而神情(嚴密) 氣魄(武毅) 或疎或弛 或脫
略而不一中於禮 則其感人者 不著不盛 故又須威儀之宣著盛大 有
以傳之 方是至善

『대학장구』 전(傳) 제4장

공자께서 말씀하시기를 "송사(訟事)를 판결하는 것은 나도 남들과 같이 할 수 있지만, 나는 반드시 백성들로 하여금 송사를 없도록 할 것이다."라고 하였으니, 공자께서 실정이 없는 자로 하여금 그 변명하는 말을 다할 수 없게 하신 것은 백성의 심지(心志)를 크게 외복(畏服)시킴이 있기 때문이니, 이것을 근본을 아는 것이라고 한다.

子曰 "聽訟 吾猶人也 必也使無訟乎" 無情者 不得盡其辭 大畏民志 此謂知本

전(傳) 제4장

『대학장구』전 제4상에 대한 설

※ 참고 : 전 제4장에 대해 왕부지의『독대학서대전설』에는 아무런 설이 없다. 대체로 의심이 없을 경우에는 별도의 설을 펴지 않았다.

『대학장구』 전(傳) 제5장

○ **고본** : 이를 근본을 아는 것이라고 말한다. 이것을 앎이 지극한 것이라고 말한다.

○ **주자의 『대학장구』補傳** : 이른바 '치지(致知)가 격물(格物)에 있다'라고 하는 것은 아래와 같은 점을 말한 것이다. 나의 앎을 극진히 하고자 하면, 사물에 나아가 그 이치를 궁구하는 데 달려 있다. 대개 인심(人心)의 신령스러움에는 앎[知]이 있지 않음이 없고, 천하의 사물에는 이치[理]가 있지 않음이 없다. 그러나 오직 사람들이 이치에 대해 궁구하지 못한 것이 있기 때문에 그의 앎에 극진하지 않음이 있는 것이다. 그러므로 태학에서 처음 학생들을 가르칠 적에, 반드시 학자들로 하여금 모든 천하의 사물에 나아가 자기가 이미 알고 있는 이치를 인하여 더욱 사물의 이치를 궁구해서 그 지극한 데 이르기를 구하지 않음이 없도록 한 것이다. 그런 노력이 오래되어 어느 날 환히 이치를 관통하는 데 이르면, 모든 사물의 표리(表裏)와 정조(精粗)가 나에게 이르지 않음이 없고, 내 마음의 전체(全體)와 대용(大用)이 밝지 않음이 없을 것이다. 이를 사물의 이치가 이른 것[物格]이라 하며, 이를 일러 앎이 지극해 진 것이라 한다.

○ 고본 : 此謂知本 此謂知之至也

○ 주자의 『대학장구』補傳：所謂致知在格物者 言欲致吾之
知 在卽物而窮其理也 蓋人心之靈 莫不有知 而天下之物 莫不
有理 惟於理 有未窮 故 其知有不盡也 是以 大(太)學始敎 必使
學者 卽凡天下之物 莫不因其已知之理 而益窮之 以求至乎其
極 至於用力之久 而一旦 豁然貫通焉 則衆物之表裏精粗 無不
到 而吾心之全體大用 無不明矣 此謂物格 此謂知之至也

보전(補傳)[92]

『대학장구』전 제5장에 대한 설

―무릇 대전본(大全本)에 집록한 설 가운데 의심이 없는 경우는 다시 나의 설을 붙이지 않았다. 그러므로 전 제4장은 아무런 언급도 하지 않은 것이다.[93] 『중용』·『논어』·『맹자』에는 이와 같은 경우가 더욱 많다. 凡大全所輯無關疑義者 則不復著說 故第四章傳闕 中庸論語孟子如此類者尤多―

소주(小註)에 '이미 알고 있는 이치[已知之理]'라고 한 것[94]은 『소학』을 이어 말한 것인데, 여기서 주자 가슴속의 본말의 절차가 망령되지 않음을 알 수 있다. 『소학』에서 익힌 것으로 '이미 알고 있는 이치'를 삼았으니, 또한 물 뿌리고 청소하고 응대하고 나아가고 물러나는 절도의 당연함과 예(禮)·악(樂)·사(射)·어(御)·서(書)·수(數)의

---

92) 보전(補傳) : 보전은 『대학장구』전 제5장을 가리킨다. 보망장(補亡章)이라고도 한다.

93) 그러므로……것이다 : 이는 전 제4장에 대한 언급이 빠져 있는 것을 독자들이 의아하게 여길까봐 주석을 단 것이다.

94) 소주(小註)에……것 : 『대학장구대전본』전 제5장 보망장에 "必使學者 卽天下之物 莫不因其已知之理而益窮之 以求至乎其極……"이라 하였는데, '已知之理' 아래의 소주에 "已知 卽上文'人心之靈 莫不有知'之知"라 하였다.

그런 까닭이 그것이다.

이로써 생각해 보면, 보망장에 '천하의 사물에 이치가 있지 않음이 없다.[天下之物 莫不有理]'고 한 8자는 하자가 있음을 면치 못한다. 이 물 뿌리고 청소하고 응대하고 나아가고 물러나는 절도와 예·악·사·어·서·수는 간략하면서도 널리 통하니, 이미 수신·제가·치국·평천하의 일을 포괄하고 있다. 이 외에도 천하의 사물에 이치가 있지 않음이 없으나, 학자들이 반드시 궁구해야 할 바는 아니다. 하나의 사물을 만날 때마다 반드시 그 이치를 궁구해야 한다면, 장화(張華)[95]·단성식(段成式)[96] 같은 사람처럼 기송(記誦)·사장(詞章)의 속유가 되거나, '푸른 대나무와 노란 꽃은 부처를 받드는 꽃이다.'[97], '등불 초롱이 노주(露柱)에 걸려 있다.'[98]는 등의 화두를 붙들고 신통함을 구하여 실상이 없는 적멸(寂滅)을 추구하는 이단이 될 것이다.

小註謂已知之理 承小學說來 此乃看得朱子胸中原委節次不妄處

---

95) 장화(張華) : 장화는 진(晉)나라 때 사람으로, 자는 무선(茂先)이며, 방성(方城) 사람이다. 제자백가를 두루 보았으며 기억력이 뛰어났다. 저술로 『박물지(博物志)』가 있다.

96) 단성식(段成式) : 단성식은 당나라 때 사람으로, 자는 가고(柯古)며, 임치(臨淄) 사람이다. 박학 강기하였으며, 이상은(李商隱)과 문명을 나란히 하였다. 저술로 『서양잡조(西陽雜俎)』가 있다.

97) 푸른……꽃이다 : 중국에서 선불교가 성행할 때 유행하던 화두의 하나로, 『변자류편(駢字類編)』에 "여우 손자와 개 새끼는 맨 기둥에 꽂힌 절간의 깃대이고, 노란 꽃과 푸른 대나무는 부처를 받드는 꽃이다.[狐孫狗子 露柱刹竿 黃花翠竹 捧佛花草]"라고 하였다.

98) 등불……있다 : 이 말도 중국에서 선불교가 성행할 때 유행하던 화두의 하나로, 『오등회원(五燈會元)』에 "등불 초롱이 노주에 걸려 있다[燈籠掛露柱]"라고 하였다.

乃旣以小學所習爲已知之理 則亦灑掃應對進退之當然 禮樂射御書
數之所以然者 是也

以此求之 傳文'天下之物 莫不有理'八字 未免有疵 只此灑掃應對
進退 禮樂射御書數 約略旁通 已括盡修齊治平之事 自此以外 天下
之物 固莫不有理 而要非學者之所必格 若遇一物而必窮之 則或如
張華段成式之以成其記誦詞章之俗儒 或且就翠竹黃花燈籠露柱 索
覓神通 爲寂滅無實之異端矣

『대학장구』전(傳) 제6장

이른바 '자기 마음속에 싹튼 생각을 선으로 가득 채우다'라는 것은 자신을 속이지 마는 것[毋自欺]이다. 〈악을 미워하기는〉 악취를 싫어하는 것과 같이 하고, 〈선을 좋아하기는〉 아름다운 여인을 좋아하는 것과 같이 하는 것, 이것을 스스로 만족하는 것[自慊]이라고 한다. 그러므로 군자는 반드시 자기 혼자만 알고 있는 마음속 생각을 신중히 한다. 소인은 홀로 거처할 적에 불선한 일을 행하되 어느 곳인들 이르지 않음이 없다가, 군자를 만난 뒤에는 슬그머니 그 불선을 숨기고 그 선을 드러낸다. 그러나 남들이 자기를 볼 적에 자기의 속마음을 들여다보는 것과 같이 여길 것이다. 그렇다면 자신에게 무엇이 유익하겠는가. 이를 '마음속에 가득차면 밖으로 드러난다.'고 하는 것이다. 그러므로 군자는 반드시 자기 혼자만 알고 있는 마음속 생각을 신중히 한다. 증자(曾子)께서 말씀하기를 "〈혼자만 알고 있는 마음속 생각일지라도 그 선악을 숨길 수 없는 것이〉 마치 열 개의 눈이 함께 주시하고, 열 개의 손이 함께 가리키는 것과 같으니, 이는 매우 두려워할 만한 것이로다."라고 하였다. 부(富)는 집안을 윤택하게 하고, 덕(德)은 자신을 윤택하게 한다. 마음의 덕이 쌓여 넓어지면 신체 외적으로 드러나 덕스러워지니, 그러므로 군자는 반드시 그의 마음속에 싹튼 생각을 선으로 가득 차게 한다.

所謂誠其意者 毋自欺也 如惡惡臭 如好好色 此之謂自謙(慊)
故 君子 必愼其獨也 小人閒居 爲不善 無所不至 見君子而后 厭
(饜)然揜其不善 而著其善 人之視己 如見其肺肝 然則何益矣 此
謂誠於中 形於外 故 君子必愼其獨也 曾子曰 "十目所視 十手所
指 其嚴乎" 富潤屋 德潤身 心廣體胖 故 君子必誠其意

전(傳) 제6장
『대학장구』전 제6장에 대한 설

1

선유들은 팔조목을 나누어 치지(致知)·격물(格物)은 지(知)에 속하고, 성의(誠意) 이하는 행(行)에 속한다고 하였다. 이는 『대학』을 두절로 나누는 것이다. 단락을 크게 나눌 적에는 이와 같이 말할 수 있지만, 항목에 따라 공부할 적에는 치지·격물에도 행(行)이 있고, 성의로부터 평천하에 이르기까지도 지(知)가 있지 않음이 없다.

격물·치지에도 행(行)이 있다는 것은, 사람이 바둑을 배우는 것과 유사하다. 하루 종일 기보(碁譜)를 보면서 공부하더라도 살고 죽는 기미에 모두 통달할 수는 없다. 반드시 다른 사람과 대국을 한 뒤에야 기보에 있는 이치, 기보 밖에 있는 이치에 대해 모두 그 연고를 깨우칠 수 있다. 또한 심력을 기울여 기보를 보며 연구하는 일은 이미 역행(力行)에 속한다.

대체로 천하의 일은 미리 정한 계획에 따라 행해지지만, 먼저 다 알고 난 뒤에 비로소 행하는 이치는 없다. 그렇더라도 일이 몸에 닥쳤을 때 그것을 따라 조용히 치지(致知)할 수 없음은 물론, 아무 일도

하지 않고 들어앉아 10여 년 동안 궁리를 하더라도 실용할 적에 이르러서는 서로 맞지 않는 것이 많다. 예컨대, 자식이 되어서 효도를 정성껏 하려 할 경우, 눈으로 보고 마음으로 느끼는 데에서 자신에게 절실히 관계되는 것이 허다하게 있을 것이다. 당시의 처한 상황에 따라 세밀하게 살펴야지, 평상시 알고 있는 대로 저녁에는 이부자리를 살펴드리고, 아침에는 문안을 올리고, 겨울에는 따뜻하게 해드리고, 여름에는 시원하게 해드리는 것만을 고집해서는 안 된다. 그러므로 치지 공부는 시험하기 전에 실천하는 공부를 없애는 것이 아니고, 우선 그 앎[知]을 쌓아두었다가 성의·정심의 쓰임으로 삼는 것이다. 이는 지(知) 속에 또 행(行)이 있는 것이다.

이점을 알면, 팔조목의 성의(誠意) 이하에도 그것을 아는 공부가 있음을 알 수 있다. 예컨대, 의(意)가 생기는 곳에서 그것이 선이 되고 악이 되는 경계가 확연히 쉽게 구별되는 경우에는, 전에 이룩한 지(知)가 그 효과를 드러낼 수 있어서 그것이 선이 되는지 악이 되는지를 살필 필요가 없다. 그런데 그것이 선인지 악인지 의심되는 경우에는, 일의 기미에 따라 결정해야 하니, 전에 이룩한 앎으로 미리 알 수 있지 않은 것도 있다. 그렇다면 삼가는 즈음에 경계하고 살펴서 분별을 할 적에도 반드시 지(知)를 쓰는 것이다.

예쁜 여색을 좋아하고 나쁜 냄새를 싫어하는 것으로 그 점을 말해보자. 좋아하고 싫어하는 생각이 일어날 적에 환히 아는 것이, 어찌 지(知)에 속한 것이 아니겠는가? 좋아하면 얻으려 하고, 싫어하면 버리려 해야 행(行)에 속한 것이다. 세상에 어찌 심(心)·의(意) 위에서만 공부하여 예전에 들은 것을 사수하면서 곧바로 가기만 하고 다시는 헤아려보지 않을 리가 있겠는가? 그렇다면 과감하기만 하고 꽉 막힌 자[99]가 아니면, 고집이 세기만 한 소인[100]일 것이다.

요지는 치지(致知)에 있어서는 총체적으로 분명하지만, 또한 단지 대강만 드러낸 것이다. 기미를 연구하고 이치를 살피는 일은, 죽을 때까지 그만둘 수 없는 것이다. 만약 "밝은 해가 하늘에 떠 있는 것 같으니, 다시 촛불을 비추는 일을 수고롭게 할 필요가 없다."라고 한다면, 이는 성스럽고 신령스런 분의 공력(功力)과 교화가 극치에 달하더라도 미칠 수 없는 경지인데, 하물며 학자들에게 있어서이겠는가? 바야흐로 격물·치지를 시작할 적에는 일삼음이 지(知)를 구하는데 있다. 그러나 속유들이 기송(記誦)·강해(講解)로 격물을 삼는 것이나, 이단이 면벽하며 마음을 관찰하는 것으로 치지를 삼는 것처럼, 행(行)을 훗날의 일로 확연히 분리해 놓고 잠시 기다리는 것과는 끝내 같지 않은 듯하다.

이 점을 안다면, 전 제6장『대학장구』의 주에 '자기만 혼자 아는 바[己所獨知]'의 지(知)와 전 제8장의 '좋아하면서도 그 사람의 나쁜 점을 알고[好而知其惡]', '미워하면서도 그 사람의 좋은 점을 안다.[惡而知其美]'고 한 지(知)의 경우는, 모두 행(行) 속의 지(知)다. 따라서 시끄럽게 성의 공부가 치지 앞에 있느니 치지 뒤에 있느니 하면서 다툴 필요가 없다.─경문(經文)에는 '선후(先後)'라고 말하고 '전후(前後)'라고 말하지 않았다. '전후'는 어제와 오늘을 일컫는 말이고, '선후'는 느리고 급한 것을 일컫는 말이다.─

先儒分致知格物屬知 誠意以下屬行 是通將大學分作兩節 大分段

---

99) 과감하기만……자 : 이는『논어』「양화」제22장에 보인다.
100) 고집이……소인 : 이는『논어』「자로」제20장에 보인다.

處 目如此說 若逐項下手工夫 則致知格物 亦有行 誠意以下 至平天
下 亦無不有知

　格致有行者 如人學奕碁相似 但終日打譜 亦不能盡達殺活之機
必亦與人對奕 而後譜中譜外之理 皆有以悉喩其故 且方其迸著心力
去打譜 已早屬力行矣

　蓋天下之事 固因豫立 而亦無先知完了方纔去行之理 使爾 無論
事到身上 縱你從容去致知不得 便儘有暇日 揣摩得十餘年 及至用
時 不相應者 多矣 如爲子而必誠於孝 觸目警心 自有許多痛癢相關
處 隨在宜加細察 亦硬靠著平日知道的定省溫淸樣子做不得 是故
致知之功 非抹下行之之功於不試 而姑儲其知以爲誠正之用 是知中
亦有行也

　知此 則誠意以下 亦有知之之功 亦可知矣 如意纔起處 其爲善爲
惡之分界 有顯然易別者 夙昔所致之知 可見其效 而無待於更審矣
其疑善疑惡 因事幾以決 亦有非夙昔之可豫知者 則方愼之際 其加
警省而爲分別也 亦必用知

　卽以好好色惡惡臭言之 起念好惡時 惺然不昧 豈不屬知 好而求
得 惡而求去 方始屬行 世豈有在心意上做工夫 而死守舊聞 一直做
去 更不忖度之理 使然 非果敢而窒者 則亦硜硜之小人而已

　大要 致知上總煞分明 亦只是大端顯現 研幾審理 終其身而無可
輟也 倘云'如白日麗天 更無勞其再用照燭'此聖神功化極致之所未
逮 而況於學者 而方格致之始 固事在求知 亦終不似俗儒之記誦講
解 以爲格物 異端之面壁觀心 以爲致知 乃判然置行於他日 而姑少
待之也

　知此 則第六章傳章句所云'己所獨知' 第八章傳文所云'知惡''知

美'之類 皆行中之知 無待紛紛爭誠意之功在致知前致知後矣(經言先
後 不言前後 前後者 昨今之謂也 先後者 緩急之謂也)

2

　『대학혹문』에 "좋아하지 않는 마음이 안에서 선을 거절함이 없고,
싫어하지 않는 마음이 안에서 악을 끌어당김이 없다."[101]라고 하였
다. 선을 좋아하고 악을 싫어하면서도 반드시 마음속의 주재자에게
명령을 들어야 하는 것은, 선을 좋아하는 경우에도 안에서 악을 끌어
당김이 있고, 악을 싫어하는 경우에도 안에서 선을 거절함이 있기 때
문이다.

　전문(傳文)은 원래 '무자기(毋自欺)'로써 '성기의(誠其意)'를 삼아
억지로 주석을 단 것은 아니고, 생각[意]이 진실하지 않은 자가 생각
을 굴리는 폐단에 나아가 돌이켜 그 점을 나타낸 것이다. '자기(自欺)'
는 진실하지 않은 것이다. 진실하지 않음이 없으려면, 진실함이 있어
야 한다. 요컨대 이 성의 공부는, 이미 알고 있는 이치를 가지고 생각
이 발할 때를 만나 적용하여 그 이치를 내 마음속에 가득하게 하는
것이다. 그리고 나의 본디 바른 마음을 가지고 내가 대응하려는 사물

---

101) 좋아하지……없다 : 이 문구는 『대학혹문』 전 제6장 해석 중에 보이는데, 이와
　　관련된 전문은 다음과 같다. "夫不知善之眞可好 則其好善也 雖曰好之 而未能無不好
　　者 以拒之於內 不知惡之眞可惡 則其惡惡也 雖曰惡之 而未能無不惡者 以挽之於中 是
　　以不免於苟焉 以自欺而意之所發有不誠者"

에 대해 긴밀하게 꿰뚫어보아 부절(符節)처럼 합하고 하나로 통해서, 나의 생각이 그 위로부터 발하게 하는 것이다. 죽순이 나올 때 시종 같은 그러한 모양을 하는 것과 같다. 이처럼 마음속에 가득 찬 것이 다양하게 표출되는데 한결같이 진실하게 하여 다시는 중간에 스스로 속이는 마음이 일어나지 않게 하는 것을 바로 '스스로 속이지 마는 것[毋自欺]'이라고 한다.

　전문(傳文)을 쓴 사람이 '성기의(誠其意)' 위에 다시 쓸 말이 없었기 ―성의를 말하는 것으로 이미 충분하다.― 때문에 이를 총괄하여 '무자기'라고 한 것이다. 『대학장구』의 주에 "'무(毋)'는 금지하는 말이다."라고 하였다. 마치 오늘날 군·현에서 사송(詞訟)을 금지하는 것과 같다. 이는 사송을 받아들이지 않는 것일 뿐, 사송을 가지고 오는 자를 형벌로써 다스리는 것은 아니다. 그렇게 하지 않으면, 안을 비우고 바깥만을 일삼게 되어 단지 그 생각을 가지고 분파를 간택하기만 할 것이다. 이 경우, 자신을 속이지 않으면 그 마음속에서 발하는 것을 따르게 되고, 자신을 속이면 그 발하는 것을 막아버리게 된다. 생각이 창졸간에 일어나는 점은 논하지 않더라도, 형세가 금지하는 데 이르지 못하면 마음속에서 갈등이 생겨 생각이 혼란스러워질 것이고, 또한 선의 싹도 점점 길러나갈 수 없게 될 것이다. 하물며 적을 물리치고 승리를 취하는 도구인 바름을 취하는 법칙과 내실을 돈독히 하는 이치가 안에 없다면, 어찌 빈 활을 당기며 적의 시퍼런 칼날 속으로 뛰어드는 것이 아니겠는가? 경전에 모두 '그 생각을 진실하게 하라.[誠其意]'라 하고, '그 생각을 간택하라.[擇其意]' 또는 '그 생각을 엄히 하라.[嚴其意]'고 하지 않았다. 후세 사람들은 대체로 이 점을 생각지 못한다.

　그러나 생각이 일어나기 전에는, 그것이 선의 기미일지 악의 기미일지 미리 헤아려 제압할 수 없다. 그래서 조용히 함양(涵養)하는 데에 힘을 쓰며, 급박하게 좋은 생각[意]이 나오도록 핍박할 수 없다. 생각이 발하여 알 수 있게 된 뒤에는 억지로 보충하거나 수식해서 소인이 자신의 불선을 숨기고 선을 드러내는 것처럼 해서는 안 된다. 그러므로 자기가 앎[知]에 이르기를 기다리거나 자기만 혼자 아는 때를 당해서 삼감[愼]을 더하는 것이다. 이런 마음이 가득 차게 되면, 성(誠)이 생각에 흘러들어 표리·시종이 강하고 견고하고 정밀하고 밝게 될 것이니, 혼자만 아는 데에서 그것을 방지하는 것만은 아니다.

　'신(愼)' 자를 '방(防)' 자의 뜻으로 해석해서는 안 되니, 이는 '면밀하게 삼간다.[縝密詳謹]'는 뜻이다. 악취를 싫어하고 예쁜 여색을 좋아하는 것에 어찌 방지함이 있겠는가? 좋아하지 않음이 없고, 싫어하지 않음이 없는 것이 곧 '삼가다.[愼]'는 뜻이다. 대체로 '성(誠)' 자가 이 장에서는 '공력을 기울인다.'는 의미로 쓰였지만, 원래는 '위(僞)' 자와 상대가 되지 않는다. '위(僞)' 자는 남을 속이는 것이다. 따라서 이 자는 '불성(不誠)'과 상대가 된다.─『중용』에 '성실하지 않으면 사물이 없다.[不誠無物]'고 한 불성(不誠)과 같다. 자신에게 성실하지 않으면 남을 속이게 된다. 남을 속이는 것은 자신을 성실하게 하지 않는 것보다 작지 않다.─ '진실하지 않다.[不誠]'는 것은 '자신을 속이다.[自欺]'라는 뜻이다.─진실하지 않으면 자신을 속이게 된다. 자신을 속이면 스스로의 본체가 완성되지 않는다. 그러므로 그 사물이 없게 된다. 그러나 속이는 것은 도리어 속이는 대상이 있다.─ 이런 것들은 이치가 되기에 부족하기 때문에 말을 하거나 행동을 하다가 바로 그만두게 된다.

　『시경』의 시에 "무엇이 있고 무엇이 없는가를 따지지 않고, 부지런히 힘써 구하였네."[102]라고 하였으니, 가난한 집안이기 때문에 살림 꾸리기를 지나치게 한 것이다. 예컨대, 자기 생각을 진실하게 한 자는, 금·곡식 등의 재물이 충만하여 물 흐르듯이 쓰면서 조금도 인색함이 없는 것과 같으니, 이런 경우는 살림을 꾸려나가려는 생각을 갖지 않을 것이다. 이는 신독(愼獨)이 성의의 긴요한 공부가 되지만, 성의가 신독에 전적으로 의지하는 것은 아니다. 남들이 모두 알게 된 뒤에는, 드디어 신독은 그 힘을 쓸 곳이 없게 된다.—남들이 모두 알게 되더라도 오히려 그런 생각이 있지만, 그런 일이 아직 없을 때가 있다. 따라서 생각[意] 속의 천 갈래 만 갈래를 통틀어 이름을 하면 의(意)가 된다.—

다만 생각[意]을 진실하게 할 수 없어서 어쩔 수 없이 스스로를 속이는 것이다. 평상시 그 스스로를 속이는 한 가닥 활로를 열어놓으려 하지 않으면, 생각이 발할 때 정성을 힘써 이룩한 것이 얼마나 돈독하겠는가? 그러므로 생각을 진실하게 하는 자는 반드시 스스로를 속이지 않는다. 그리고 자신을 속이는 것을 미리 금하는 것도 성의의 한 방법이니, 이는 상호 완성시켜주는 것이 된다.

或問云"無不好者 拒之於內 無不惡者 挽之於中"夫好惡而必聽命於中之所爲主者 則亦必有固好者 挽之於內 固惡者拒之於中矣

傳文 原非以毋自欺爲誠其意 硬地作註脚 乃就意不誠者 轉念之弊而反形之 自欺是不誠 若無不誠 亦須有誠 要此誠意之功 則是將所知之理 遇著意發時撞將去 敎他喫個滿懷 及將吾固正之心 喫緊

通透 到吾所將應底事物上 符合穿徹 教吾意便從者上面 發將出來
似竹笋般始終是者個則樣 如此撲滿條達 一直誠將去 更不敎他中間
招致自欺 便謂之毋自欺也

傳者 只爲誠其意上更無可下之語(只說誠意已足) 故通梢說個毋自欺
章句云'毋者 禁止之辭'如今郡縣禁止詞訟 只是不受 非挈著來訟者
以刑罰治之也 不然虛內事外 只管把者意揀擇分派 此爲非自欺而聽
其發 此爲自欺而歇絶之 勿論意發於倉卒 勢不及禁 而中心交戰 意
爲之亂 抑不能滋長善萌 況乎內無取正之則篤實之理 爲克敵制勝之
具 豈非張空弮而入白刃乎 經傳皆云'誠其意'不云'擇其意' '嚴其意'
後人蓋未之思耳

但當未有意時 其將來之善幾惡幾 不可預爲擬制 而務於從容涵養
不可急迫迫地逼敎好意出來 及其意已發而可知之後 不可强爲補飾
以涉於小人之揜著 故待己所及知 抑僅己所獨知之時而加之愼 實則
以誠灌注乎意 徹表徹裏 徹始徹終 彊固精明 非但於獨知而防之也

愼字 不可作防字解 乃緻密常謹之意 惡惡臭好好色 豈有所防哉
無不好 無不惡 卽是愼 蓋此誠字 雖是用功字 原不與僞字對 僞者 欺
人者也 乃與不誠爲對(如中庸言不誠無物之不誠 不誠則或僞 僞不僅於不誠) 不
誠者 自欺者也(不誠則自欺 自欺則自體不成 故無物 若僞則反有僞物矣) 總爲理
不滿足 所以大槪說得去 行得去便休

詩云'何有何亡 黽勉求之'只爲是個貧家 所以扯拽敎過 若誠其意
者 須是金粟充滿 而用之如流水 一無吝嗇 則更不使有支撐之意耳
此則愼獨爲誠意扣緊之功 而非誠意之全恃乎此 及人所共知之後 遂
無所用其力也(雖至人所共知 尙有有其意而未有其事之時 意中千條百緖 統名爲意)

只爲意不得誠 沒奈何只索自欺 平常不肯開者 自欺一條活路 則

發意時 所以力致其誠者 當何如敦篤也 故誠意者 必不自欺 而預禁
自欺者 亦誠意之法 互相爲成也

3

악취를 싫어하고 예쁜 여색을 좋아하는 것이 성(誠)의 본체이다.
그 생각을 진실하게 하고 스스로를 속이지 말아서 생각함이 악취를
싫어하듯이 예쁜 여색을 좋아하듯이 하는 데에 이르러야 한다. 공부
가 이 경지에 도달하면 본체가 투명하게 드러난다. 이런 방법으로 나
의 생각이 과연 진실한지 아닌 지를 징험하는 것은 괜찮다. 그러나
생각을 일으키되 이와 같이 하기를 구하여 갑자기 악취를 싫어하듯이
예쁜 여색을 좋아하듯이 하면, 손을 쓸 곳이 없게 된다.

예쁜 여색을 좋아하고 악취를 싫어하는 경우, 이미 그렇게 되었으
면 막을 수 없고, 아직 그렇지 아니하면 거짓으로 안배함이 없어야
한다. 그렇게 하여 얻어지는 것을 성(誠)이라 한다. 그렇지 않은 경우
는, 환관이 여색을 좋아하지 않는 것이나 코가 막힌 사람이 악취를
싫어하지 않는 것과 같으니, 어찌 그 힘을 쓸 데가 있겠는가?

惡惡臭好好色 是誠之本體 誠其意而毋自欺 以至其用意如惡惡臭
好好色 乃是工夫至到 本體透露 將此以驗吾之意果誠如否 則可 若
立意要如此 而徑以如惡惡臭 如好好色 則直是無下手處
好好色惡惡臭者 已然則不可按歇 未然則無假安排 是以得謂之誠
其不爾者 如閹宦之不好色 䶡窒人之不惡臭 豈有所得用其力哉

4

『대학장구』의 설은『대학혹문』의 설과 다르다. 살펴보건대『대학
혹문』의 설이 전문(傳文)의 이치나 문세를 비교적 잘 따르고 있다. 전
문에 '이를 자겸이라 한다.[此之謂自謙]'고 하였으니, 이는 참으로 좋
고 참으로 나쁠 때의 심체(心體)를 지적해 드러낸 것이지, 공부에 관
한 말이 아니다. 따라서『대학장구』의 주에 있는 '무(務)'·'구(求)'
자[103]는 어세(語勢)의 측면에서 부합하지 않는다. 이는『대학혹문』의
'이미 이와 같다.[旣如此矣]', '그러면 거의……에 가까울 것이다.[則
庶乎……]'라고 한 7자[104]가 온당한 것만 못하다.『대학혹문』에 "잠깐
의 짧은 시간이거나 지푸라기처럼 미세한 것일지라도 생각이 서로 이
어져 조금도 끊어짐이 없으면……"이라는 한 단락이 있기는 하지만,
이는 전문의 뜻에 있는 것을 보충한 것이고,『대학장구』의 주에 '결단
코 제거하기를 힘쓰고 반드시 얻기를 구해서[務決去 求必得]'라고 한
것처럼 긴절한 공부를 여기에서 비로소 시작하는 것은 아니다.『대학
혹문』에 '내외가 밝게 융화되고 표리가 맑게 통하여[內外昭融 表裏澄

---

103) '무(務)'·'구(求)' 자 :『대학장구』전 제6장의 주에 "使其惡惡則如惡惡臭 好善則如
   好好色 皆務決去而求必得之 以自快足於己 不可徒苟且以殉外而爲人也"라고 하였는
   데, 이 문장의 '무(務)'와 '구(求)' 자를 가리킨다.

104) 7자 : 이는『대학혹문』성의장 해석 중의 "夫好善而中無不好 則是其好之也 如好好
   色之眞 欲以快乎己之目 初非爲人而好之也 惡惡而中無不惡則是其惡之也 如惡惡臭
   之眞欲以足乎己之鼻 初非爲人而惡之也 所發之實 **旣如此矣** 而須臾之頃 纖芥之微 念
   念相承 又無敢有少間斷焉 **則庶乎**內外昭融 表裏澄徹 而心無不正 身無不修矣"에서
   진하게 표시된 부분의 7자를 말한다. 곧 여기에 인용문 문장의 내용이『대학장구』의
   주에 있는 설보다 낫다는 것이다.

徹]'라고 한 말은, 스스로 만족할[自謙] 때의 의상(意象)이니, 마음이 바르게 되고[心正] 몸이 닦여지는[身修] 것은 스스로 만족한 자가 얻는 것일 따름이다. 이와 같이 보면, 전문의 '고군자(故君子)'의 고(故)자는 문맥을 전해주는 매개역할을 한다. 그렇게 보지 않으면, 문장이 모호하여 분명치 않게 된다. 이곳이 문세가 순조롭게 되느냐 순조롭게 되지 않느냐 하는 것이 나뉘는 곳이다.

이치로써 말하면 이렇다. 『대학장구』의 주에 "가령 악을 미워할 경우에는 악취를 싫어하듯이 하고, 선을 좋아할 경우에는 예쁜 여색을 좋아하듯이 해서……[使其惡惡則如惡惡臭 好善則如好好色……]"라고 하였는데, 이 문장의 이른바 '가령[使]'이라는 글자는 이쪽에서 제재하여 저쪽에서 스스로 명령을 듣는다는 것인가? 아니면 어떤 일을 처치하는 데 권한이 있어서 나의 명령을 따르게 한다는 것인가? 이쪽에서 제재하여 저들이 스스로 명령을 듣는 것이라면, 이는 '결단코 제거하여 반드시 얻기를 구하는' 것이 공부가 되지 않음이 분명하다. 그리고 처치하는 데 권한이 있어 '결단코 제거하길 힘쓰거나' 혹은 '반드시 얻기를 구하거나' 하는 것이라는 설에 대해, 나의 생각으로는 의(意)가 바야흐로 발할 적에는 사람들이 잠시 머물며 자신이 가지고 있는 것을 시행할 여지가 없을 듯하다.

또한 선을 구하고 악을 제거하는 공부는 이미 좋아하고 싫어한 뒤에 있는 것이니, 수신(修身)하는 일이지 성의(誠意)의 일이 아니다. 단지 '예쁜 여색을 좋아하고 악취를 싫어한다.'고 말한 것은, 사람들에게 악취를 싫어하길 힘쓰고 예쁜 여색을 좋아하길 구할 이치가 없기 때문이다. 생각[意]은 본래 그렇지 않은데 억지로 그렇게 한다면, 어찌 성(誠)이라 말할 수 있겠는가?

자하(子夏)가 들어가 성인의 도를 볼 적에 반드시 얻기를 구하지 않은 것은 아니지만, 오직 생각을 일으킬 적에 근본의 마음이 끊어지지 않는 성(誠)이 없었으니, ─의(意)가 심(心)에 근본하는 것이 바로 성(誠)이다. ─ 밖으로 나와 화려한 것을 보자 그의 생각[意]이 옮겨갔다. 이로써 말하자면, 반드시 얻기를 구하는 것도 예쁜 여색을 좋아하는 것처럼 할 수가 없다.

『대학장구』의 주에서는 초학자들이 너무 깊이 빠져 성의(誠意)의 길을 찾지 못할까봐 이런 하나의 법문을 열어놓은 것이니, 또한 그들로 하여금 들어가는 곳이 있게 한 것이다. 『대학』이 처음부터 끝까지 한 단락의 큰 학문에 관한 것이라면, 이 문구는 조장(助長)이나 하는 무익한 공부가 될 것이다. 따라서 이 장은 '무자기(毋自欺) 3자를 가지고 경계하고 반성하고 돌이켜 보는 법을 보여준 것이지, 좋아하고 미워하는 말단적인 문제에 중점을 두어 그 성(誠)을 힘쓰게 한 것은 아니다.

자신의 생각을 진실하게 하여 스스로를 속이지 말면, 자신의 생각이 선을 좋아하고 악을 미워하기를 마치 악취를 미워하듯이 예쁜 여색을 좋아하듯이 하게 되어, 진실하지 않음이 없을 것이다. 그렇게 되면 '스스로 만족한다.[自謙]'고 말할 수 있다. 그러므로 군자는 반드시 혼자만 알고 있는 바를 삼가서 그 생각을 진실하게 하는 공부를 극진히 기울이는 것이다. 본문은 이와 같은 말이니, 문세가 순조롭고 이치도 편안하다.

'자겸(自謙)'이라고 한 것은 '생각이 진실한[意誠]' 것이지, '생각을 진실하게 하는[誠其意]' 것은 아니다. 그러므로 『대학혹문』에는 '내외가 밝게 융화되고……[內外昭融……]'라는 한 단락이 '마음이 바르게

되고[心正] 몸이 닦여지는[身修]'데에 이르도록 접속시켜, 경문(經
文)의 '생각이 진실해진 뒤에 마음이 바르게 된다.[意誠而后心正]'는
2구와 합치되게 하였으니, 경문의 '자기 마음을 바르게 하려고 하는
자는 먼저 자기 생각을 진실하게 하고[欲正其心者 先誠其意]'의 의미
를 해석한 것은 아니다. 이런 점을 살피지 않기 때문에 혼란스러움을
면키 어려운 것이다.

소주 중에 '스스로 만족하길 구해[要自謙]'[105]라는 말이 있는데, 문
구대로 해석하지 말고 그 의미를 살려 보아야 한다. 스스로 만족하기
를 구한다면, 혼자만 아는 바를 삼가며, 스스로를 속이지 말아야 하
며, 자신의 생각을 진실하게 해야 한다. 그렇지 않으면 스스로 만족
하려 할지라도 어찌 능히 그렇게 할 수 있겠는가?

章句之說 與或問異 看來 或問於傳文理勢較順 傳云'此之謂自謙'
明是指點出誠好誠惡時心體 非用功語 章句中務字 於語勢 旣不符
合 不如或問中'旣如此矣則庶乎'七字之當 或問雖有'而須臾之頃 纖
芥之微 念念相乘 無少間斷'一段 自以補傳意之所必有 非於此始著
力 如章句'務決去求必得'之喫緊下工夫也 其云'內外昭融 表裏澄澈'
正是自謙時意象 而心正身修 直自謙者之所得耳 如此則'故君子'一
故字 亦傳遞有因 不爾 亦鶻突不分明矣 此交勢順不順之分也
若以理言 章句云'使其惡惡則如惡惡臭 好善則如好好色'所謂使
者 制之於此而彼自聽令乎 抑處置有權而俾從吾令乎 若制之於此而

---

105) 스스로……구해 : 『대학장구대전』전 제6장 소주 주자의 말에 "○自謙是合下好惡
時 便是要自謙了 非謂做得善了 方能自謙……"이라는 내용이 보인다.

彼自聽令 是亦明夫非'決去求得'之爲功矣 如處置有權而'務決去之'
'求必得之' 竊恐意之方發 更不容人逗留而施其挾持也

且求善去惡之功 自在旣好旣惡之餘 修身之事 而非誠意之事 但
云'好好色惡惡臭' 則人故未有務惡惡臭求好好色之理 意本不然而
强其然 亦安得謂之誠耶

子夏入見聖道之時 非不求必得也 而唯其起念之際 非有根心不已
之誠(意根心便是誠) 則出見紛華而意移 繇此言之 求必得者 固不能如
好好色矣

章句爲初學者陷溺已深 尋不著誠意線路 開此一法門 且教他有入
處 若大學徹首徹尾一段大學問 則以此爲助長無益之功 特以毋自欺
三字 示以警省反觀之法 非扣緊著好惡之末流 以力用其誠也

唯誠其意而毋自欺 則其意之好善惡惡也 如惡惡臭 如好好色 無
乎不誠 而乃可謂之自謙 故君子必愼其獨 以致其誠之之功焉 本文
自如此說 固文順而理安也

自謙云者 意誠也 非誠其意也 故或問以'內外昭融'一段 接遞到心
正身修上 與經文'意誠而后心正'二句合轍 而非以釋經文'欲正其心
者先誠其意'之旨 此之不察 故難免於惑亂矣

小註中有'要自謙'之語 須活看 若要自謙 須愼獨 須毋自欺 須誠其
意 不然 雖欲自謙 其將能乎

5

'자기(自欺)'와 '자겸(自謙)'의 자(自) 자에 대해, 『대학장구』의 주와

『대학혹문』에서 모두 그 뜻을 분명하게 드러내지 못하였다. 『대학혹문』에 "구차하게 스스로를 속여 생각이 발하는 바에 진실하지 않음이 있다.[苟焉以自欺 而意之所發 有不誠者]"라고 하였는데, 이는 의(意)보다 한 층 위에서 말한 것으로 미세하게 분별되는 점이 있다. 이 자(自) 자는 원래 '남[人]'과 상대가 되는 말이 아니다. 남을 속이는 한 사람을 세워 자신을 속이는 자와 상대가 되게 하는 것은 온전히 깨닫지 못한 속유의 생각이니, 그 잘못은 설파할 필요도 없다. 또한 '자기(自欺)'를 그렇게 해석하면, '자겸(自謙)'도 남을 만족시키는 한 사람을 내세워 자신을 만족하게 하는 자와 상대적으로 드러낼 수 있겠는가?

그렇지 않다면 반드시 '의(意)'를 자신[自]의 생각으로 보아야 한다. 의(意)가 자신의 생각임을 드러내놓고 지적한 것이 있는 것을 발견할 수는 없지만, 그 사람들의 흉중에 이해하는 바가 있더라도 말하기를 꺼려하면, 또한 그의 마음속 생각[意]이라고 말할 따름이다. 의(意)로써 자신[自]을 삼으면, 속이고 속이지 않는 것, 만족하고 만족하지 않는 것이 하나의 의(意)가 된다. 스스로를 속이지 말고 스스로 만족하는 데에는 또한 별도로 한 가지 생각[意]을 세워 그 점을 다스려야 하니, 이는 두 가지 생각이 되는 것이 매우 분명하다. 후의(後意)로 전의(前意)를 다스린다고 한다면, 끝내 양을 잃고 외양간을 고치는 어리석은 계책이 될 것이다. 지난 뒤에 후회할 줄 아는 것은 단지 양심이 발현한 것이니, '생각을 진실하게 하여 생각이 진실해졌다.'고 할 수 있겠는가? 더구나 그 발한 바의 생각으로 그것이 선하다면, 아예 속이는 바가 없을 것이다. 그러나 그 발한 바의 생각으로 그것이 선하지 않다면, 이럴 경우 어찌 그로 하여금 유쾌하고 만족하게 할 수 있겠는가?

지금 한 마디 말로 이를 결단하면, "생각[意]은 일정한 본체가 없다."라고 하겠다. 일정한 본체가 없는 것은 그것을 가지고 '자신[自]'이라고 할 수가 없다. 그 생각은 속임[欺]을 받지도 않고, 또 만족할[謙] 만한 것도 없다. 이미 '자(自)' 자가 의(意)가 아님을 설파했으니, 이른바 '자(自)'라고 하는 것이 반드시 있을 것이다. 이점을 살피지 않고 구차하게 깊이 구하기를 힘쓰기 때문에 이에 '본래면목(本來面目)'·'주인옹(主人翁)'·'무위진인(無位眞人)' 등의 일체의 사설(邪說)이 틈을 타고 침입하여 사람들을 현혹시킨 것이다. 성현의 학문은 이와 같은 설을 용납하지 않는다. 그만두지 않는다면, 어찌 경(經)·전(傳)에서 그 뜻을 구하지 않겠는가? 그러니 나는 종래에 설파하지 못한 점을 밝히고자 한다. 곧장 경문(經文)에 나아가 그 점을 해석하면, "이른바 '자(自)'라는 것은 심(心)으로, 자기 몸을 닦으려 하는 자의 바르게 하는 바의 마음이다. 대체로 마음이 바른 것은 의지[志]가 마음을 붙잡고 있기 때문이다. 그러므로 마음속에 항상 보존된 것이 선이고 악이 아님을 안다. 마음이 보존하고 있는 것은 선이지 악이 아니다. 생각[意]이 일어난 뒤에 혹 악이 있게 되어 평소의 바른 마음을 능멸하거나 빼앗으면 스스로를 속이게 된다.─의(意)가 심(心)을 속이는 것이다.─ 오직 그 생각을 진실하게 한 자가 이 마음속의 선을 확충하여 동요하는 바의 생각에 선을 주입해서 모두 가득 차게 하면, 내가 보존한 바의 마음이 두루 흘러가 가득 채워서 부족함이 없게 된다. 이를 '스스로 만족함[自謙]'이라고 한 것이다.─의(意)가 심(心)을 만족하게 하는 것이다.─"라고 하겠다.

또 전문(傳文)에서 그 뜻을 찾아보면, '예쁜 여색을 좋아하고 악취를 싫어하는[好好色 惡惡臭]' 것은 마음[心]일 따름이다. 생각[意]은 감응이 없이도 생기지만—여색이 눈앞에 있지 않더라도 여색을 생각하는 것과 같은 것 등이다.— 마음은 감응하는 바가 있지 않으면 나타나지 않는다.—측은지심을 보존하고 있지만 어린아이가 우물 속으로 기어 들어가는 일이 없으면 그런 마음이 나타나지 않는 것과 같은 것 등이다.— 예쁜 여색과 악취가 눈앞에 있지 않으면, 좋아하는 바도 없고 싫어하는 바도 없다.—망령되게 여색을 생각하지만 끝내 좋아하는 마음은 일어나지 않는다.— 생각[意]은 여기에서 생각을 일으켜 저기에서 경계[境]를 취한다. 그러나 마음[心]은 본래 그 자리에 있어 일어나기를 기다리지 않으며, 경계를 받아들이되 경계를 취하지는 않는다. 이장의 '악취를 싫어하고 예쁜 여색을 좋아하는' 것은, 생각을 일으켜 좋아하고 싫어하길 구하는 것이 아니며, 또한 가서 그런 것을 취하는 것도 아니다. 단지 경계가 이르러 오면 그것을 받아들여 평소 좋아하고 싫어하는 마음과 같이 할 따름이다. 또한 좋아하면 참으로 좋아하고, 싫어하면 참으로 싫어한다. 경계가 끊어져 잠복해 발하지 않더라도, 그 본체는 스스로 변치 않는다. 따라서 좋아하고 싫어하는 것은 마음[心]에 속한 것이지, 의(意)에 속한 것이 아님이 분명하다.

전문(傳文)에서 경문(經文)을 해석할 적에, 모두 그 조리가 서로 관통되는 점을 밝혀놓았다.—앞의 3장에서는 옛말을 나누어 인용해 그런 점을 증명했지만, 전 제4장에서는 그것이 서로 관통됨을 말하였다.— 그러므로 이 장 다음 절에 '마음속에 가득 차면 밖으로 드러난다.[誠於中 形於外]'[106), '마음이 넓어지고 신체가 넉넉해진다.[心廣體胖]'[107)라고 말한 것은, 모

---

106) 마음속에……드러난다 : 『대학장구』전 제6장에 보인다.
107) 마음이……넉넉해진다 : 『대학장구』전 제6장에 보인다.

두 의(意)가 심(心)·신(身)의 관건임을 밝힌 것이지,─의(意)는 심(心)과 신(身)의 사이에 거주하니, 이점에 대해서는 경문에 성의(誠意)·정심(正心)·수신(修身)의 차례에 구애되어서는 안 된다.─ 속일까 경계하며 만족을 구하는 것으로 성의(誠意)의 실제 공부를 삼은 것은 아니다. 가령 속일까 경계하며 만족을 구하는 것이라고 한다면, 또한 그에 의지해 마음을 바르게 하는 것이지, 그로써 생각을 진실하게 하는 것은 아니다. 그러므로 이 장[108]의 끝에 "그러므로 군자는 반드시 그 생각을 진실하게 한다."라고 한 것이다.─'그러므로 그 마음을 바르게 하고자 하는 자는 반드시 그 생각을 진실하게 한다.'라고 말한 것과 같다.─ 마음이 속일 수 없어서 만족하기를 기약한다면, 그 생각을 진실하게 하여 이 마음으로 하여금 처음과 끝을 일치시키고 정(正)과 변(變)을 한결같게 하지 않을 수 없어서, 마음이 바른 데에 만족하지 않음이 없을 것이다.─곧 『중용』에 '지(志)에 부끄러움이 없게 한다.[無惡於志]'[109]라고 한 것이다.─

전문의 이른바 '자(自)'라고 한 글자를 제대로 알면, 대의가 관통되어 망령된 해석을 면할 수 있을 것이다. 그러므로 종종 이와 같은 점을 드러내 선유들이 언급하지 않을 뜻을 보충해 놓았다.

自欺自謙一自字 章句或問未與分明拈出 或問云'苟焉自欺 而意之所發有不誠者' 將在意上一層說 亦微有分別 此自字 原不與人相對 其立一欺人以相對者 全不惺怓之俗儒也 其謬固不待破 且自欺既爾 其於自謙也 亦可立一謙人之名以相形乎

---

108) 이장 : 『대학장구』전 제6장을 말한다.
109) 지(志)에……한다 : 『중용장구』제33장에 보인다.

不爾 則必以意爲自 雖未見有顯指意爲自者 然夫人胸中若有所解
而憚出諸口 則亦曰意而已矣 苟以意爲自 則欺不欺慊不慊 旣一意
矣 毋自欺而自謙 又別立一意以治之 是其爲兩意也 明甚 若云‘以後
意治前意’ 終是亡羊補牢之下策 過後知悔 特良心之發見 而可云誠
意而意誠哉 況其所發之意而善也 則已早無所欺矣 如其所發而不善
也 此可使之謙焉快足者乎

今以一言斷之曰 “意無恒體” 無恒體者 不可執之爲自 不受欺而亦
無可謙也 乃旣破自非意 則必有所謂自者 此之不審 苟務深求 於是
乎 ‘本來面目’‘主人翁’‘無位眞人’ 一切邪說 得以乘間惑人 聖賢之學
旣不容如此 無已 曷亦求之經傳乎 則愚請破從來之所未破 而直就
經以釋之曰 “所謂自者 心也 欲修其身者 所正之心也” 蓋心之正者
志之持也 是以知其恒存乎中 善而非惡也 心之所存 善而非惡 意之
已動 或有惡焉 以陵奪其素正之心 則自欺矣(意欺心) 唯誠其意者 充
此心之善 以灌注乎所動之意而皆實 則吾所存之心周流滿愜而無有
餒也 此之謂自謙也 且以本傳求之 則好好色惡惡臭者 亦心而已 意
或無感而生(如不因有色現前而思色等) 心則未有所感而不現(如存惻隱之心
無孺子入井事 則不現等) 好色惡臭之不當前 人則無所好而無所惡(雖妄思
色 終不作好) 意則起念於此 而取境於彼 心則固有焉而不待起 受境而
非取境 今此惡惡臭好好色者 未嘗起念以求好之惡之 而亦不往取焉
特境至斯受 因以如其好惡之素 且好則固好 惡則固惡 雖境有間斷
因伏不發 而其體自恒 是其屬心而不屬意 明矣

傳之釋經 皆以明其條理之相貫(前三章 雖分引古以徵之 第四章則言其相
貫) 故下云 ‘誠中形外’‘心廣體胖’ 皆以明夫意爲心身之關鑰(意居心身之
介 此不可泥經文爲次) 而非以戒欺求謙爲誠意之實功 藉云戒欺求謙 則

亦資以正其心 而非以誠其意 故章末云'故君子必誠其意'(猶言故欲正其
心者 必誠其意) 以心之不可欺而期於謙 則不得不誠其意 以使此心終始
一致 正變一揆 而無不慊於其正也(即中庸所謂無惡於志)

夫唯能知傳文所謂自者 則大義貫通 而可免於妄矣 故亟爲顯之如
此 以補先儒之未及

6

소인이 '슬그머니 자신의 불선을 숨기고 자신의 선을 드러내는[厭
然揜其不善而著其善]' 것은, 마음이 능히 바른 것이라고 할 수 없고,
또한 마음이 잠시 바르게 되려고 하는 것이다. 다만 그 생각[意]이 악
에 전일하면, 잠시 바르게 되려는 마음을 바른 데에 붙잡아두려 해도
끝내 그렇게 할 수 없다. 이로써 미루어 보면, 군자로서 그 마음을
바르게 하려고 하는 자가 생각에 진실하지 않음이 있으면, 그의 평소
바른 마음만 믿고서 바르지 않음이 없고자 할지라도, 끝내 그렇게 할
수 없을 것이 분명하다. 그러므로 군자로서 그 마음을 바르게 하고자
하는 자는 반드시 혼자만 아는 생각을 삼가야 한다.

'한가롭게 거처함[閒居]'은 혼자 있을 때이다. '어느 곳인들 이르지
않음이 없다.[無所不至]'는 것은 삼가지 않음이 매우 심한 경우이다.
'마치 그의 폐와 간을 들여다보듯이 한다.[如見其肺肝]'는 것은, 끝내
부끄러워하고 부끄러움을 아는 마음을 체찰함이 없어서 마음이 생각
에 얽매이게 되어 함께 악으로 빠져서 벗어날 수 없는 경우이다.

요즘 사람들은 '자신의 불선을 숨기고 선을 드러내는 것'을 '스스로

를 속이고 남을 속이는 것'으로 삼는데, 자취로 보면 그럼 듯하다. 가령 어느 곳인들 이르지 않음이 없는 소인이 불선을 숨기고 선을 드러내는 마음까지 모두 없앤다면, 이는 "비웃고 꾸짖을 테면 얼마든지 비웃고 꾸짖어라. 좋은 자리는 내가 차지할 테니."라고 하는 격이니, 겉과 속이 모두 악하여 공공연히 거리낌이 없는데, 또한 어찌 불선을 숨기고 선을 드러내려 하겠는가? 대체로 군자가 자신을 극진히 하는 학문을 말할 적에는 잘못을 수식하는 것이 큰 잘못이 되지만, 소인이 악을 행하는 폐해를 논할 적에는 군자가 있는 줄 알아서 불선을 숨기고 선을 드러내는 것을 오히려 알면 그 악이 비교적 가볍다.

총괄하건대, 이 한 단락의 전문은 마음[心]의 권능이 생각[意]을 잡는 것을 밝힌 것일 뿐, 끝내 위의 '자기(自欺)'·'자겸(自謙)'과 상대적으로 말한 것이 아니다. 더구나 '기(欺)' 자의 의미는 나약함을 인하여 능멸하고 **빼앗는다**는 말이지, 자신의 불선을 숨기고 남을 속이는 것[和哄]을 말한 것이 아니다. ─예컨대, 석륵(石勒)[110]이 "기인(欺人)은 고아와 과부이다."라고 말한 것과 같으니, 이 문장에서 속이는 사람[和哄人]이 어찌 고아와 과부이겠는가?─ 슬그머니 불선을 숨기고 선을 드러내는 것은, 소인이 감히 군자를 속이지 못하는 경우이다. 가령 불선을 숨기지 않고 선을 드러내지 않으면, 그런 사람은 군자를 속이고 능멸함이 더욱 심하지 않겠는가? 소인이 남을 속이지 않는데, 악을 행하는 데 뜻을 둔 자가 유쾌하고 만족함을 구하는 것은, 더욱 스스로를 속이는 것이 아니다. 그렇다면 주자의 스스로를 속이고[自欺] 남을 속인다[欺人]는 설[111]은

---

110) 석륵(石勒 274-333) : 중국 16국 시대 후조(後趙)를 창건한 인물이다.

111) 주자의……설 : 『대학장구대전』 전 제6장 '小人閒居 爲不善……' 아래의 소주에

또한 엉성하다.

小人之'厭然揜其不善而著其善'固不可謂心之能正　而亦心之暫欲正者也　特其意之一於惡　則　雖欲使其暫欲正之心　得附於正　而終不能　以此推之　則君子之欲正其心者　意有不誠　雖欲恃其素正　而無不正　其終不能　亦審矣　故君子欲正其心　必愼其獨

'閒居'獨也'無所不至'不愼之下流也'如見其肺肝'者　終無有諒其忸怩知愧之心　而心爲意累　同入於惡而不可解也

今以揜著爲自欺欺人　迹則似矣　假令無所不至之小人　並此揜著之心而無之　是所謂笑罵縣他笑罵　好官任我爲之者　表裏皆惡　公無忌憚　而又豈可哉　蓋語君子自盡之學　則文過爲過之大　而論小人爲惡之害　則猶知有君子而揜者　其惡較輕也

總以此一段傳文　特明心之權操於意　而終不與上自欺自謙相對　況乎欺之爲義　謂因其弱而陵奪之　非揜蓋和哄之謂(如石勒言欺人孤兒寡婦豈和哄孤兒寡婦耶)　厭然揜著　正小人之不敢欺君子處　藉不揜不著　則其欺陵君子不更甚乎　小人旣非欺人　而其志於爲惡者求快求足　則尤非自欺　則朱子自欺欺人之說　其亦疎矣

실린 설로, 원문은 다음과 같다. "朱子曰 小人閒居 爲不善 是誠心爲不善也 揜其不善而著其善 是爲善不誠也 爲惡於隱微之中 而詐善於顯明之地 將虛假之善來 蓋眞實之惡 自欺以欺人也 然人豈可欺哉"

7

삼산 진씨(三山陳氏)는 '마음[心]은 안이 되고 신체[體]는 밖이 된
다.'고 하였으니[112], 마음이 넓은 것을 말미암기 때문에 신체가 넉넉
해진다는 것이다. 이 설을 살펴보건대, 정심(正心)에 해당될 뿐, 의
(意)에 대해 질문한 것은 없다. 신안 진씨(新安陳氏)는 '심광체반(心廣
體胖)'을 성의가 밖으로 드러난 것이라 하였는데[113], 그 설이 저절로
정확하다.

세심하게 고요히 살피지 않으면, '마음이 안이 된다.'는 설은 참으
로 그럴 듯하다. 그러나 마음이 안이고 신체가 밖이라면 생각[意]은
어느 곳에다 위치할까? 마음은 안이고 신체가 밖이라면, 생각은 안과
밖의 교차되는 지점에 거처하게 된다. 이는 안으로부터 밖으로 도달
한다는 설에는 충족되지만, 그 뜻이 '마음이 바름[心正]을 말미암아
생각이 진실해지고[意誠]고, 생각이 진실함을 말미암아 몸이 닦여진
다.[身修]'는 설에 해당되니, 경문(經文)의 차례와 다르다. 이장에서
는 이미 그렇지 않으니, 마음이 넓은[心廣] 것은 또한 밖으로 드러나
는 것의 징험이 된다. 마음이 넓은 것이 이미 밖으로 드러나는 것의
징험이 되면, 이에 대해 '마음은 안이 된다.'고 말하는 것은 거칠고
성글어서 자세치 않음이 심한 것이다.

---

112) 삼산 진씨(三山陳氏)는 ……하였으니 : 삼산 진씨의 설은 '富潤屋……' 아래의 소주
　　에 보이는데, 그 중에 "心在內者也 以理之無歉 故能廣大 體在外者也 以心之旣廣 故
　　能舒泰……"라는 말이 보인다.

113) 신안 진씨(新安陳氏)는……하였는데 : 신안 진씨의 설도 '富潤屋……' 아래의 소주
　　에 보이는데, 그 가운데 "此是善之實中形外者"라는 구절이 보인다.

대체로 안과 밖은 원래 정해진 명칭이 없으니, 참으로 하나만을 고집하여 논할 수 없다. 한 가지 일이 발생하는 점으로 말하면, 마음이 발하지 않고 생각이 발하려 할 적에 마음은 고요하여 안이 되고, 생각은 움직여 밖이 된다. 또 생각이 그 마음과 같다는 점에서 말하면, 마음을 인하여 생각을 발하니, 마음이 앞이 되고 생각이 뒤이다. 앞선 것은 안에서 본체가 되고, 뒤의 것은 밖에서 발하여 작용한다는 것은 참으로 그렇다.

그러나 생각이 마음에 인하여 일어나는 것을 극진히 하지 않으면, 생각이 저절로 본체가 되어 감응해 통하는 것으로 연유를 삼는다. 그러므로 마음에는 저절로 마음의 작용이 있고, 생각에는 저절로 생각의 본체가 있는 것이다. 남들은 아직 알지 못한 상태에서 자기만 혼자 아는 것이 생각[意]이다. 마음[心]은 보이지 않고 들리지 않는 데에서도 항상 보존되어 있다. 자기가 보고 듣는 것이 미치지 않더라도 마음은 또한 존재한다. 이미 그 마음을 가지고 있으면—좋아하고 미워하는 것과 같은 것들이 모두 평소의 심지(心志)이다.— 천하 사람들이 모두 그것을 볼 수 있다. 그러니 이 마음은, 남들이 알지 못하는 생각에 비해 비교적 잘 드러난다. 그러므로 이로써 말한다면, 생각은 숨어 있고 마음은 드러나기 때문에 마음이 밖이라고 할 수 있다.

신체가 넉넉해진 효과는 마음이 넓어진 것을 인하지 않은 것은 아니지만, 생각[意]이 진실해진 것을 더욱 인한다. 마음이 넓은 것이 드러나서 효과를 보인 것이라면, 신체가 넉넉해질 뿐만이 아니다. 우(禹)임금이 '맛난 술을 싫어하고 착한 말을 좋아한 것이나, 무왕(武王)이 가까이 있는 사람을 친압(親狎)하지 않고 먼 데 있는 사람들을 잊지 않은 것'[114]은, 그들 마음가짐이 원대하여 구애됨이 없었던 것으로, 천하 후세 사람들이 모두 다 아는 것이다. 그런데 어찌 굳이 신체가 넉넉해진 데에서 그 점을 굳이 징험하겠는가? 소인이 불선한 짓을 했는데, 남들이 그의 폐나 간을 들여다보는 것처럼 여기는 것도 마음이 드러난 경우이다.—의(意)에 관한 설이 될 수 없다.— 그러므로 밖에 나타나는 것은 몸[身]과 마음[心]을 겸해 말한 것이다.

三山陳氏謂心爲內體爲外 緣心廣故體胖 審爾 則但當正心無問意矣 新安以心廣體胖爲誠意者之形外 其說自正

若不細心靜察 則心之爲內也 固然 乃心內身外 將位置意於何地 夫心內身外 則意固居內外之交 是充緣內達外之說 當緣心正而意誠 意誠而身修 與經文之序 異矣 今旣不爾 則心廣亦形外之驗也 心廣旣爲形外之驗 則於此言心爲內者 其粗疎不審 甚矣

蓋中外原無定名 固不可執一而論 自一事之發而言 則心未發 意將發 心靜爲內 意動爲外 又以意之背其心者而言 則因心發意 心先意後 先者爲體於中 後者發用於外 固也

然意不盡緣心而起 則意固自爲體 而以感通爲因 故心自有心之用 意自有意之體 人所不及知而己所獨知者 意也 心則己所不睹不聞而恒存矣 乃己之睹聞 雖所不及而心亦在 乃旣有其心(如好惡等 皆素志也) 則天下皆得而見之 是與夫意之爲人所不及知者 較顯也 故以此言之 則意隱而心著 故可云外

體胖之效 固未必不因心廣 而尤因乎意之已誠 若心廣之形焉而見

---

114) 우(禹)임금이……것 : 이는 모두 『맹자』「이루 하」제20장에 보인다.

效者 則不但體胖也 禹惡旨酒而好善言 武王不泄邇 不忘遠 其居心
之遠大而無拘累 天下後世 皆具知之 豈必驗之於體之胖哉 小人之
爲不善而人見其肺肝 亦心之形見者也(不可作意說) 故形於外者 兼身
心而言也

8

'열 개의 눈이 보는 바이며, ……(十目所視……)'라는 한 단락은, 운
봉 호씨(雲峰胡氏)가 『중용』의 '은미한 데보다 더 잘 드러나는 것은
없으며, ……(莫見乎隱……)'라는 한 절을 인용하여 증명한 것[115]이 지
극히 합당하다. 『대학장구』의 주에는 "이 구절은 위의 문장을 이어
말한 것이다."라고 하였다.[116] 위의 문장에서 소인이 불선을 행하는
것을 인용한 것은, 단지 그것을 빌려 '마음속에 가득 차면 밖으로 나
타난다.[誠於中 形於外]'는 의미를 징험한 것이다. 이미 '그러므로 군
자는 반드시 그 혼자만 아는 바를 삼간다.[故君子必愼其獨也]'는 한
구로 끝을 맺어 그 의미를 바르게 하였으니, 다시 남은 뜻이 없다.
신독(愼獨)의 학문은 생각을 진실하게 하는 자를 위해 말한 것인데,
어느 겨를에 소인을 취하여 자상하게 훈계할 겨를이 있겠는가?

---

115) 운봉 호씨(雲峰胡氏)가……것 : 운봉 호씨의 설은 『대학장구대전』소주에 보이는
　　데, 그 내용은 다음과 같다. "中庸所謂莫見乎隱 莫顯乎微 蓋本諸此 上文獨字 便是隱
　　微 此所謂十目十手 卽是莫見莫顯"
116) 『대학장구』……하였다 : 『대학장구』전 제6장 장하주(章下註)에 "引此 以明上文之
　　意"라 하였다.

또한 소인이 불선(不善)을 숨기고 선을 드러내는 것은, 그가 군자
를 보았을 때만 그럴 뿐이다. 그가 어느 곳인들 이르지 않음이 없는
사람이라면, 애초 천하 사람들의 손과 눈을 두려워하지 않을 것이다.
더구나 불선한 짓을 하여 어느 곳인들 이르지 않음이 없는 자인데,
그가 천하 사람들의 손과 눈을 능히 피한다면, 다시 무슨 도움이 있겠
는가? '무슨 이로움이 있겠는가?[何益]'라고 말한 것은, 불선을 숨기
고 선을 드러내는 마음이 부끄러움을 아는 데 가깝기는 하지만, 끝내
그 허물을 덮기에는 부족하다는 점을 말한 것이니, 어찌 남이 알지
못하는 것을 다행스럽게 여겨 유익함이 있는 것으로 여기겠는가? 남
이 알지 못하는 것을 다행스럽게 여겨 유익함이 있는 것으로 여기는
것이 아니라면, 손과 눈이 가리키고 보는 것은 소인을 위한 경계가
되기에 부족하다.

또한 '어느 곳인들 이르지 않음이 없다.[無所不至]'고 하면 그 생각
[意]이 있을 뿐만이 아니고, 번다하게 그 일도 있는 것이다. 이는 만
개의 손이 함께 가리키고 만 개의 눈이 함께 보는 것이니, 어찌 열[十]
개의 손과 눈일 뿐이겠는가? 가령 '한거(閒居)'는 홀로 있는 것이니
남들이 아직 알지 못한 것이라고 한다면, 군자의 신독(愼獨)은 남들
이 알기 전에 자기만 홀로 아는 것이다. 그러므로 오히려 그 기미가
고요함[靜]에 의탁하여 스스로 깨닫는 것이 가장 밝다. 이미 열 개의
손이 가리키고 열 개의 눈이 보는 것이 된다면, 남들이 모두 그것을
아는 것인데, 어찌 '홀로[獨]'라고 말할 수 있겠는가? 이런 점들이 모
두 『대학장구』의 설이 엉성한 것을 징험해주는 것들이다.

『중용』에 "은미한 데보다 더 잘 드러나는 것은 없으며, 미세한 것
보다 더 잘 나타나는 것은 없다.[莫見乎隱 莫顯乎微]"[117]고 한 것은,

군자가 스스로 아는 것을 말한 것이다. 『대학』의 이장에서 말한 열 개의 눈과 열 개의 손도 생각을 진실하게 하는 자가 자기의 생각을 스스로 아는 것이다. 여기에 한 사람이 있다고 하자. 열 개의 눈이 그를 보아도 피하는 바가 없고, 열 개의 손이 그를 가리켜도 숨는 바가 없다면, 천리(天理)가 되고 인욕(人欲)이 되는 것이 나타나고 드러나 마음속에 있게 되어 털끝만큼도 어둡지 않을 것이니, 바로 그것을 삼가는 공부를 베풀 수 있다. 그러므로 '그것이 엄하구나.[其嚴乎]'라고 말한 것은, '그는 오히려 이런 데에서도 근엄(謹嚴)하구나.'라는 뜻이다.[118) 그 근엄함을 이룩하면 마음을 바르게 할 수 있고, 몸도 닦을 수 있다. 그 뜻이 『중용』을 해석한 설에 갖추어져 있으니, 참고해 볼 수 있을 것이다.

  十目所視一段 唯雲峰胡氏引中庸莫見乎隱一節 以證此 極爲吻合 章句謂此承上文而言 乃上文所引小人之爲不善 特假以徵誠中形外之旨 而業已以'故君子愼其獨也'一句 結正之 則不復更有餘意 愼獨之學 爲誠意者而發 亦何暇取小人而諄諄戒之耶

  且小人之揜著 特其見君子則然耳 若其無所不至 初不畏天下之手目也 況爲不善而無所不至矣 使其能逃天下之手目 亦復何補 何益云者 言揜著之心 雖近於知恥 而終不足以蓋其愆 其以幸人之不知爲有益哉 旣非幸人之不知爲有益 則手目之指視 不足爲小人戒也

---

117) 은미한……없다 : 이는 『중용장구』 제1장에 보인다.
118) 그러므로……뜻이다 : 주자는 본문의 '其嚴乎'를 '그것이 두려워할 만한 일이구나.' 라고 풀이하였다.

且云'無所不至'則非但有其意 而繁有其事矣 正萬手萬目之共指
共視 而何但於十 藉云'閒居'者 獨也 固人所不及知也 則夫君子之愼
獨也 以人所不及知而己獨知之 故其幾尙託於靜而自喩最明 若業已
爲十目十手之所指視 則人皆知之矣 而何名爲獨 凡此皆足以徵章句
之疎矣

中庸云'莫見乎隱 莫顯乎微' 謂君子之自知也 此言十目十手 亦言
誠意者之自知其意 如一物於此 十目視之而無所遁 十手指之而無所
匿 其爲理爲欲 顯見在中 纖毫不昧 正可以施愼之之功 故曰"其嚴
乎"謂其尙於此而謹嚴之乎 能致其嚴 則心可正而身可修矣 其義備
中庸說中 可參觀之

『대학장구』 전(傳) 제7장

　　이른바 '수신(修身)은 그 망동(妄動)하는 마음을 바르게 하는 데 달려 있다.'라고 한 것은 아래와 같은 뜻이다. 마음에 성 내는 바가 있으면 그 바름을 얻지 못하고, 마음에 두려워하는 바가 있으면 그 바름을 얻지 못하고, 마음에 좋아하는 바가 있으면 그 바름을 얻지 못하고, 마음에 걱정하는 바가 있으면 그 바름을 얻지 못한다. 마음이 〈분치·공구·호요·우환 등의 생각에 빼앗겨〉 내면에 있지 않으면, 눈으로 보아도 보이지 않고, 귀로 들어도 들리지 않고, 음식을 먹어도 그 맛을 모른다. 이를 '수신은 그 망동한 마음을 바르게 하는 데 달려 있다.'고 말하는 것이다.

　　所謂修身 在正其心者 身(心)有所忿懥 則不得其正 有所恐懼 則不得其正 有所好樂 則不得其正 有所憂患 則不得其正 心不在焉 視而不見 聽而不聞 食而不知其味 此謂修身 在正其心

전(傳) 제7장

『대학장구』전 제7장에 대한 설

1

    정자(程子)는 "'분치(忿懥)'·'공구(恐懼)'·'호요(好樂)'·'우환(憂患)'은 이런 몇 가지가 없기를 구하는 것이 아니고, 단지 이런 것들로써 자기의 마음을 움직이지 않는 것일 뿐이다."[119]라고 하였다. 이는 근본을 탐색해 논의를 세워 실학(實學)을 드러낸 것이니, 후인들이 문구에 따라 의미를 구하여 통달할 줄 모르는 것과는 같지 않다.

    그 마음을 움직이지 않는[不動其心] 것은 원래 부동심(不動心)한 상태에서 공부하는 것이 아니다. 맹자는 "부동심하는 데에 방도가 있다."[120]라고 하였다. 방도가 없다면 어떻게 부동심할 수 있겠는가? 그 방도는 생각이 진실함[意誠]을 인하니, 처한 곳에 본분에 맞게 극진히 해야 할 공부가 절로 있다. 그러므로 정자(程子)는 "마음이 움직이지 않는 경지에 이르지 못했으면, 그 심지(心志)를 잡고 지켜야 한

---

119) '분치(忿懥)'……뿐이다 : 『주자어류-대학』에 이와 비슷한 내용의 문장이 보인다.
120) 부동심하는……있다 : 이 말은 『맹자』「공손추 상」제2장에 보인다.

다."[121]라고 하였다. 여기서 '움직이지 않는[不動]'이라고 한 것은 '마음이 바른[心正]' 것이고, '그 심지를 잡고 지킨다.[執持其志]'는 것은 '그 마음을 바르게 하는[正其心]' 것이다. 『대학장구대전』에 집록(輯錄)한 이장에 대한 여러 설은, 오직 '그 심지를 잡고 지킨다.[執持其志]'는 4자를 분석해 밝힌 것이다. 주자가 말한 '경(敬)으로써 안을 곧게 한다.[敬以直內]'[122]는 것은 이 공부와 상응하지 않는다.

문구를 따라 의미를 구하는 자들은, 전문에 "성내는 바가 있으면 그 바른 것을 얻지 못한다.[有所忿懥 則不得其正]"라고 한 말을 보고서, 의심하여 "성내는 바가 없어진 뒤에야 그 바른 마음을 얻는다."라는 뜻이라고 생각한다. 이와 같은 허튼 논의에 대해서는 주자가 이미 설파해 놓았으니, 그것이 분명히 잘못되었기 때문이다. 그런데 주자는 또 "〈사람의 한 마음은〉 담박하게 텅 비고 밝아 마음은 태허(太虛)와 같다. 마치 거울에 먼저 물체의 상(象)이 있지 않아야 바야흐로 사물을 비추어 볼 수 있는 것과 같다."[123]라고 하였으니, 그가 설파한 것은 작용[用]에 있어서의 무(無)이고, 그가 주장한 것은 본체[體]에 있어서의 무(無)이다. 본체와 작용은 원래 둘로 나눌 수 없다. 그런데 어찌 본체에 있어서의 무가 작용에 있어서의 무보다 더 낫다고 할 수 있겠는가? 더구나 '마치 하나의 거울과 같아 먼저 물체의 상이 있지 않다.'고 한 것은, 텅 비고 밝은 마음이 이와 같은 것이다. 곧 '분치(忿

---

121) 마음이⋯⋯한다 : 이 문구는 『대학장구대전』소주 주자의 설 중에 있다.

122) 경(敬)으로써⋯⋯한다 : 이는 『대학장구』전 제7장 제2절의 주에 보인다.

123) 사람의⋯⋯같다 : 『대학혹문』에 이와 유사한 말이 있는 바, 이곳에 인용한 문장은 저자 왕부지가 주자의 말을 간추려 언급한 것인 듯하다.

懼)' 등이 있으면 '그 바름을 얻지 못한다.[不得其正]'는 것이, 어찌 사
(事)나 물(物)이 없을 때에 항상 분치(忿懥)·공구(恐懼)·호요(好樂)·
우환(憂患)의 마음을 품는 것이겠는가? 이 세상에 그런 사람은 없다.
가령 눈앞에 성낼 만한 일이 없는데도 마음이 항상 한스럽다면, 그것
은 병일 따름이다. 여기서 '그 바름을 얻지 못한다.[不得其正]'고 한
것은, 먼저 성내는[忿懥] 바가 있는 것이 아니고, 느끼는 바에 따라
성내는 것일 뿐이다. 마음이 바른 사람은, 좋은 벗이 많음을 즐거워하
되 아직 그런 벗을 얻지 못했을 경우 잠 못 이루면서 만나기를 원하며,
종국(宗國)이 망하여 성곽이 형체도 없이 무너진 것을 근심해서 잠
못 이루면서 걱정하니, 그런 걱정이 어찌 바른 마음을 방해하겠는가?

　또 크게 옳지 않은 것은, 예를 들면 "어떤 일이 아직 다가오지 않았
을 때 기대하지 않고, 이미 지나간 일을 마음에 담아두지 않고, 어떤
일에 응할 때에 편중된 생각을 하지 않으면, 사물에 얽매이지 않게
된다."[124]라고 한 것이다. 이는 문인들이 주자의 말을 덧붙여 놓은 것
이지, 주자의 정론(定論)이 아니다. 그렇지 않다면, 어찌 주자가 불가
(佛家)의 사설(邪說)을 공공연히 쓰면서도 걱정하지 않았겠는가? 불
가의 설에 "양쪽 끝에 걸터앉지만 중간에 서지는 않는다."[125]라는 말
이 있으니, 바로 이런 이치다. 저들은 '크게 원만한 지혜의 거울[大圓
智鏡]에는 본래 한 물건도 없어 마음이 텅 빈 상태에서 차례대로 접하

---

124) 어떤……된다 : 이는 『대학장구대전』 소주의 "心繫於物 便爲所動 所以繫於物者
　　有三事 未來先有箇期待之心 或事已應過 又留在心下 不能忘 或正應事 意有偏重 都是
　　爲物所繫縛……"을 간추려 인용한 말은 듯하다. 『주자어류-대학』이나 『대학혹문』에
　　는 이와 같은 내용이 보이지 않는다.
125) 양쪽……않는다 : 이 말은 출전이 자세치 않다.

여 인연을 따라 감응하는 바에 나아가서 두루 미치지 않음이 없다'고 말한다. 그리하여 말류(末流)에 이르면, 아비도 무시하고 임금도 무시하는 데까지 나아가지 않으면 그만두지 않는다. 『대학』에서 자기 마음을 바르게 하여 수신·제가·치국·평천하하는 것이 어찌 그러하겠는가? 마음이 텅 비기를 바라면서, 또 기대하지 않고 머물러두지 않고 얽매이지 않으려고 하면, 마음을 다스릴 적에 본래 움직이지 않는 상태로 돌아가 머물려고 하는 것일 뿐이니, 어찌 마음을 바르게 함[正]을 일삼겠는가?

그러므로 불가에서는 마음[心]에 대해 말할 적에는, '명심(明心)'·'요심(了心)'·'안심(安心)'·'사심(死心)'이라고 말할 뿐, 바르게 함[正]을 말하지 않는다. 어째서인가? 구차한 욕심으로 마음을 바르게 하고자 하면, 이미 기대하는 마음이 있고, 머무는 마음이 있고, 얽매이는 마음이 있어서 이런 마음들이 가득 차서 텅 비지 않기 때문이다. 지금 여기에 어떤 물건이 있다고 가정해 보자. 그 위치는 정해진 방향이 있고, 그 몸체는 잡을 수 있다. 그런데 혹 그 물건을 둔 것이 바르지 않으면, 후에 그것을 바로잡을 수 있다. 그러나 아득하고 텅 빈 태허(太虛)로, 손으로 밀어도 움직이지 않고, 입으로 불어도 움쩍하지 않는다면, 어디로부터 바르게 함을 베풀겠는가? 또한 동서남북 모두 태허가 아닌 곳이 없으니, 바르게 할 바가 어디겠는가?

'태허와 같다.[如太虛]'는 설을 가지고 '명명덕(明明德)'을 해석하면, 그 논쟁이 오히려 은밀해 알기가 어렵다. 이로써 '명(明)'을 말하면, 오히려 노자(老子)의 '텅 빈 것이 흰 것을 낳는다.[虛生白]'[126]는 주장과 같다. 이로써 '정심(正心)'을 말하면, 유가의 설과는 하늘과 땅처럼 현격하여 한 생각에 곧바로 알게 된다. 그러므로 정자(程子)는

곧장 맹자(孟子)의 '지(志)를 가지고 부동심한다.'[127]는 것으로 '정심'
을 삼아 그 실제의 공부를 드러내서 천고(千古)에 전해지지 않고 끊어
졌던 학문을 밝혀놓았으니, 그 공이 위대하다.

　맹자는 양기(養氣)에 대해 논하면서 "기가 의(義)와 도(道)에 배합
해야 한다."[128]라고 말하였다. 기를 길러 부동심(不動心)하는데 '의와
도에 배합한다.'고 말했으니, 여기서의 심(心)은 도의지심(道義之心)
임을 알 수 있다. 도의(道義)로 심(心)을 삼은 것이, 맹자가 말한 지
(志)다. '그 지(志)를 지킨다.[持其志]'[129]는 것은, 이 마음을 지키는 것
이다. 그런 뒤에는 분치(忿懥)·공구(恐懼)·호요(好樂)·우환(憂患)이
있더라도 그 바름을 얻지 않음이 없게 된다. 어째서 그런가? 마음이
존재하기 때문이다. 귀·눈·입·몸은 '닦는다[修]'고 말할 수 있다.─이
몇 구는 바로 전문(傳文)을 따라 돌이켜 살펴본 것이다.─

　전문을 지은 사람은 이장에서 단지 생동감 있는 짤막한 문장만을
써서, 마음이 바르지 못하고 몸이 닦여지지 않는 하나의 형상을 그려
내어─제1절은 마음이 바르지 못한 형상이다.─ 몸과 마음이 하나로 관통됨을
드러내었다. 그러므로 이장의 첫머리에 "이른바 수신이 자기의 마음
을 바르게 하는 데 달려있다는 것은[所謂修身在正其心者]"이라 하였

---

126) 텅……낳는다 : 이는 『장자』「인간세(人間世)」의 '허실생백(虛室生白)'에 나온 말인
　　 듯하다.
127) 지(志)를……부동심한다 : 『맹자』「공손추 상 제2장에 보이는 맹자의 부동심하는
　　 방법을 말하는데, 맹자는 지(志)와 기(氣)를 모두 움직이지 않는 방법을 주장하며
　　 "持其志 無暴其氣"라 하였다.
128) 기가……한다 : 이는 『맹자』「공손추 상」 제2장에 보인다.
129) 그……지킨다 : 이는 『맹자』「공손추 상」 제2장에 보인다.

으며, 이장의 끝에 "이것이 바로 수신이 정심에 달려있다는 말이다. [此謂修身在正心]"라고 한 것이다. 다만 2개의 '재(在)'자가 조리를 드러내, 몸을 닦으려고 하는 자는 몸에 안배하는 데에서 끝내서는 안 된다는 점을 드러냈다. 그러니 『대학』의 정심(正心) 조목은 일부러 우활하고 현묘한 가르침을 편 것이 아니다. 정심공부에 대해서는 애초 언급하지 않으니─성의(誠意)·수신(修身) 등의 전문은 모두 본래의 공부를 실제로 말한 적이 없다.─'분치(忿懥)하는 바가 없다.'는 등등으로 정심공부를 삼은 것이 아니며, 또 이런 네 가지가 생기는 것을 극진히 살펴서 텅 비고 밝은 본체에 누를 끼치지 않게 하는 것으로 마음을 바르게 함을 삼은 것도 아니다.

마음을 살피지 않으면, 바르지 않는 마음은 참으로 그대로이다. 그런데 그 바르지 않은 마음을 생각해 살피는 것은, 어떤 물체인가? 반드시 거울과 같고 저울과 같은 뒤에야 능히 마음을 살필 수 있으니,─결국 성찰은 성의(誠意)의 일이다.─ 능히 거울과 같고 저울과 같이 되는 데에는 반드시 그 방도가 있다. 그러므로 "부동심하는 데에 방도가 있다."[130]라고 말한 것이다.

대체로 주자의 설은, 마음이 바름을 얻은 뒤에 다시 보호하는 공부를 더한 것이지─이는 스스로 생각을 진실하게 해서 마음을 바르게 하는 일이다.─ 몸을 닦으려고 하는 자가 내 몸의 말과 행동을 위해 주재(主宰)하는 학문을 세운 것은 아니다. 그러므로 한편으로는 "성인의 마음은 환히 텅 비고 밝으며"[131]라 하고, 한편으로는 "지극히 텅 비고 지극히 고요

---

130) 부동심하는……있다 : 이는 『맹자』「공손추 상」제2장에 보인다.
131) 성인의……밝으며 : 이는 『대학장구대전』소주 주자의 설에 보인다.

하여 거울처럼 텅 비고 저울처럼 평평하다."[132]라 하고서, 끝내 마음이 바르지 않은 이유와 바름을 얻는 연고에 대해서는 전혀 지적해 증명한 것이 없다. 그러니 주자는 이 '심(心)' 자에 대해 오히려 적확하게 찾지 못한 듯하다. 따라서 정자(程子)가 전혀 거리낌 없이 곧장 '지(志)' 자로 본 것이 분명한 것만 못하다.—이 '심(心)' 자가 명덕(明德) 속에 있을 적에는 신(身)·의(意)·지(知)와 각자 한 부분씩 나누어 가져 전체의 설이 될 수 없다. '지극히 텅 비고 밝아서 거울처럼 텅 비고 저울처럼 평평하다.'고 말한다면, 정심(正心)에 대한 말은 생략하고 바로 명명덕(明明德)을 말한 것이 되니, 다시는 신(身)·의(意)·지(知)의 묘함이 있지 않게 된다.— 주자가 전문을 인용해 설명한 것도 이장이 정심공부를 논한 것으로 오인한 듯하니, 글의 뜻에 상세하지 못한 점이 있다. 공부를 부지런히 하더라도 조리를 따지지 않으면 공부를 하더라도 차질이 생길 수 있다.

지금 이 책을 볼 적에 눈을 높게 두고 1장(章)을 1구(句)로 보아 읽은—본문에 '소위(所謂)'·'차위(此謂)'라고 한 것은 원래 1구의 수미(首尾)이다.— 뒤에야 정심공부가 언외(言外)에 있음을 알게 되어, 문구를 끌어다 뜻을 해쳐 텅 비고 밝아 사물이 없는 것으로 정심(正心)을 삼지 않게 될 것이다. 그렇다면 정자의 설은 본문을 해석한 것은 아니지만, 대의는 절로 빠뜨림이 없다. 전문에 '이른바 몸을 닦는 것은 마음을 바르게 하는 데 달려있다.'고 대체적으로 말한 것은, 마음을 바르게 할 수 없는 모든 경우로써 말한 것이다. 성내는 바, 두려워하는 바, 좋아하는 바, 근심하는 바가 하나라도 있으면, 그 마음의 바름을 얻지 못하니,—

---

132) 지극히……평평하다 : 이는 『대학혹문』에 보인다.

의(意)가 움직이지 않을 때는 오히려 잘못 드러남이 없다. 의(意)가 한 번 움직이면 마음의 바르지 않은 것이 드디어 나타난다.― 그것은 마음이 거기에 있지 않기 때문이다.―마음을 붙잡고 있는 것이 고정되지 않으면, 마음은 의(意)가 발하는 곳에서 주인이 되지 못한다.― 마음이 거기에 있지 않으면 보아도 보이지 않고, 들어도 들리지 않고, 음식을 먹어도 맛을 알지 못한다. 그러면 그 몸을 닦으려 해도 몸이 명령을 듣지 않는다. 이것이 경문(經文)에 '몸을 닦는 것은 마음을 바르게 하는 데 달려있다.[修身在正其心]'고 한 뜻이다.―본문을 해석한 것이다.―

'그 바름을 얻지 못한다.[不得其正]'는 것은 '마음이 바르지 않다.'는 것이지, '그 마음을 바르게 하지 못한다.'는 것은 아니다. '불견(不見)'·'불문(不聞)'·'부지미(不知味)'는 몸이 닦는 것을 받아들이지 않는 것이지, 몸이 닦여지지 않는 것은 아니다. '마음이 있지 않다.[心不在]'는 것은 맹자가 '그 마음을 놓아버렸다.[放其心]'[133]고 한 것이다. '그 마음을 놓아버렸다.'는 것이, 어찌 '텅 비고 밝은 마음을 놓아버렸다.'는 것이겠는가? '인의(仁義)의 마음을 놓아버렸다.'는 말이다.

대체로 마음이 텅 비고 밝은 것이라면, 온전히 거두어들일 수 없다. 그러니 어찌 놓아버리겠는가? 막을 곳만 방지할 뿐, 열어놓는 것은 걱정할 것이 없다. 그러므로 있어서는 안 되는 것이 머물고[留] 기대하고[期] 얽매이는[繫] 것에 주목하는 것이다. 머무는[留] 것은 과거의 것이 존재하는 것이고, 기대하는[期] 것은 미래의 것이 존재하는 것이고, 얽매이는[繫] 것은 현재의 것이 존재하는 것이다. 이런 것들

---

133) 그……놓아버렸다 : 이는 『맹자』「고자 상」제11장에 보인다.

이 모두 존재함이 없은 뒤에야 마음이 텅 비고 밝음을 얻게 되니—이는 불교에서도 일어나지 않는다.— 무엇 때문에 또 '마음이 거기에 있지 않다. [心不在焉]'고 말하여, 그 폐단이 저와 같단 말인가? 주자도 그렇지 않다는 것을 분명히 알았다. 그러므로 '잡으면 보존되고 놓으면 없어 진다.[操則存 舍則亡]'[134], '놓아버린 마음을 구하라.[求其放心]'[135], '그 대체를 따르면[從其大體]'[136] 등의 말로 징험한 것이다.[137] '잡는다 [操]'는 것은 인간에게 보존된 인의(仁義)의 마음을 잡는 것이고, '구 하다[求]'라는 것은 사람의 마음인 인(仁)과 사람이 마땅히 걸어갈 길 인 의(義)를 구하라는 것이며, '따르다[從]'라는 말은 하늘이 나에게 부여해준 것을 먼저 확립하라는 말이다. 인의(仁義)에 마음을 바르게 하고 항상 존재하도록 유지하면, 어찌 하나의 밝은 거울과 같을 뿐이 겠는가? 애석하다! 주자가 『대학장구』의 주에 이런 점을 분명하게 언 급하지 않아, 후학들의 어지러운 의논을 열어놓았구나.

　程子謂忿懥好樂憂患 非是要無此數者 只是不以此動其心 乃探本 立論 以顯實學 非若後人之逐句求義而不知通
　不動其心 元不在不動上做工夫 孟子曰 "不動心有道" 若無道 如 何得不動 其道固因乎意誠 而頓下處自有本等當盡之功 故程子又云 '未到不動處 須是執持其志' 不動者 心正也 執持其志者 正其心也

---

134) 잡으면……없어진다 : 이는 『맹자』 「고자 상」 제8장에 보인다.
135) 놓아버린……구하라 : 이는 『맹자』 「고자 상」 제11장에 보인다.
136) 그……따르면 : 이는 『맹자』 「고자 상」 제15장에 보인다.
137) 그러므로……것이다 : 이는 『대학혹문』에 보인다.

大全所輯此章諸說 唯執持其志四字分曉 朱子所稱敬以直內 尙未與
此工夫相應

逐句求義者 見傳云'有所忿懥則不得其正' 必疑謂無所忿懥而後
得其正 如此戲論 朱子亦旣破之矣 以其顯爲悖謬也 而又曰"湛然虛
明 心如太虛 如鏡先未有象 方始照見事物"則其所破者 用上無 而
其所主者 體上無也 體用 元不可分作兩截 安見體上無者之賢於用
上無耶 況乎其所謂如一箇鏡 先未有象 虛明之心 固如此矣 卽忿懥
等之不得其正者 豈無事無物時 常懷著忿懼樂患之心 天下乃無此人
假令有無可忿當前而心恒懊惱 則亦病而已矣 是則不得其正者 亦先
未有所忿懥 而因所感以忿懥耳 若其正者 則樂多良友 未得其人而
展轉願見 憂宗國之淪亡 覆敗無形 而耿耿不寐 亦何妨於正哉

又其大不可者 如云'未來不期 已過不留 正應事時 不爲繫縛'此或
門人增益朱子之言 而非定論 不然則何朱子顯用佛氏之邪說而不恤
耶 佛氏有坐斷兩頭中間不立之說 正是此理 彼蓋謂大圓智鏡 本無
一物 而心空及第 乃以隨緣赴感 無不周爾 洎其末流 不至於無父無
君而不止 大學之正其心以修齊治平者 豈其然哉 旣欲其虛矣 又欲
其不期不留而不繫矣 則其於心也 但還其如如不動者而止 而又何事
於正

故釋氏之談心 但云明心了心安心死心 而不言正 何也 以苟欲正
之 則已有期有留有繫 實而不虛也 今有物於此 其位有定向 其體可
執持 或置之不正而後從而正之 若窅窅空空之太虛 手挪不動 氣吹
不移 則從何而施其正 此東西南北 無非太虛之位 而又何所正耶

用如太虛之說 以釋明明德 則其所爭 尙隱而難見 以此言明 則猶
近老氏虛生白之旨 以此言正心 則天地懸隔 一思而卽知之矣 故程

子直以孟子持志而不動心爲正心 顯其實功 用昭千古不傳之絶學 其
功偉矣

孟子之論養氣曰“配義與道” 養氣以不動心 而曰“配義與道”則心
爲道義之心 可知 以道義爲心者 孟子之志也 持其志者 持此也 夫然
而後卽有忿懥恐懼好樂憂患 而無不得其正 何也 心在故也 而耳目
口體 可得言修矣(此數句正從傳文反勘出)

傳者 於此章 只用半截活文 寫出一心不正身不修之象(第一節心不正
之象) 以見身心之一貫 故章首云‘所謂修身在正其心者’章末云‘此謂
修身在正心’但爲兩在字 顯現條理 以見欲修其身者 不可竟於身上
安排 而大學正心之條目 非故爲迂玄之敎 若正心工夫 則初未之及
(誠意修身等傳 俱未嘗實說本等工夫) 固不以無所忿懥云云者 爲正之之功
而亦不以致察於四者之生 使不以累虛明之本體爲正也

夫不察則不正 固然矣 乃慮其不正而察之者 何物也哉 必其如鑑
如衡而後能察(究竟察是誠意事) 則所以能如鑑如衡者 亦必有其道矣 故
曰“不動心有道”也

蓋朱子所說 乃心得正後更加保護之功(此自是誠意以正心事) 而非欲修
其身者 爲吾身之言行動 立主宰之學 故一則曰“聖人之心瑩然虛明”
一則曰“至虛至靜 鑑空衡平”終於不正之繇與得正之故 全無指證
則似朱子於此心字 尙未的尋落處 不如程子全無忌諱 直何志字之爲
了當(此心字在明德中 與身意知 各只分得一分 不可作全體說 若云至虛至明 鑑空衡平
則只消說個正心 便是明明德 不須更有身意知之妙) 其引伸傳文 亦似誤認此章
實論正心工夫 而於文義有所不詳 蓋刻求工夫而不問條理 則將並工
夫而或差矣

今看此書 須高著眼 籠著一章作一句讀(本文所謂此謂 原是一句首尾) 然

後知正心工夫之在言外 而不牽文害義 以虛明無物爲正 則程子之說
雖不釋本文 而大義已自無遺 傳蓋曰 "所謂修身在正其心者 以凡不
能正其心者 一有所忿懥恐懼好樂憂患 則不得其正矣(意不動尙無敗露
意一動則心之不正者 遂現) 唯其心不在也(持之不正 則不在意發處作主) 心不在
焉 而不見不聞不知味 則雖欲修其身而身不聽 此經所謂修身在正其
心也"(釋本文)

不得其正 心不正也 非不正其心 不見不聞不知味 身不受修也 非
身不修也 心不在者 孟子所謂放其心也 放其心者 豈放其虛明之心
乎 放其仁義之心也

蓋旣是虛虛明明地 則全不可收 更於何放 止防窒塞 無患開張 故
其不可有者 留也期也繫也 留則過去亦在 期則未來亦在 繫則現前
亦在 統無所在 而後心得其虛明(佛亦不作) 何以又云'心不在焉'而其
弊如彼乎 朱子亦已明知其不然 故又以操則存求放心從大體爲徵 夫
操者 操其存乎人者仁義之心也 求者求夫仁人義人路也 從者 先立
夫天之所與我者也 正其心於仁義 而持之恒在 豈但如一鏡之明哉
惜乎其不能暢言之於章句 而啓後學之紛紜也

2

이장에서 무엇을 마음[心]이라 하였는지 절실히 알아야 하고,—다른
곳에서 마음을 말한 것과 뒤섞어 보아서는 안 된다.— 또 분치(忿懥)·공구(恐懼)
·호요(好樂)·우환(憂患)이 마음에 속한 것인지의 여부도 알아야 한
다. 분치 등이 없는 것을 마음의 본체라고 생각하는 것이, '마음이 태

허(太虛)와 같다.'는 설이다. 이 설은 마음을 바르게 함을 베풀 수 없으며, 또한 마음이 바르게 되기를 기대할 수도 없다. 또 분치 등을 '마음의 작용[心之用]'으로 보면, 본체는 없고 작용만 있게 되어 상응할 수 없게 된다.—예컨대, 거울처럼 이미 텅 비었다고 한다면, 그림자만 있고 끝내 빛이 없게 된다.— 또 사람들이 심(心)과 의(意)의 구분에 대해 해석하면서 반드시 "심(心)은 고요한 것이고, 의(意)는 움직이는 것이다."라고 한다. 가령 '분치' 등이 있는 것을 작용이라고 생각하면, 심(心)도 움직이는 데[動]에 타게[乘] 된다. 이점이 예로부터 분명치 못하다.

『대학』의 공부 순서를 알지 못하면, 참으로 "마음[心]을 바르게 하고자 하는 자는 먼저 생각[意]를 진실하게 한다."고 말할 것이다. 그러나 이를 선후로 잘못 인식하면 그 뜻을 터득할 수 없다. 이는 '몸이 닦여지지 않으면 집안사람들을 균평히 다스릴 수 없다.'고 말하는 것과 같다. 집안을 균평히 다스리지 못하면서 자기의 좋아하고 미워함을 지나치게 하면, 몸이 닦여지지 않는다. 그런데 하물며 심(心)과 의(意), 동(動)과 정(靜)은 서로 본체와 작용이 되어 주인과 보조자로 구분할 수 없는데 있어서이겠는가. 그러므로 "동정에는 단서가 없다."[138]라고 한 것이다. 그러므로 마음을 바르게 하고자 하는 자는 반드시 생각을 진실하게 한다. 마음이 바르지 않으면 그 해로움이 반드시 생각에 도달하여 진실을 베풀 곳이 없게 된다.

무릇 분치(忿懥)·공구(恐懼)·호요(好樂)·우환(憂患) 등은 모두 생각[意]이다. 마음을 능히 바르게 하지 못하면, 생각이 한 번 발하여

---

138) 동정에는……없다 : 이는 정이(程頤)의 말로, 송나라 때 동해(董楷)가 편찬한 『주역전의부록(周易傳義附錄)』 등에 보인다.

곧장 사(邪)로 향해 몸이 닦여지지 않게 된다.—이 생각이 마음이 바르지

않음을 따르게 되면 남을 속이던 속이지 않던, 만족하던 만족하지 않던 다시는 묻지 않게

된다. 이런 점을 쾌족(快足)하게 여기면 사악한 데로 들어가는 것이 더욱 깊어진다.— 그

러므로 나는, 생각[意]은 몸[身]과 마음[心]이 교차되는 곳에 거주한

다고 말한다.—팔조목 가운데 '천하(天下)'로부터 '심(心)'에 이르기까지는 한 걸음씩

안을 향해 말한 것이고, 심(心)으로부터 의(意)와 지(知)와 물(物)에 이르기까지는 한 걸

음씩 밖을 향해 말한 것이다.—『중용』의 마지막 장에 움직일 때 살피는 것

을 먼저 말하고 고요할 때 보존하는 것을 뒤에 말하였는데, 이는『대

학』의 순서와 병행해도 어긋나지 않는다. 그렇다면 마음과 생각은 상

호 원인[因]이 되고, 작용[用]이 되고, 공부(功夫)가 되고, 공효(功效)

가 된다. 따라서 '성(誠)을 말미암아 마음을 바르게 하고 몸을 닦는

다.'고 말할 수는 있지만, '의(意)로부터 마음을 바르게 하고 몸을 닦

는다.'고는 말할 수는 없다. 마음이 몸[身]에 공(功)이나 과(過)가 되

는 것은, 반드시 생각[意]이 전달하기 때문이다.

切須知以何者爲心(不可將他處言心者混看) 抑且須知忿懥恐懼好樂憂

患之屬心與否 以無忿懥等爲心之本體 是心如太虛之說也 不可施正

而亦無待正矣 又將以忿懥等爲心之用 則體無而用有 旣不相應(如鏡

旣空 則但有影而終無光) 且人之釋心意之分 必曰心靜而意動 今使有忿懥

等以爲用 則心亦乘於動矣 只此處從來不得分明

不知大學工夫次第 固云'欲正其心者 先誠其意'然煞認此作先後

則又不得 且如身不修 固能令家不齊 乃不能齊其家 而過用其好惡

則亦身之不修也 況心之與意 動之與靜 相爲體用 而無分於主輔 故

曰"動靜無端"故欲正其心者 誠其意 而心苟不正 則其害亦必達於

意 而無所施其誠

凡忿懥恐懼好樂憂患 皆意也 不能正其心 意一發而卽向於邪 以
成乎身之不修(此意旣隨心不正 則不復問其欺不欺慊不慊矣 若使快足 入邪愈深)
故愚謂意居身心之交(八條目自天下至心 是步步向內說 自心而意而知而物 是步
步向外說) 而中庸末章 先動察而後靜存 與大學之序 竝行不悖 則以心
之與意 互相爲因 互相爲用 互相爲功 互相爲效 可云緣誠而正而修
不可云自意而心而身也 心之爲功 過於身者 必以意爲之傳送

3

주자의 설에 "〈마음은〉 거울처럼 텅 비고 저울처럼 평평한 본체
[體]로, 귀신도 그 경계를 엿볼 수 없다."[139]라고 하였는데, 이 말은
크게 병폐가 있다. 남양(南陽) 충국사(忠國師)[140]가 교감한 호승(胡僧)

---

139) 마음은……없다 : 이는 『대학혹문』 전 제7장의 해석에 보이는데, 원문은 다음과
    같다. "曰 人之一心 湛然虛明 如鑑之空 如衡之平 以爲一身之主者 固其眞體之本然
    而喜怒憂懼 隨感而應 姸蚩俯仰 因物賦形者 亦其用之所不能無者也 故其未惑之時 至
    虛至靜 所謂鑑空衡平之體 雖鬼神有不得窺其際者 固無得失之可議 及其感物之際而
    所應者 又皆中節 則其鑑空衡平之用 流行不滯 正大光明 是乃所以爲天下之達道 亦何
    不得其正之有哉"

140) 남양(南陽) 충국사(忠國史) : 충국사는 당나라 숙종(肅宗)·대종(代宗) 때 사람으
    로, 월주(越州) 출신이며, 속성은 염씨(冉氏)이다. 충국사는 스승으로부터 인가(印
    可)를 받고 남양(南陽) 백애산(白崖山)에 40년 동안 은거하였는데, 황제에게까지 명
    성이 알려져 드디어 국사(國師)가 되었다. 당 대종 때 서천(西天:天竺國)의 승려 삼장
    (三藏)이 수도에 왔는데, 남의 마음을 훤히 안다고 소문이 났다. 대종이 하루는 충국
    사에게 삼장을 불러다 놓고 시험하게 하였다. 충국사가 묻기를 "너는 노승이 어디에
    있는지 말하라."라고 하자, 삼장이 답하기를 "화상께서는 한 나라의 스승인데, 어찌

의 공안(公案)[141]과 열자(列子)가 호자(壺子)의 일을 기록한 것[142]이 바로 이런 뜻이다. 사람 마음이 무사할 적에는 선을 생각하지 않고 악도 생각하지 않으니, 귀신이 엿볼 곳이 없다. 세상에 바둑알의 수를 알아맞히는 놀이가 있는데, 바둑알을 잡은 자가 몇 개인지 모르면 상대도 그 숫자를 모르니, 또한 그런 이치이다. 이는 속담에 "음양도 멍청한 것을 두려워한다."라고 하는 것일 뿐이니, 어디에 쓰겠는가? 그러니 어찌 이를 두고 마음이 바른[心正] 것이라고 할 수 있겠는가? 마음이 바르다는 것은, 귀신에게 질정해도 의심이 없는 것이다. 광명이 두루 통해 일반인들도 모두 그 마음을 볼 수 있다면, 어찌 그 경계를 엿볼 뿐이겠는가?

朱子說鑑空衡平之體 鬼神不得窺其際 此語大有病在 南陽忠國師勘胡僧公案 與列子所紀壺子事 正是此意 凡人心中無事 不思善不思惡 則鬼神眞無窺處 世有猜碁子戱術 握碁者者 自不知數 則彼亦不知 亦是此理 此只是諺所云'陰陽怕懵懂' 將作何用 豈可謂之心正

서천(西川)으로 가서 다투는 파도를 보고 있단 말입니까?"라고 하였다. 한참 뒤 국사가 다시 묻기를 "너는 노승이 지금 어디에 있는지 말하라."라고 하자, 삼장이 답하기를 "화상은 한 나라의 스승인데, 어찌 천진교(天津橋) 위에서 원숭이들이 노는 것을 보고 있단 말입니까?"라고 하였다. 한참 뒤 국사가 다시 묻기를 "너는 노승이 지금 어디에 있는지 말하라."라고 하고서 삼장이 생각할 틈을 주지 않고 꾸짖기를 "이 들녘의 여우야, 남의 마음을 정밀히 안다고 하는 것이 어디에 있느냐?"라고 하자, 삼장은 대꾸를 하지 못하였다.

141) 호승(胡僧)의 공안(公案) : 공안은 화두를 모아놓은 책이며, 호승은 당나라 때 인도에서 건너온 승려 삼장(三藏)을 가리킨다.

142) 열자(列子)가……것 : 이는 『열자(列子)』권1 「천서(天瑞)」에 보인다. 호자(壺子)는 열자의 스승 호구자림(壺丘子林)을 말한다.

心正者 直是質諸鬼神而無疑 若其光明洞達 匹夫匹婦亦可盡見其心
豈但窺其際也而已哉

4

"얼굴을 들고 날아가는 새를 바라보다가, 머리를 돌려 남에게 잘못
응대했네.[仰面貪看鳥 回頭錯應人]"[143]라는 시구(詩句)가 있는데, 이
럴 때는 마음이 텅 빈 듯하여 귀신도 그 경계를 엿볼 수 없으니, 마음
을 바르게 할 이유가 없다. 그렇지 않다면, 어찌 두 자미(杜子美)[144]가
날아가는 새가 눈에 들어오기도 전에 미리 한 마리 새를 기다리며 보
고 있었을 것이며, 새가 날아간 뒤에 오히려 가슴속에 한 마리 새를
남겨 두었을 것이며, 새가 눈앞에 이르렀을 때 마음이 한 마리 새에
얽매였겠는가? 그는 머물러있는 마음도 없고, 기다리는 마음도 없고,
얽매이는 마음도 없이 태연히 한 마리 새가 눈앞에 스쳐 지나가자 마
음이 그것을 따라갔던 것이다. 그러므로 자신도 모르게 남에게 응대
하는 것이 잘못되었던 것이다.

'마음을 바르게 한다.[正心]'는 것은 과거를 잊지 않고, 미래를 반드
시 예측하며, 눈앞에 털끝만한 잘못도 없게 하는 것이다. 그러면 분

---

143) 얼굴을……응대했네 : 이는 두보(杜甫)의 오언율시 「만성(漫成)」에 보인다. 이 말
    은 후대 보고 듣는 것이 자기에게 있지 않고 남에게 있음을 비유하는 말로 자주 인용
    되었다.
144) 두 자미(杜子美) : 자미(子美)는 당나라 때 시인 두보(杜甫)의 자(字)이다.

치(忿懥)·공구(恐懼)·호요(好樂)·우환(憂患) 등이 있을지라도 주관
하는 마음이 있어 혼란스럽지 않을 것이다.

　仰面貪看鳥 回頭錯應人 恁般時 心恰虛虛地 鬼神亦不能窺其際
唯無以正之故也 不然 豈杜子美於鳥未到眼時 預期一鳥而看之 鳥
已飛去後 尙留一鳥於胸中 鳥正當前時 並將心繫著一鳥乎 唯其無
留無期無繫 適然一鳥過目 而心卽趣之 故不覺應人之錯也
　正心者 過去不忘 未來必豫 當前無絲毫放過 則雖有忿懥恐懼好
樂憂患 而有主者 固不亂也

『대학장구』 전(傳) 제8장

 이른바 '자기 집안사람들을 균평히 대하는 것이 자기 몸을 닦는 데 달려 있다.'라고 말한 것은 아래와 같은 뜻이다. 사람들은 자기가 친히 여기고 사랑하는 사람에 대해서 그에게 치우친 감정을 갖게 되고, 사람들은 자기가 천히 여기고 미워하는 사람에 대해서 그에게 치우친 감정을 갖게 되고, 사람들은 자기기 두려워하고 공경하는 사람에 대해서 그에게 치우친 감정을 갖게 되고, 사람들은 자기가 애처롭게 여기고 긍휼(矜恤)히 여기는 사람에 대해서 그에게 치우친 감정을 갖게 되고, 사람들은 자기기 오만하게 대하고 태만히 여기는 사람에 대해서 그에게 치우친 감정을 갖게 된다. 그러므로 상대를 좋아하면서도 그의 나쁜 점을 알며, 상대를 미워하면서도 그의 아름다운 점을 아는 사람은 이 세상에 적다. 그러므로 속담에 이에 대한 말이 있으니, "사람들은 자기 자식의 나쁜 점을 알지 못하고, 사람들은 자기 논의 벼가 크게 자란 것을 알지 못한다."라고 한다. 이를 일러 '몸이 닦여지지 않으면 자기 집안사람들을 균평히 대할 수 없다.'라고 하는 것이다.

 所謂齊其家 在修其身者 人 之其所親愛而辟(僻)焉 之其所賤惡而辟(僻)焉 之其所畏敬而辟(僻)焉 之其所哀矜而辟(僻)焉 之

其所敖惰而辟(僻)焉 故 好而知其惡 惡而知其美者 天下鮮矣 故
諺有之 曰 "人 莫知其子之惡 莫知其苗之碩" 此謂身不修 不可以
齊其家

전(傳) 제8장

『대학장구』전 제8장에 대한 설

1

『대학혹문』에서 '오만하고 나태함[敖惰]'을 논한 것[145]은, 여러 의문을 풀리게 하기에 충분하다. 다만 주자는 대체로 사물을 기다리는 이치를 말했고, 이 전문(傳文)의 뜻은 수신(修身)·제가(齊家)가 서로 인하는 이치를 밝혔다. 그렇다면 가(家)에 있어서는 가(家)에 대해 말해야 하는데, 『대학혹문』에 '범범하게 길가는 사람처럼 볼 뿐이다.[視之泛然如塗之人而已爾]'라고 한 말은, 이른바 공자(孔子)를 만나 뵙고자 한 유비(孺悲)[146]나 맹자(孟子)가 제(齊)나라 떠나가는 것을 만류한

---

145) 『대학혹문』에서……것 : 이에 대해 『대학혹문』에서 주자가 말한 내용은 다음과 같다. "曰 敖之爲凶德也 正以其先有是心 不度所施 而無所不敖爾 若因人之可敖而敖之 則是常情所宜有而事理之當然也 今有人焉 其親且舊 未至於可親而愛也 其位與德 未至於可畏而敬也 其窮未至於可哀 而其惡未至於可賤也 其言無足去取 而其行無足是非也 則視之泛然如塗之人而已爾 又其下者 則夫子之取瑟而歌 孟子之隱几而臥 蓋亦因其有以自取 而非吾故有敖之之意 亦安得而遽謂之凶德哉 又況此章之旨 乃爲慮其因有所重而陷於一偏者 發其言 雖曰有所敖惰 而其意則正欲人之於此 更加詳審 雖曰所當敖惰 而猶不敢僥其敖惰之心也 亦何病哉"

제나라 나그네[147)와 비교해 참으로 같은 유형이 아니다.

또한 '친애(親愛)' 이하 다섯 가지[148)는 비슷한 유형이지만, 서로 반대가 된다. '오타(敖惰)'는 '외경(畏敬)'의 반대이고, '천오(賤惡)'는 '친애'·'애긍(哀矜)'의 반대이다. 각자 반대되는 바도 있으니, '친애'·'애긍'이 '오만하고 태만한[敖惰]' 것과 상대할 때 그런 점이 있다. '오(敖)'는 오만하게 스스로를 높이면서 남을 낮추어 보는 것이고, '타(惰)'는 마음대로 스스로 편안하게 여기면서 간략히 하는 것이다. 오만[敖]은 서로 예를 행할 때 비로소 나타나니, 지팡이를 짚고서 신분이 낮고 나이가 어린 사람의 절을 받는 것과 같은 것이다. 태만[惰]은 한가하게 거처하며 일을 할 적에 나타나는 것으로, 남과 예를 행할 적에 나타나는 것은 아니니, 누가 내 앞을 지나가더라도 얼굴빛을 바꾸지 않는 것이다. 이는 한 집안에서도 그럴 만한 사람이 많이 있고,

---

146) 공자(孔子)를……유비(孺悲) : 이 내용은 『대학혹문』에 '夫子之取瑟而歌'로 줄여 표현하였다. 이는 본래 『논어』 「양화」 제20장에 보이는데 그 내용은 대략 다음과 같다. 노나라 사람 유비(孺悲)가 공자를 뵙기를 청하였는데, 공자가 병으로 사양하였다. 공자의 명을 받드는 자가 문을 나서자, 공자가 비파를 취해 가지고 노래를 불러 유비로 하여금 병이 아니라는 사실을 알게 하였다. 이를 달갑게 여기지 않아 거절하는 가르침[不屑之教誨]이라 한다.

147) 맹자(孟子)가……나그네 : 이 내용은 『대학혹문』에 '孟子之隱几而臥'로 줄여 인용하였다. 이는 본래 『맹자』 「공손추 하」 제11장에 나오는 것으로, 맹자가 제나라 수도를 떠나 획(畫)이라는 땅에서 묵게 되었는데, 제나라 왕을 위해 맹자를 만류하고자 하는 자가 앉아서 청을 했지만 맹자가 응하지 않고 궤석(几席)에 기대어 누웠다. 그러자 그 나그네가 기뻐하지 않으면서 말하기를 "제가 재계하고 하룻밤을 지낸 뒤에 감히 말씀드리는 것인데, 선생께서 누워 듣지 않으시니, 청컨대 다시는 감히 뵙지 않겠습니다."라고 하였다. 맹자의 행위는 달갑게 여기지 않아 거절한 것인데, 그것도 가르침의 하나라는 말이다.

148) 다섯 가지 : 『대학장구』 전 제8장에 나오는 친애(親愛)·천오(賤惡)·외경(畏敬)·애긍(哀矜)·오타(敖惰)를 가리킨다.

그런 만한 때가 많이 있다. 밖으로 가신(家臣)이나 노복들과—대부(大夫)가 된 뒤에야 가(家)라고 할 수 있다.— 안으로는 자손 및 종자(從子)·종손(從孫)들로 날마다 내 앞에서 시중을 드는 사람들이 모두 그런 대상이 될 수 있다. 그러나 자신이 편벽(偏僻)되면 자처함이 지나치게 높아 인정으로 아랫사람들을 대하지 않고, 부리는 자가 있더라도 그의 존엄함을 꺼려하여 감히 아뢰지 않을 것이다. 그러면 좋아하기만 하여 그의 악을 알지 못하며, 미워하기만 하여 그의 아름다운 점을 알지 못하는 것이 이로부터 쌓이게 된다. 이것이 자신이 닦여지지 않아서 집안사람들이 그로 인해 균평하게 대우받지 못하는 한 단서이다.

글자의 뜻을 풀이할 적에는 선유들이 밝히지 못한 점을 보충해 한 글자씩 분명하게 풀어내야지, 두루뭉술하게 보아 넘기려 해서는 안 된다. 십삼경(十三經)에는 그 글자를 통해 어떤 의미를 드러내거나 어떤 의미를 혼합한 것이 애초 한 글자도 없다. 예컨대, 이 장 '친애(親愛)' 등의 10자와 같은 경우, 그 유형은 다섯 가지이지만 그 요점은 열 가지 뜻이 된다. '친(親)'은 서로 합하고 서로 가깝다는 말이며, '애(愛)'에는 보호하고 아끼며 얻기를 원하는 뜻이 있다.—이미 얻었을 경우에는 보호하고 아끼며, 아직 얻지 못하였을 때는 얻기를 원한다. 맹자가 "저 동생이 형을 사랑하는 도리로 왔다.[彼以愛兄之道來]"[149]라고 하였으니 '형을 친히 한다.'고 말해서는 불가하다. '울적하게 임금을 그리워해서 왔다.[鬱陶思君]'[150]라는 말 속에는 '보호하고 생각하여 보기를 원한다.'는 뜻이 있기 때문이다.— '외(畏)'는 그 위엄을 두려워하는 것이고, '경(敬)'은 그 위의(威儀)를 공경하는 것이다. 외(畏)는 남

---

149) 저……왔다 : 이는 『맹자』「만장 상」제2장에 보인다.
150) 울적하게……그리워해 : 이는 『맹자』「만장 상」제2장에 보인다.

에게 보존되어 있는 것이고, 경(敬)은 자신에게 극진히 하는 것이다.
―아버지는 외(畏)와 경(敬)을 겸하고, 어머니와 형은 오직 경(敬)만 있다.― '애(哀)'는
잃은 바가 있는 것을 인하여 애도하는 것이고, '긍(矜)'은 완성하지 못
한 것을 인하여 가련하게 여기는 것이다.―상(喪)을 당하면 애도[哀]하고, 병
이 들어 온전한 사람이 되지 못하면 긍휼[矜]히 여긴다.― '천(賤)'은 용렬하고 비
루한 사람을 대하는 것이고, '오(惡)'는 완악(頑惡)한 사람을 대하는
것이다. 가까이 집안에서 취하더라도 저절로 이 열 가지 의미는 부족
하지 않을 것이다.―'오타(敖惰)'에 대해서는 앞에서 이미 해석하였다.― 어떤 경
우는 사람으로서 구별하고, 어떤 경우는 일로써 구별하였는데, 그 종
류가 다섯 가지이지만 실제로는 모두 열 가지이다.

　或問之論敖惰　足破群疑　但朱子大槪說待物之理　而此傳之旨　乃
以發修身齊家相因之理　則在家言家　而所謂泛泛然之塗人　與夫求見
之孺悲　留行之齊客　固非其類
　又親愛以下五者　亦備類而相反　賤惡者親愛　哀矜之反　各有所反
則親愛哀矜者　其或在所敖惰也　有矣　敖者　尤敖自尊而卑之也　惰者
適意自便而簡之也　敖必相與爲禮時始見　如扶杖而受卑幼之拜　是已
他則閑居治事　未與爲禮時　乃然　雖過吾前　不爲改容也　此則一家之
中　繁有其人　亦繁有其時　外之家臣僕隷(大夫而後可云家)　內則子孫群
從　日侍吾前者　皆是也　然使其辟　則自處過尤而情不下接　有所使令
亦憚其尊嚴而不敢自白　則好不知惡　惡不知美　自此積矣　是身之不
修　家緣不齊之一端也
　凡釋字義　須補先儒之所未備　逐一淸出　不可將次帶過　一部十三
經　初無一字因彼字帶出混下者　如此章親愛等十字　其類則五　而要

爲十義 親者相洽相近之謂 愛則有護惜而願得之意(已得則護惜 未得則願得 孟子云"彼以愛兄之道來" 不可云親兄 以'鬱陶思君'之言有護念而願見之意) 畏者畏其威 敬者敬其儀 畏存乎人 敬盡乎己(父兼畏敬 母兄唯敬) 哀則因其有所喪而悼之 矜則因其未足以成而憐之(喪則哀 病不成人則矜) 賤以待庸陋 惡以待頑惡 近取之家 自不乏此十種(敖惰前已釋) 或以人別 或以事別 其類則有五 其實凡十也

2

좋아하면서도 그의 나쁜 점을 알고, 미워하면서도 그의 좋은 점을 알며, 자기 자식의 나쁜 점을 알고, 자기 농토의 곡식의 싹이 큰 것을 아는 것은, 몸이 닦여진[身修] 것이라 말할 수 있는 것이 아니고, 집안사람들이 균평히 대우를 받는[家齊] 것이라 말할 수 있는 것이 아니며, 또한 아는 것이 밝아지기를 힘쓰는 것으로 몸을 닦고 집안사람들을 균평히 하는 공을 삼을 수도 없다. 몸을 닦는[修身] 것은 치우친 바를 제거하는 데 있으니, 치우친 바가 없어진 뒤에 몸이 닦여진다. 예컨대 집안사람들을 균평히 하는 공은 효도를 가르치고, 공경을 가르치고, 자애를 가르치는 것이니, 이는 단지 그것을 알 뿐만 아니라 반드시 그것을 가르치는 것이다.

오직 내 몸에 치우친 점이 있기 때문에 그 치우친 점을 따라 좋아하고 미워하게 되니—모름지기 본문의 '고(故)' 자[151] 한 글자를 완미해야 한다.— 가르침이 마땅함을 잃은 것이다. 만약 치우친 점이 없다면 내 몸에서 법칙을 취하여 절로 남의 아름다운 점과 나쁜 점을 환히 알 수 있을 것이다. 이와 같은 점이 불효가 되고, 공경하지 않는 것이 되고, 자애하지 않는 것이 되는 줄을 알면 엄한 경계를 할 수 있을 것이다. 이와 같은 점이 효도하는 것이 되고, 공경하는 것이 되고, 자애하는 것이 되는 줄을 알면 장려함을 할 수 있을 것이다. 그러므로 『대학장구』의 주에 '소이(所以)'[152] 2자를 쓴 것이다. '소이(所以)'라고 말한 것은 가르침을 세우는 근본을 삼을 적에 이롭게 쓸 수 있다.

미워하면서도 그의 좋은 점을 알고, 좋아하면서도 그의 나쁜 점을 아는 데 이르는 것은, 대략 노력해서 얻을 수 있는 것이 아니다. 좋아하면서도 그의 나쁜 점을 알려고 하며, 미워하면서도 그의 아름다운 점을 알려고 하면, 일어나는 생각이 이미 고의로 조작되어 진실하지 않게 된다. 그 감정을 강제로 제지하여 술책을 가지고 살펴, '마음은 거울처럼 밝고 저울처럼 평평하다.'고 한 오계자(吳季子)처럼 하려고 하는 것은, 절대로 통할 수 없는 술수이다. 그러므로 전문(傳文)의 뜻은, 치우치고[辟]·치우치지 않은[不辟] 데에서 극치(克治)의 공부를 지극히 하라는 것일 따름이다. 이것이 바깥에 있는 것으로써 안을 제지하는 방법이다.―'친애(親愛)' 등은 일에 나타나기 때문에 바깥에 속하고, 아는 것[知]과 좋아하고 미워하는 것[好惡]은 안에 속한다.― 그러니 정심(正心)과는 저절로 과목을 달리 한다.

대개 이른바 수신(修身)이란, 말하고[言] 실천하고[行] 행동하는

---

151) '고(故)'자 : 『대학장구』전 제8장 제1절 "故 好而知其惡 惡而知其美者 天下 鮮矣"의 '故' 자를 가리킨다.

152) '소이(所以)' : 『대학장구』전 제8장 '故諺有之……'의 주에 "是則偏之爲害 而家之所以不齊也"라고 한 한 문장의 '所以'를 가리킨다.

[動] 것에서 몸을 닦는 것일 뿐이다. 말하고 실천하고 행동하는 것을 말미암아 그 안으로 들어가면, 심(心)·의(意)·지(知)가 공(功)이 된다. 이는 몸을 닦는 바의 근본이지, 몸에 닦는 일을 극진히 하는 실상은 아니다.─미워하면서도 그의 아름다운 점을 아는 것과 좋아하면서도 그의 나쁜 점을 아는 것은 저절로 치지(致知)의 일이고, 좋아하고 미워하는 것은 저절로 정심(正心)의 일이다.─ 사람이 하루 종일 말하고 실천하고 행동하는 바는, 반드시 사람과 일을 인해 발생하며, 또한 반드시 남에게까지 미친다. 그리고 그것을 받는 쪽은, 친히 여기고 사랑하는 사람, 천히 여기고 미워하는 사람, 두려워하고 공경하는 사람, 애처롭게 여기고 긍휼히 여기는 사람, 오만하게 대하고 태만히 대하는 사람이다. 군자로서 태학(太學)에 들어가는 사람은, 참으로 우환이 있거나 곤궁하거나 세상을 피해 토굴에 사는 사람들을 예로 들 수 있는 대상이 아닌데, 또한 어찌 승려들처럼 집을 버리고 속세를 떠나 황량한 산속에서 족적을 숨기고 사람들을 접하지 않는 곳에서 네 가지 위의(威儀)를 익히는 데에 이르겠는가? 그러므로 몇 가지 시행할 만한 점을 열거하여, 그가 말하고 실천하고 행동하는 것의 치우치거나 치우치지 않은 실상을 징험한 것이다. 그렇다면 몸을 닦아 치우치지 않게 하는 것은 시행함이 마땅함을 얻은 것이지, 안으로 심(心)·지(知)에서 구하여 몸[身]에는 소략하고 밖으로 사물의 이치에서 구하여 안으로 자신을 잃은 오계자(吳季子)의 거울처럼 밝고 저울처럼 평평하다는 설과 같이 단지 감정을 평안하게 하여 좋아하고 미워함을 다스리는 것은 아니다.─이는 저절로 정심(正心)·성의(誠意)의 일이다.─

치우치는 바가 있지마자, 말을 하면 반드시 지나치게 하고, 실천을 하면 반드시 지나치게 하고, 행동을 하면 반드시 지나치게 한다. 또한 말에 지나친 말이 있고, 실천에 지나친 실천이 있고, 행동에 지나친 행동이 있은 뒤에 감정[情]을 쓰는 치우침이 된다. '벽(辟)'은 치우침[偏]이지, 사악함[邪]이 아니다. 사악함은 마음에서 생기고, 치우침은 일에 있다. 시행하는 것이 말과 실천과 행동이 아니라면, 무엇을 가지고 '치우침'이라고 하겠는가? 그러므로 몸을 닦는 자는 말과 실천과 행동의 치우친 점을 닦는 것이다.

치우치지 않음을 얻으려 하면, 하나의 천부적인 법도가 있어 범위를 정하고 방어를 해야 하니, 예(禮)가 바로 그것이다. 그러므로 "예가 아니면 움직이지 않는 것이 몸을 닦는 것이다."[153]라고 한 것이다. —'재명(齊明)'[154]은 닦음을 보조하는 것이고, '비례부동(非禮不動)'은 닦음을 바르게 하는 것이다.— 예는 자기 몸을 간결하게 단속하여 치우침을 바로잡아 바른 데에 귀일하도록 하는 것이다. 이로써 자기 몸의 잘잘못을 가리는 자는, 이로써 다른 사람의 아름다운 점과 나쁜 점을 판정한다. 그리하여 좋아하는 사람에게서 나쁜 점을 찾고, 미워하는 사람에게서 아름다운 점을 찾기를 기다리지 않더라도, 아름다운 점과 나쁜 점이 환히 드러나 혹시라도 그 마음을 가릴 수 없을 것이다. 이것이 바로 수신(修身)이 제가(齊家)의 근본이 되는 까닭이다. 이를 버리면, 감정을 공평히 하여 집안사람들을 균평히 대하려 해도 그렇게 할 수 없을 것이다.

친히 하고 사랑하며[親愛], 천히 여기고 미워하며[賤惡], 두려워하

---

153) 예가……것이다 : 이는 『중용장구』 제20장에 보인다.
154) 재명(齊明) : 『중용장구』 제20장 '非禮不動' 앞에 보이는 '재명성복(齊明盛服)'의 '齊明'을 말하는데, '재계하고 마음을 밝게 한다.'는 의미이다.

고 공경하며[畏敬], 애처롭게 여기고 긍휼히 여기며[哀矜], 오만하게
대하고 태만하게 대하는[敖惰] 데에도 '기소(其所)'라고 말한 것은, 몸
이 시행하는 바를 말한 것이지, 감정[情]이 발하는 바를 말한 것이 아
니다. 『대학혹문』에 "지금 여기에 어떤 사람이 있다고 하자.[今有人
焉]"라고 한 한 단락은 매우 깊고 절실하며 명확하다. 그러나 애석하
게도 주자의 문인들은 이점을 살피지 못하여 감정에서 그것을 구하
고, 일[事]에서 그것을 구하지 않았다. 단지 '사랑은 가장 치우치기
쉬운 것이다.[愛最易偏]'[155)]라는 설에 구구하게 빠져 감정을 공평히
하는 차례를 분변하며 가시덤불 속으로 들어가 지름길을 찾으려 하였
으니, 수고롭기만 할 뿐 이로움이 없게 된 지 오래되었다.

　好知惡 惡知美 知子之惡 知苗之碩 要未可謂身修 未可謂家齊 亦
不可以務知之明爲修其身齊其家之功 修身在於去辟 無所辟而後身
修 若齊家之功 則敎孝敎弟敎慈 非但知之 而必敎之也
　唯身之有辟 故隨其辟以爲好惡(須玩本文一故字) 而敎之失宜 如其無
辟 則於身取則 而自有以洞知人之美惡 知其如此者之爲不孝不弟不
慈 則嚴戒之得矣 知其如此者之爲能孝能弟能慈 則獎掖之得矣 故
章句著所以二字 所以云者 於以爲立敎之本而利用之也
　到知美知惡 大要著力不得 假令好而欲知其惡 惡而欲知其美 其
起念已矯揉不誠 强制其情而挾術以爲譏察 乃欲知吳季子所云鏡明

155) 사랑은……것이다 : 이는 『대학장구대전』 전 제8장 소주에 "雲峰胡氏曰 心與物接
　唯怒最易發而難制 所以前章以忿懥先之 身與事接 唯愛最易偏 故此章以親愛先之
　……"라고 한 것을 가리킨다.

衡平者 亦萬不可得之數 故傳意但於辟不辟上致克治之功 此以外制
內之道(親愛等見於事 故屬外 知與好惡屬內) 自與正心殊科

蓋所謂修身者 則修之於言行動而已 繇言行動而內之 則心意知
爲功 乃所以修身之本 而非於身致修之實(知美知惡 自致知事 好惡 自正心
事) 而人終日所言所行所動 必因人因事而發 抑必及於物 而受之者
則所親愛賤惡畏敬哀矜敖惰者 是已 君子而入大學 則固非憂患困
窮避世土室者之所可例 又豈至如浮屠之棄家離俗 杜足荒山 習四
威儀於人所不接之地也與 故列數所施之地 以驗其言行動辟與不辟
之實 然則修其身而使不辟者 必施之得宜 而非但平情以治其好惡
(此自正心盛意事) 如吳季子鏡衡之說 內求之心知而略於身 外求之物理
而內失己也

繞有所辟 言必過言 行必過行 動必過動 抑言有過言 行有過行 動
有過動 而後爲用情之辟 辟者 偏也 非邪也 邪生心而偏在事 非施之
言行動 而何以云辟哉 故修身者 修其言行動之辟也

欲得不辟 須有一天成之矩 爲之範圍 爲之防閑 則禮是已 故曰
"非禮不動 所以修身也"(齊明是助修 非禮不動 乃是正修) 禮以簡束其身 矯
偏而使一於正 則以此準己之得失者 卽以此而定人之美惡 不待於好
求惡 於惡求美 而美惡粲然 無或蔽之矣 此修身所以爲齊家之本 舍
是則雖欲平情以齊其家 不可得也

親愛賤惡畏敬哀矜敖惰而云'其所' 乃以謂身之所施 而非言情之
所發 或問今有人焉一段 亦甚深切著明矣 惜乎 門人之不察 求之於
情而不求之於事 徒區區於愛最易偏 辨平情之次第 入荊棘而求蹊徑
勞而無益 久矣

3

마땅히 말할 바가 있는데도, 친히 하고 사랑함을 인하여 함부로 말하고, 두려워하고 공경함을 인하여 숨기고, 천히 여기고 미워함을 인하여 사납게 말하고, 애처롭게 여기고 긍휼히 여김을 인하여 부드럽게 말하고, 오만하게 대하고 태만하게 대함을 인하여 간략히 말한다. 또 마땅히 실천할 바가 있는데도, 친히 하고 사랑함을 인하여 유순해 대하고, 두려워하고 공경함을 인하여 삼가고, 천히 여기고 미워함을 인하여 강경히 대하고, 애처롭게 여기고 긍휼히 여김을 인하여 행하지 못하고, 오만하고 태만함을 인하여 움츠러든다. 또 행동에 있어서도, 친히 하고 사랑함을 인하여 버릇없이 굴고, 두려워하고 공경함을 인하여 위축되고, 천히 여기고 미워함을 인하여 사나워지고, 애처롭게 여기고 긍휼히 여김을 인하여 휩쓸리고, 오만하고 태만함을 인하여 교만하게 한다. 이런 것들이 모두 몸이 닦여지지 않은 것들이다.

군자가 도 가운데 귀하게 여기는 것은, 비루하거나 사리에 어긋나는 말 기운[辭氣], 사납거나 태만한 용모[156], 음란하거나 가까이 붙어지내는 행위 등을 하지 않는 것이다. 상대방의 친함과 소원함, 귀함과 천함, 어짊과 불초함에 따라 내가 대하는 것이 다르기는 하지만, 어찌 치우친 마음이 있겠는가? 이와 같이 해야 몸을 닦는 것이다. 단지 거울처럼 감정을 공평히 하는 것이라고 한다면, 친히 여기고 사랑

---

156) 군자가……용모 : 이는 『논어』「태백」제5장에 보이는 내용으로, 그 전문은 다음과 같다. "君子所貴乎道者 三 動容貌 斯遠暴慢矣 正顔色 斯近信矣 出辭氣 斯遠鄙倍矣……"

함을 바쳐야 할 대상에 대해, 순(舜)임금이 그의 동생 상(象)에게 한
것처럼 친히 여기고 사랑하는 마음을 극진히 쓸지라도, 또한 치우침
[辟]이 되지 않는다.—'경외(敬畏)' 등도 이에 준한다.— 그러니 어찌 여기서
덜어다 저기에 보태주어 공평히 차등 없게 하는 것, 또는 남음이 있는
것으로써 부족한 데 나아가는 것이 '가지런히 하는[齊]'[157] 것이 될 수
있겠는가? 오직 그렇기 때문에, 몸이 닦여지지 않았으면서 집안사람
들을 균평히 대하고자 하는 것은 반드시 불가한 것이다.

有所當言 因親愛而黷 因畏敬而隱 因賤惡而厲 因哀矜而柔 因敖
惰而簡 有所當行 因親愛而往 因畏敬而葸 因賤惡而矯 因哀矜而沮
因敖惰而各 於其動也 因親愛而媟 因畏敬而餒 因賤惡而暴 因哀矜
而麋 因敖惰而驕 皆身之不修也

君子所貴乎道者 鄙倍暴慢淫暱之不作 雖因親疎貴賤賢不肖而異
施 亦何辟之有哉 如是 方是修身 若但云平情如衡 則苟所當致其親
愛者 雖極用其親之愛之之心 如舜之於象 亦未爲辟(敬畏等放此) 豈酌
彼損此 漫無差等 抑所有餘以就不足之得爲齊哉 唯然 故身不修而
欲齊其家 必不可也

---

157) 가지런히 하는[齊] : 팔조목의 제가(齊家)의 제(齊)를 말한다.

『대학장구』 전(傳) 제9장

 이른바 '나라를 다스리는 일은 자기 집안사람들을 균평히 다스리는 일을 반드시 먼저 하는 데 달려 있다.'라고 한 것은 아래와 같은 뜻이다. 자기 집안사람들을 교화할 수 없으면서도 능히 남들을 교화시키는 사람은 없다. 그러므로 군자는 집안을 벗어나지 않더라도 나라 안에 교화를 이룩하는 것이다. 집안에서의 효(孝)는 밖으로 임금을 섬기는 것이고, 집안에서의 공경[弟]은 밖으로 상관을 섬기는 것이고, 집안에서의 자(慈)는 밖으로 민중을 부리는 것이다. 『서경』 「강고(康誥)」에 말하기를 "〈백성을 다스리는 사람은〉 어린아이를 보호하듯이 해야 한다."라고 하였으니, 마음에 성심으로 나라 다스리기를 구하면 비록 그 목표에 적중하지는 않을지라도 그 목표에서 멀리 벗어나지는 않을 것이다. 자식 기르는 것을 다 배운 뒤에 시집가는 여자는 아직까지 있지 않았다. 온 집안사람들이 어질면 온 나라 사람들이 인(仁)에 흥기되고, 온 집안사람들이 겸양하면 온 나라 사람들이 겸양(謙讓)에 흥기되며, 한 사람이 탐욕스럽고 사나우면 온 나라 사람들이 난을 일으킨다. 그 기미(機微)가 이와 같으니, 이를 일러 '한 마디 말이 일을 그르치며, 한 사람이 나라를 안정시킨다.'라고 하는 것이다. 요(堯)임금과 순(舜)임금은 천하 사람들을 인(仁)으로써 거느렸는데 백성들이 그를 따랐고, 걸왕(桀王)과 주왕(紂王)은 천하 사람들을 포악함으로

써 거느렸는데 백성들이 그를 따랐다. 그러니 임금이 명령하는 바가
임금이 평소 좋아하던 것에 반대 되면 백성들은 그 명령을 따르지 않
는다. 그러므로 군자는 자기 몸에 먼저 선을 갖춘 뒤에 남에게서 선을
요구하고, 자기 몸에 먼저 악을 없앤 뒤에 남에게서 나쁜 점을 비난한
다. 자기 몸에 갖춘 것이 서(恕)가 아닌데도 능히 남에게 그 점을 깨우
쳐주는 경우는 아직까지 있지 않았다. 그러므로 나라를 다스리는 것
은 자기 집안사람들을 균평히 대우하는 데에 달려 있는 것이다. 『시
경』의 시에 말하기를 "갓 핀 복사꽃 산뜻하게 예쁜데, 그 잎이 무성히
도 났구나. 저 아가씨 시집가네, 그 시댁 사람들을 잘 대하리."라고
하였으니, 〈통치자는〉 자기 집안사람들을 잘 대한 뒤에 나라 사람들
을 교화시킬 수 있다. 『시경』의 시에 말하기를 "형을 잘 대하며, 동생
을 잘 대하네."라고 하였으니, 〈통치자는〉 형을 잘 대하며 동생을 잘
대하는 사람이 된 뒤에 나라 사람들을 교화시킬 수 있다. 『시경』의
시에 말하기를 "그 의젓한 몸가짐 어긋나지 않는지라, 이 사방의 나라
사람들을 바르게 하네."라고 하였으니, 그 아비와 자식과 형과 동생
이 충분히 본받을 만한 사람이 된 뒤에 백성들이 그를 본받게 된다.
이를 일러 '나라를 다스리는 것은 자기 집안사람들을 균평히 대우하
는 데 달려 있다.'라고 하는 것이다.

　所謂治國必先齊其家者 其家 不可敎 而能敎人者 無之 故 君
子 不出家而成敎於國니 孝者 所以事君也 弟者 所以事長也 慈
者 所以使衆也 康誥曰 "如保赤子" 心誠求之 雖不中 不遠矣 未
有學養子而后 嫁者也 一家仁 一國興仁 一家讓 一國興讓 一人

貪戾 一國作亂 其機如此 此謂一言僨事 一人定國 堯舜帥天下
以仁 而民從之 桀紂帥天下以暴 而民從之 其所令 反其所好 而
民不從 是故 君子 有諸己而後 求諸人 無諸己而後 非諸人 所藏
乎身 不恕 而能喩諸人者 未之有也 故 治國在齊其家 詩云"桃之
夭夭 其葉蓁蓁 之子于歸 宜其家人" 宜其家人而后 可以敎國人
詩云"宜兄宜弟" 宜兄宜弟而后 可以敎國人 詩云"其儀不忒 正
是四國" 其爲父子兄弟 足法而后 民法之也 此謂治國在齊其家

전(傳) 제9장

『대학장구』 전 제9장에 대한 설

1

　『대학장구』의 주에 '가르침을 세우는 근본[立敎之本]……'이라고 하였는데, 이는 성정(性情)이 회통하는 곳을 따라 가(家)·국(國)이 한 가지 이치임을 드러내 밝혀서, 집안사람들을 가르치는 것이 곧 나라 사람들을 가르치는 것임을 보인 것일 뿐이다. '그 단서를 알아 미루어 넓혀서[識其端而推廣之]'[158]라고 한 것은, 주자가 언외의 뜻을 부연해 말한 것이지, 전문(傳文)의 뜻에 그런 의미가 있는 것은 아니다. 〈주자는〉 사람들이 효(孝)·제(弟)·자(慈)에 대해 말한 것이 너무 쉬워서 배우지 않고서도 절로 능할 수 있다고 생각해, 마침내 처녀가 자식 기르는 것을 배우지 않고서도 시집가서 능히 할 수 있는 것과 같은 사례로 여길까 염려했기 때문에, 이 한 가지 설을 보완하여 집안사람들을 가르치고 나라 사람들을 가르치는 데 드러낸 것이다. 그런데 이

---

158) 그……넓혀서 : 이는 『대학장구』 전 제9장 제2절의 주에 보인다.

치는 한 가지이지만 나뉘면 저절로 달라진다. 일이 이미 달라지면, 미루어나가기를 기다리지 않더라도 불가한 점이 있다.

주자가 '가르침을 세우는 근본[立敎之本]'이라고 한 것은, 위 문장의 효·제·자를 가리키니, 인산(仁山) 김이상(金履祥)[159]의 설[160]이 근사하다. 주자가 '본(本)'이라고 한 것은 가(家)와 국(國)으로써 대조한 것이다. 집안사람들을 가르치는 것은 나라 사람들을 가르치는 근본이며, 효·제·자는 임금을 섬기고 어른을 섬기고 대중을 부리는 근본이다. 주자가 '강제로 하기를 빌리지 않고[不假强爲]'라고 한 것은, 하늘에서 천명을 받은 것이 같고, 본성을 따르는 것이 같아 천리가 유행함에 성(性)·명(命)이 각각 바르게 되니, 집안에서만 통할 수 있고 나라 안에서는 행할 수 없는 것이 아니다. '자식을 기르는 데 배우기를 기다리지 않는다.'는 것은, 대중을 부릴 적에 특별히 배운 것이 없더라도 절로 미루어 나갈 만한 점이 없지 않다는 것이다. 그러므로 가르침을 세우는 근본은, 알 만한 단서가 있으면 미루어 넓히는 데 어려움이 없다.

『대학장구』의 주 가운데 긴요한 것은 '이(耳)'라는 한 글자[161]에 있

---

159) 김이상(金履祥 1232-1303) : 자는 길보(吉父), 호는 차농(次農), 시호는 문안(文安)이며, 절강성 난계(蘭谿) 사람이다. 송말원초의 학자로 주자학자인 왕백(王柏)·하기(何基) 등에게 배웠다. 원나라가 들어서자, 인산(仁山)에 은거하였다. 당시 사람들이 그를 '인산선생(仁山先生)'이라 불러, '인산'이 그의 호로 불리게 되었다. 저술로『대학장구소의(大學章句疏義)』·『논어맹자집주고증(論語孟子集註考證)』·상서주(尙書注)』 등이 있다.

160) 김이상(金履祥)의 설 :『대학장구대전』 전 제9장 제2절의 소주에 보이는데, 그 내용은 다음과 같다. "此段章句 本章首敎字三者 俱作敎說 不作推說 '立敎之本' 說孝弟慈 '不假强爲' 說未有學養子而后嫁 '在識其端而推廣之' 說心誠求之"

다. 이에 대해 주자는 "이 또한 〈감동시켜 변화하는 것이 근본임을 말한 것이지,〉 미루어나가는 데 도달한 것을 말한 것은 아니다."[162]라고 하였으니, 매우 분명하다. 옥계(玉溪)[163]는 무단히 '명덕(明德)'을 첨가하였고[164], 인산(仁山)[165]은 본문의 '마음이 진실로 그것을 구하면[心誠求之]'을 미루어나가는 것으로 보았으니[166], 모두 거칠고 난잡하게 헤아린 것이다. '마음이 진실로 그것을 구하면[心誠求之]'은 일반적으로 말한 것이니, '어린아이를 보호하는[保赤子]' 것도 그와 같고, '백성을 보호하는[保民]' 것도 그와 같다. 이는 단지 가르침[教]을 말한 것이지, 배움[學]을 말한 것이 아니다. 한 집안의 교육은, 어버이에 대해서는 효(孝)로써 가르치고, 어른에 대해서는 공경[弟]으로써 가르치고, 어린이에 대해서는 자애[慈]로써 가르칠 뿐이니, 어찌 미루어나가는[推] 것으로써 그들을 가르친 적이 있던가? 이른바 '미

---

161) '이(耳)'라는 한 글자 : 『대학장구』 전 제9장 제2절 주 '在識其端而推廣之耳'의 '耳'를 가리킨다.

162) 이는⋯⋯것이다 : 이는 『대학장구대전』 전 제9장 제2절 '康誥曰 如保赤子⋯⋯'의 아래 소주 주자의 설에 보이는데, 그 내용은 다음과 같다. "此且只說動化爲本 未說到推上 後方全是說推"

163) 옥계(玉溪) : 노효손(盧孝孫)을 말함. 옥계는 그의 호이다. 원대의 학자인 듯한데, 생애가 자세치 않다.

164) 옥계(玉溪)는⋯⋯첨가하였고 : 『대학장구대전』 전 제9장 제2절 아래의 소주에 있는 옥계 노씨(玉溪盧氏)의 설은 다음과 같다. "引書 卽慈之道 以明孝弟之道也 立教之本 本者 明德是已 在識其端者 明德之發見 爲孝弟慈是已"

165) 인산(仁山) : 원대의 학자 김이상(金履祥)을 말함. 인산은 그의 호이다.

166) 인산(仁山)은⋯⋯보았으니 : 『대학장구대전』 전 제9장 제2절 소주에 보이는 인산 김씨(仁山金氏)의 설은 다음과 같다. "此段章句 本章首教字三者 俱作教說 不作推說 '立教之本' 說'孝弟慈' '不假强爲' 說'未有學養子而后嫁' '在識其端而推廣之' 說'心誠求之'"

루어나간다[推]’는 것은 집안사람들을 가르치는 것을 미루어나가 나
라 사람들을 가르친다는 말이지, 군자가 자기 집안에서 행하는 자애
를 미루어나가 나라의 민중들을 부린다는 말은 아니다.

『서경』에서 인용한 말[167]은 단장취의한 것인데, 하나의 ‘여(如)’ 자
에 근거해 두 가지[168]가 서로 같다는 점을 밝힌 것이다. 가르침에는
통용되는 이치가 있으니, 단지 미루어 넓히는 데 있는 것이지, 집안
에서 벗어나 별도로 하나의 다른 가르침을 세우기를 기다리지 않는
다. 『대학장구』의 주가 분명치 못하니, 곧 군자가 집안사람들에게 자
애하는 은혜를 미루어 나라 사람들을 자애한다고 한 점이다. 이런 주
석이 경전의 ‘제(齊)’·‘치(治)’ 2자와 무슨 상관이 있단 말인가? 그리
고 전문(傳文)에 보이는 전후 6개의 ‘교(敎)’ 자[169]에 대해서는 불문(不
問)에 붙였다. 소유(小儒)는 나무 등걸을 보고서 귀신인 줄 알고 깜짝
놀란다. 그 혼란스러움에 이와 같은 점이 있으니, 탄식할 만하다.

章句立敎之本云云 亦但從性情會通處 發明家國之一理 以見敎家
之即以敎國耳 識端推廣 乃朱子從言外衍說 非傳意所有 緣恐人將孝
弟慈說得太容易 以爲不待學而自能 竟同處子之不學養子一例 故補
此一說 見敎家敎國 理則一而分自殊 事之已殊 有不待推而不可者
　其云‘立敎之本’ 即指上孝弟慈 金仁山之說爲近 所云本者 以家國

---

167) 『서경』에서……말 : 『서경』「강고(康誥)」에서 인용한 ‘여보적자(如保赤子)’를 가리
　킨다. 지금 전하는 『서전대전』에는 ‘약보적자(若保赤子)’로 되어 있다.
168) 두 가지 : 『대학장구』 전 제9장에서 말하는 ‘교(敎)’와 ‘보적자(保赤子)’을 가리킨다.
169) 전문에……‘교(敎)’ 자 : 『대학장구』 전 제9장에 보이는 ‘교(敎)’ 자를 말하는데,
　6개가 아니고 5개다. 이는 저자가 5개를 6개로 착각한 듯하다.

對勘 敎家者 敎國之本 孝弟慈者 事君事長使衆之本也 唯其不假强
爲 則同命於天 同率於性 天理流行 性命各正 非僅可通於家而不可
行於國也 唯養子不待學 則使衆亦不待別有所學 而自無不可推矣
故立敎之本 有端可識 而推廣無難也

章句恰緊在一耳字 而朱子又言此且未說到推上 直爾分明 玉溪無
端添出明德 仁山以心誠求之爲推 皆是胡亂忖度 心誠求之 元是公
共說的 保赤子亦如此 保民亦如此 且此但言敎而不言學 一家之敎
止敎以孝於親弟於長慈於幼 何嘗敎之以推 所謂推者 乃推敎家以敎
國也 非君子推其慈於家者 以使國之衆也

所引書詞 斷章立義 但據一如者 明二者之相如 而敎有通理 但在
推廣 而不待出家以別立一敎 認章句之旨不明 乃謂君子推其慈家之
恩 以慈國 其於經傳齊治二字 何與 而傳文前後六敎字 亦付之不問
小儒見杌驚鬼 其瞀亂有如此者 亦可歎也已

2

곧바로 '효(孝) · 제(弟) · 자(慈)'를 '명명덕(明明德)'으로 삼은 것은,
황씨(黃氏)[170]의 사악한 설이다. 주자 문하의 후예들 중 선사의 가르침
을 등지고 육구연(陸九淵)[171]에게 경도되었던 자들 가운데 이보다 더

---

170) 황씨(黃氏) : 누구인지 자세치 않다. 『대학장구대전』 전 제9장 제2절의 소주에 '黃
　氏曰 言但以誠心求之……'라는 문장이 보이는데, 이 '황씨'를 가리키는 듯하다. 그러
　나 이 소주에는 '효제자'로 '명명덕'을 삼은 내용이 보이지 않는다.

심한 사람은 없을 것이다. 그도 처음에는 요즘 세속에서 '장의 요지[章旨]'라고 하는 것처럼 단지 가지를 끌어다 단락을 나누는 정도였는데, 그 어긋남이 마침내 이 지경에 이르렀다. 왕양명(王陽明)[172]은 "어느 선생의 말씀은 지리했다.[有子支離]"[173]고 한 말에 의심하여, 인(仁)을 효(孝)·제(悌)[174]와 아울러 하나가 되게 하려 하였다. 효·제·자가 천성에서 나온 점을 논한다면, 어느 것인들 명덕이 아닌 것이 없을 것이다. 효성을 극진히 하고, 공경을 극진히 하고, 자애를 극진히 하는 것 또한 어찌 명명덕이라고 말할 수 없겠는가? 그러나 실상은 그렇지 않다. 예컨대, 21사(史)에 실린 효우(孝友)에 관한 열전 및 독행(獨行)

---

171) 육구연(陸九淵 1139-1193) : 자는 자정(子靜), 호는 상산(象山), 시호는 문안(文安)이며, 강서성 금계(金溪) 사람이다. 남송 때 학자로 1172년 진사가 되어 국자정(國子正) 등을 지냈다. 동시대 주자와는 달리 심즉리설(心卽理說)을 주장하였다. 1175년 여조겸(呂祖謙)의 주선으로 주자와 아호사(鵝湖寺)에서 만나 학문을 토론하였다. 명대 왕수인(王守仁)이 그의 설을 계승하여 양명학(陽明學)으로 발전시켰다. 저술로 『상산선생전집(象山先生全集)』이 있다.

172) 왕양명(王陽明 1472-1528) : 이름은 수인(守仁), 자는 백안(伯安)이며, 양명(陽明)은 그의 호다. 명나라 때 학자로 처음에는 정자(程子)·주자(朱子)의 성리설을 추종하다가 뒤에 육상산(陸象山)의 심학으로 기울어, 정주학과 다른 양명학을 제창하였다. 1499년 진사시에 급제하여 태복시 소경(太僕寺少卿) 등을 지냈다. 저술로 『대학문(大學問)』·『주자만년정론(朱子晚年定論)』·『전습록(傳習錄)』 등이 있다.

173) 어느……지리했다 : 이 말은 육구연(陸九淵)의 『상산전집(象山全集)』 권36 「연보(年譜)」에 보이는 말로, "우리 선생님[육상산을 말함]의 말씀은 간결하고 쉬웠는데, 어떤 선생님[朱子를 가리킴]의 말씀은 지리했다."라고 한 것을 가리킨다. 대만(臺灣) 하락출판사(河洛出版社)에서 간행한 『독사서대전』에는 이 대목에 주석을 달아놓았는데, '왕양명(王陽明)'은 '육상산(陸象山)'을 잘못 표기한 것이라 하였다. 그러나 번역자는 왕양명이 『상산전집』「연보」의 말에 대해 의심한 것으로 보아, 원문 그대로 번역하였다.

174) 제(悌) : 원문에는 '제(弟)'로 되어 있으나, 번역문에서는 혼란을 피하기 위해 '제(悌)'로 바꾸어 썼다.

에 관한 열전에 실린 인물들이나 왕상(王祥)[175] · 이밀(李密)[176]과 같은 한 유파에 대해서는, 그들의 효성[孝]과 공경[悌]에 흠이 있었다고 말할 수는 없지만, 그들은 임금을 등지고 이익을 추구하였으니, 어찌 그들의 덕을 능히 밝힌 사람이라고 인정할 수 있겠는가?

'천명지찰(天明地察)'[177]이라고 말한 것에 대해서는, 또한 이장에서 효(孝)를 말한 것과 같은 사례라고 할 수 없다. 이는 집안사람을 가르치고 나라 사람들을 가르치는 데 근거해서 말한 것이니, 10분의 7~8 정도의 교화를 펴게 되더라도 군자의 가르침은 완성된 것이다. 그러므로 "공경히 다섯 가지 가르침을 펴되 너그럽게 하는 데 달려있다. [敬敷五敎在寬]"[178]라고 한 것이다. 또한 그들에게 왕상 · 이밀과 같은 효자가 되라고 갑자기 책임을 지울 수 없는데, 하물며 효도를 하는 데 나아가라고 할 수 있겠는가?

명명덕의 일은 경문에 격물(格物) · 치지(致知) · 성의(誠意) · 정심(正心) · 수신(修身)이라고 말한 것이니, 이 가운데 하나라도 빠지면 완성되지 않는다. 『대학장구』의 주에 이점을 분명히 말했다. 반드시 격물

---

175) 왕상(王祥 184-268) : 중국 삼국시대 위(魏)나라 말기의 사람으로, 자는 휴징(休徵)이며, 낭야(琅邪) 임기(臨沂) 사람이다. 지극한 효성으로 모친을 섬긴 사람이다. 모친이 병이 들어 생선을 드시고 싶어 하자, 한겨울에 옷을 벗고 얼음에 누워 잉어를 구했다는 말이 전해진다.

176) 이밀(李密 224-287) : 중국 서진(西晉) 때 사람으로 자는 영백(令伯)이며, 무양(武陽) 사람이다. 부친이 일찍 별세하고 모친이 개가하여 조모 슬하에서 자랐는데, 조모에 대한 효성이 지극하였다고 한다.

177) 천명지찰(天明地察) : 『효경(孝經)』 제16장에 보이는데, 부모에 대한 효를 상징하는 말이다. 이에 관한 부분을 인용하면 다음과 같다. "子曰 昔者明王 事父孝 故事天明 事母孝 故事地察 長幼順 故上下治 天明地察 神明彰矣"

178) 공경히……달려있다 : 이는 『서경』 「순전(舜典)」에 보인다.

·치지·성의·정심이 극진하기를 기다린 뒤에야 '효성스런 아들', '공경한 동생', '자애로운 어른'이라고 말할 수 있다면, 요(堯)임금·순(舜)임금 같은 성왕이 어른이 되어 온 집안사람들을 거느리고서 훈계하고 금지하고 감독하고 위엄을 보이기를 죽을 때까지 하더라도 그렇게 할 수 없을 것이다. 어린아이를 보호하는 자애로운 마음만 가지고 곧 명덕을 밝힌[明明德] 것이라 인정한다면, 오늘날의 부녀자들은 19세만 되어도 그들의 명덕을 밝힐 수 있을 것이다.

  덕(德)에 대해서는 밝힌다[明]고 말하고, 민(民)에 대해서는 새롭게 한다[新]고 말했으니, 경문은 저절로 차등을 둔 것이다. 육상산(陸象山)과 왕양명(王陽明)이 불교의 선학(禪學)에 어지럽혀진 것이 여기에 있다. 맹자가 "사람이 배우지 않고서도 능한 것은 양능(良能)이고, 생각하지 않고서도 아는 것은 양지(良知)이다."[179]라고 한 설에 굽혀, 자기의 견해를 견강부회한 것이다. 그러나 실은 불교에서 부드럽게 말하고 화락하게 대하는 것이 대자대비(大慈大悲)라고 여기는 것과 같을 뿐이다. 성현의 도는, 이치는 하나이지만 나누어지면 각각 다르다. 결단코 유모가 마른 기저귀로 젖은 기저귀를 갈아주거나 젖을 먹이고 밥을 씹어서 주는 은혜와 같은 것으로 이 세상의 큰 덕을 삼지 않는다. 그러므로 주자는 미리 그 폐단을 방지하여 아는[識] 점을 말하고 미루어나가는[推] 점을 말하여[180], 제가(齊家)의 가(家)와 치국

---

179) 사람이……양지(良知)이다 : 이는 『맹자』 「진심 상」 제15장에 보인다. 원문은 다음과 같다. "孟子曰 人之所不學而能者 其良能也 所不慮而知者 其良知也"

180) 주자는……말하여 : 이는 『대학장구』의 주에 주자가 "가르침을 세우는 근본은 억지로 하는 것을 빌리지 않으니, 그 단서를 알아 미루어 넓히는 데 달려 있을 뿐임을 밝힌 것이다.[又明立敎之本 不假强爲 在識其端而推廣之耳]"라고 말한 것을 가

(治國)의 국(國)이 다르다는 점을 분명히 드러냈다. 가(家)·국(國)에
도 분별이 있는데, 하물며 임금의 덕과 민간의 풍속에 있어서는 만
길 절벽이 우뚝 선 것처럼 경계가 분명한데 있어서이겠는가. 이를 몰
밀어 동일하게 여기면 천하의 도를 어지럽히는 것이다.

　徑以孝弟慈爲明明德者　黃氏之邪說　朱門支裔　背其先師之訓　泄
於鵝湖者　莫此爲甚　其始亦但牽枝分段　如今俗所謂章旨者　而其悖
遂至於是　王陽明疑有子支離　只欲將仁如孝弟並作一個　若論孝弟慈
之出於天性　亦何莫非明德　盡孝盡弟盡慈　亦何不可云明明德　而實
則不然　如廿一史所載孝友獨行傳中人物　乃至王祥李密一流　不可云
他孝弟有虧欠在　而其背軍趨利　詎便可許之爲克明其德

　至如所云‘天明之察’　則又不可以此章所言孝者例之　此但據教家
教國而言　則有七八分帶得過　而君子之教已成　故曰“敬敷五教在寬”
且不敢遽責其爲王祥李密　而況其進焉者乎

　明明德之事　經文所云‘格物致知誠意正心修身’缺一不成　章句已
分明言之　倘必待格致誠正之已盡　而後可云‘孝子弟弟慈長’　則卽令
堯舜爲之長　取一家之人　戒休董威之　且沒世而不能　如但以保赤子
之慈　而卽可許之明明德　則凡今之婦媼　十九而明其明德矣

　於德言明　於民言新　經文固自有差等　陸王亂禪　只在此處　而屈孟
子不學不慮之說　以附會己見　其實則佛氏呴呴嘔嘔之大慈大悲而已
聖賢之道　理一分殊　斷不以乳媼推乾就溼哺乳嚼粒之恩　爲天地之大

———————————

리킨다.

德 故朱子預防其弊 而言識言推 顯出家國殊等來 家國且有分別 而
況於君德之與民俗 直是萬仞壁立 分疆劃界 比而同之 亂天下之道也

3

　　정자(程子)가 "자애로운 마음은 지극한 정성에서 나온다.[慈愛之心
出於至誠]"라고 한 것[181]은, 자식 기르는 것은 배우기를 기다리지 않
고서도 능하다는 의미[182]를 인용해 부연한 것이지, 애초 전문의 '심성
구지(心誠求之)'의 성(誠) 자에 따라 설을 편 것은 아니다. 어미가 자
식에 대해서는 하늘로부터 부여받은 본성이 본래 정성스럽지 않음이
없으니, 성(誠) 자로 공부하는 말을 삼은 것은 아니다. 오계자(吳季
子)는 이 성(誠) 자를 설명하면서 무단히 성의(誠意)에까지 미쳤으니,
이는 글자를 가지고 벌주(罰酒) 놀이를 할 적에 걸리면 곧바로 따르고
다시는 이치를 돌아보지 않는 것과 같다. 학자들은 이런 종류의 허탄
한 마음과 허탄한 논리로 성현의 뜻을 엿보는 것을 가장 꺼린다. 예컨
대, 어미가 어린아이에 대해서 어찌 스스로를 속이지 말라 경계하고
스스로 만족하길 구하며 자신이 혼자만 아는 바를 삼가라고 훈계한
뒤에야 아이를 보호할 줄 아는 것이겠는가?

---

181) 정자(程子)가……것 : 이는 『대학혹문』 전 제9장에 보인다. 이에 관한 원문은 다음
　　과 같다. "程子有言 赤子未能自言其意 而爲之母者 慈愛之心 出於至誠 則凡所以求其
　　意者 雖或不中 而不至於大相遠矣 豈待學而後能哉"

182) 자식……의미 : 『대학장구』 전 제9장에 보이는 "자식 기르는 것을 배운 뒤에 시집가
　　는 자는 아직까지 있지 않았다.[未有學養子而后嫁者也]"를 가리킨다.

성(誠)을 말한 것은 『중용』에 상세하다. 정자(程子)가 말한 '지극한 정성에서 나온다.[出於至誠]'[183]고 한 것은, 『중용』의 "성(誠)은 하늘의 도이다.[誠者 天之道也]"[184]라는 뜻이며,—하늘은 이로써 사람을 낳는다.—『대학』의 '그 생각을 진실하게 한다.[誠其意]'고 한 것은, 『중용』의 "성(誠)되게 하는 것은 사람의 도이다.[誠之者 人之道也]"[185]라는 뜻이다.—선(善)을 택해 굳게 지켜야 한다.— 하늘의 도는 일반인에게도 빠뜨리지 않고 다 부여해 준 것이지만, 사람의 도는 군자만이 극진히 하게 된다. 전문의 '마음이 진실로 그것을 구하면[心誠求之]'이라고 할 때의 성(誠)과 같은 경우는, '진실로[苟]'라는 글자와 뜻이 통용되는 데 불과하다. 심(心)을 말하고 구(求)를 말하였으니, 성(誠)에 대해 말하기를 기다리지 않더라도 '진실하여 망령되지 않음[眞實不妄]'이 절로 드러난다.

경전의 뜻에는 대의(大義)도 있고, 은미한 말씀[微言]도 있고, 서로 도와 이루어주는 문장을 완성하는 말도 있다. 글자마다 뜻을 찾으면서 그 편안한 문리를 돌아보지 않으면, 어긋나지 않는 경우가 드물다. 더구나 이 단락은 가르침을 세우는 점에 근거해 말하여, 가(家)·국(國)이 한 가지 이치임을 밝힌 것이다. 집안사람도 성의(誠意)의 학문에 참여할 수 없는데, 하물며 만 가지로 다른 나라 사람들에게 본디 가지고 있는 양심을 인해 따르기 쉬운 공부로 그들을 인도하지 않고, 그들을 거느리고서 고요할 적에 존양(存養)하고 움직인 뒤에 성찰(省

---

183) 지극한……나온다 : 이는 『대학혹문』 전 제9장의 정자(程子)의 말에 보인다.
184) 성(誠)은……도이다 : 이는 『중용장구』 제20장에 보인다.
185) 성(誠)되게……도이다 : 이는 『중용장구』 제20장에 보인다.

察)하는 학문을 강론한다면 또한 전도된 것이 아니겠는가?

만약 "군자로서 자기 생각을 스스로 진실하게 하는 자는, 어미가 자식을 보호하는 것으로 법을 삼아야 한다."는 뜻이라고 말한다면, 전문을 쓴 사람의 의도가 아니다. 태학(太學)에 들어간 군자들을 거느리고서 부드럽게 말하고 화락하게 대하면서 성(誠)을 구한다면, "인(仁)을 좋아하기만 하고 배우기를 좋아하지 않으면 그 폐단은 어리석게 된다.[好仁不好學 其蔽也愚]"[186]는 것이 이런 경우를 말한 것이리라. 그러므로 허튼 논리가 이치를 해치는 것이 사악한 설보다 심하니, 그것은 옳은 듯하지만 실제로는 그르기 때문이다.

程子所云'慈愛之心 出於至誠' 乃以引伸養子不待學之意 初不因傳文誠求誠字而設 凡母之於子 性自天者 皆本無不誠 非以誠字爲工夫語 吳季子無端蔓及誠意 此如拈字酒令 搭著卽與安上 更不顧理 學者最忌以此種戱心戱論窺聖賢之旨 如母之於赤子 豈嘗戒欺求謙 愼其獨知 而後知保哉

誠之爲說 中庸詳矣 程子所云'出於至誠'者 '誠者 天之道也'(天以是生人) '誠其意'者 '誠之者 人之道也'(須擇善而固執) 天道不遺於夫婦 人道則唯君子爲能盡之 若傳文'心誠求之'之誠 則不過如苟字義通 言心言求 則不待言誠 而其眞實不妄 自顯矣

經傳之旨 有大義 有微言 亦有相助成文之語 字字求義 而不顧其安 鮮有不悖者 況此但據立敎而言 以明家國之一理 家之人固不能

與於誠意之學 矧國之人萬有不齊 不因其固有之良 導之以易從之功
而率之與講靜存動察之學 不亦偵乎

若云君子之自誠其意者 當以母之保子爲法 則旣非傳者之本意 而
率入大學之君子 相如呴呴嘔嘔以求誠 '好仁不好學 其蔽也愚' 此之
謂夫 故戲論之害理 劇於邪說 以其似是而非也

4

'기(機)'[187]는 발하여 움직임이 말미암는 것이니, '여기에서 움직여
저기에 이른다.'는 뜻일 뿐, 그것이 빠르거나 빠르지 않은가를 논한
것은 아니다. 나라 사람들이 난을 일으키는 것은—'난을 일으키다[作亂]'라
는 말은 나뉘어 싸우거나 좀도둑질을 하는 것이지, 인하지 않고[不仁] 사양하지 않는[不
讓] 것 뿐만은 아니다.— 한 사람이 탐학한 짓을 하자마자 곧바로 그렇게
되는 것은 아니다. 또 수 양제(隋煬帝)처럼 무도한 사람도 오랜 세월
이 지난 뒤에 바야흐로 난이 일어났고, 후한 환제(桓帝)의 뒤에 영제
(靈帝)가 없었다면 황건적(黃巾賊)의 화란(禍亂)이 그와 같이 참혹하
지는 않았을 것이다. 전문의 이 비유[188]는, 매우 의미가 있다. 예컨대,
쇠뇌[弩]의 격발장치[機]가 한 번 발하면, 가까이 있는 목표도 거기에
이르는 데 표준이 있고, 멀리 있는 목표도 거기에 이르는 데 표준이

---

187) '기(機)' : 『대학장구』전 제9장 제3절 '其機如此'의 '機'를 가리킨다.
188) 전문(傳文)의……비유 : 『대학장구』전 제9장 제3절의 "一家仁 一國興仁 一家讓
一國興讓 一人貪戾 一國作亂 其機如此 此謂一言僨事 一人定國"을 가리킨다.

있게 되어, 한 줄로 곧장 날아가지 이리저리 돌며 날아가지 않는다. 한 사람이 탐학하고 사나우면 가까이에서 그 피해를 받는 것은 집안사람들[家]이고, 멀리서 그 피해를 받는 것은 나라 사람들[國]이다. 그런데 그 피해가 반드시 이르러 차이가 나지 않는 점은 마찬가지이다.

화살이 물건을 맞히는 것은 반드시 어디로부터 날아오기 때문이다. 인(仁)·양(讓)과 난을 일으키는[作亂] 것이 백성들에게 생기는 것도 반드시 어디로부터 오는 것이 있기 때문이다. 예컨대, '예가 두루 통하여 분수가 정해지면 백성들은 부리기 쉽다.[禮達分定 則民易使]'고 말하는 경우, 이는 윗사람이 예를 널리 통용되도록 하고 분수를 정해주는 것이니, 어찌 기운[氣]과 기미[機]가 서로 감응한 것이라는 허튼 설만으로 그렇게 될 수 있겠는가? 온 집안사람들이 어질고 사양하는 것은, 저절로 어질고 저절로 사양하는 것이 아니다. 집안을 가지런히 하는 자가 그들을 가르쳤기 때문이다. 교화가 집안에서 이루어져 미루어 나라 사람들을 가르치는 것이 곧 이 어짊[仁]과 사양[讓]이니, 나라가 그런 데에서 흥하지 않음이 없다. 이는 대체로 내가 어짊을 가르치고 사양을 가르친 것을 진실로 믿는 자들이 그 기미[機]라고 여기는 것이다. 단지 기운과 기미가 감응하여 통한다는 것으로 말하면, 기운은 일정한 권역도 없고 머무는 집도 없으니, '몸이 닦여지면 천하가 평치(平治)된다.[身修而天下平]'고 곧바로 말할 수 있을 것이다.

『대학』은 요점이 차례에 있다. 따라서 사람들이 날개도 없으면서 날아가는 듯한 공허한 견해를 내는 것을 허용하지 않는다. 오계자(吳季子)의 "순식간도 머물지 않는다.[瞬息不留]"라는 허튼말은 해로움이 작지 않다. '순식간도 머물지 않는다.'고 한다면, 한 생각이 일어나자마자 온 세상에 두루 퍼져 그곳에 있는 중생들은 모두 성불(成佛)하게 될 것이다. 그러니 그치지 않고 닦음[修]을 말하고, 가지런함[齊]을 말하고, 다스림[治]을 말하고, 평치[平]를 말하는 것을 어찌 일삼겠는가?

機者 發動之緣 只是動於此而至於彼意 要非論其速不速也 國之作亂(作亂自是分爭草竊 非但不仁不讓而已也) 非一人之甫爲貪戾而卽然 且如無道如隋煬帝 亦延得許久方亂 漢桓帝之後無靈帝 黃巾之禍 亦不如是之酷 且傳文此喩 極有意在 如弩機一發 近者 亦至之有準 遠者 亦至之有準 一條驀直去 終無迂曲走移 一人貪戾 則近而受之者家 遠而受之者國 其必至而不差 一也

矢之中物 必有從來 仁讓作亂之成於民 亦必有從來 如云'禮達分定則民易使' 實是上之人爲達之而爲定之 豈但氣機相感之浮說乎 一家之仁讓 非自仁自讓也 能齊其家者 敎之也 敎成於家而推以敎國者 卽此仁讓 而國無不興焉 蓋實恃吾敎仁敎讓者 以爲之機也 若但以氣機感通言之 則氣無畛域 無頓舍 直可云身修而天下平矣

大學一部 恰緊在次序上 不許人作無翼而飛見解 吳季子'瞬息不留'之淫詞 爲害不小 旣瞬息不留 則一念初起 徧十方界 所有衆生 成佛已竟 何事言修言齊言治言平之不已哉

5

위재(韋齋)[189]는 "자기에게 선(善)이 있다고 해서 반드시 남에게 선을 요구할 필요는 없으며, 자기에게 악(惡)이 없다고 해서 반드시 남에게 그런 점을 비난할 필요도 없다."[190]라고 하였으니, 단장취의하여 군자가 자신을 다스리는 공부에 대해 밝힌 점은 옳다고 생각한다. 공자는 "자기의 악을 공격하고, 남의 악에 대해서는 공격하지 말라."[191]라고 하였으니, 이는 사특함을 닦는[修慝] 자를 위해 말한 것이다. 이는 명덕(明德)의 공부로 아직 신민(新民)에는 미치지 못한 것이다. 경문(經文)에 "자기 나라를 잘 다스리고자 하는 자는 먼저 자기 집안사람들을 균평히 대한다."라고 하였다. 그러니 자기 나라를 잘 다스리고자 한다면, 어찌 남에게 선을 요구할 필요가 없을 수 있겠으며, 남의 악을 비난할 필요가 없을 수 있겠는가? '자기에게 선을 소유한다.[有諸己]'는 것과 '남에게 선을 요구한다.[求諸人]'는 것, 그리고 '자기에게 악이 없다.[無諸己]'는 것과 '남의 악을 비난한다.[非諸人]'는 것은, 절로 깊고 얕음의 차이가 있다. 예컨대, 순임금이 부모를 섬기는 것과 같은 경우, 반드시 '그의 부모가 차츰차츰 선으로 자신을 다스려 간악한 짓을 하는 데에 이르지 않게 하였다.[烝烝乂 不格姦][192]'는 지경에

---

189) 위재(韋齋) : 주자의 부친 주송(朱松 1097-1143)의 호이다. 자는 교년(喬年), 시호는 헌정(獻靖)이며, 강서성(江西省) 무원(婺源) 사람이다. 스승 나종언(羅從彦 1072-1135)을 통해 이정(二程)의 학문을 전수 받았으며, 사마광(司馬光)의 학문도 존중하였다. 교서랑(校書郎)·저작좌랑(著作佐郎) 등을 지냈다. 『대학』·『중용』을 중시했다. 저술로 『위재집(韋齋集)』이 있다.

190) 자기에게……없다 : 이는 『대학혹문』 전 제9장에 보인다. 그 전문은 다음과 같다. "故先君子之言曰 '有諸己 不必求諸人 以爲求諸人而無諸己 則不可也 無諸己 不必非諸人 以爲非諸人而有諸人 則不可也' 正此意也"

191) 자기의……말라 : 이는 『논어』 「안연」 제20장에 보이는데, 그 전문은 다음과 같다. "樊遲從遊於舞雩之下 曰敢問崇德脩慝辨惑 子曰 善哉問 先事後得 非崇德與 攻其惡 無攻人之惡 非脩慝與 一朝之忿 忘其身以及其親 非惑與"

192) 그의……하였다 : 이는 『서집전(書集傳)』 「요전(堯典)」 말미에 보인다.

이른 뒤에야, 자식이 될 수 있다고 스스로 생각하였다. 순임금이 천하의 효자들에게 요구하는 것은, 부모님의 수고로움을 대신하고 받들어 봉양하여 궁핍하지 않게 하는 것에 불과할 따름이었다.

　세분해 보면, 몸[身]과 나라[國]는 일률적으로 요구할 수 없을 뿐만 아니라, 몸[身]이 가(家)에 있어서와 가(家)가 나라[國]에 있어서도 후박(厚薄)의 차이가 있다. 증자(曾子)는 자기의 효도를 아들 증원(曾元)에게 책임 지우지 않았으며[193], 천자[194]가 관리들로 하여금 상(象)의 나라를 다스리게 할 적에도 불선한 짓을 하던 이성(異姓)의 제후들을 대하던 것으로 시행하지 않았다.[195] 그러므로 "이치는 하나이지만 나누어지면 각각 다르다."라고 하는 것이다. 그러나 나누어져 각각 다른 것에 근원해 보면, 이치는 하나가 아니었던 적이 없다. 사람들을 거느리고자 한 뒤에 사람들이 따르기를 바라니, 그 도가 같은 것이다. 그러므로 집안에 있어서도 원망하는 사람이 없고, 나라에 있어서도 원망하는 사람이 없는 것이다.

　韋齊云 '有諸己 不必求諸人 無諸己 不必非諸人' 斷章取義 以明君子自治之功 則然 子曰 "攻其惡 無攻人之惡" 要爲修慝者 言之爾 蓋明德之功 而未及於新民也 經云 '欲治其國者 先齊其家' 旣欲致其國矣 而可不必求不必非乎 但有諸己者與求諸人者 無諸己者如非諸人

---

193) 증자(曾子)는……않았으며 : 이에 관한 내용은 『맹자』 「이루 상」 제19장에 보인다.
194) 천자 : 여기서는 순(舜)임금을 가리킨다.
195) 천자가……않았다 : 여기서 '천자'는 순(舜)임금을 가리키고, '상(象)'은 순임금의 이복동생의 이름이다. 이에 관한 내용은 『맹자』 「만장 상」 제3장에 보인다.

者 亦自有淺深之不同 如舜之事父母 必至於'烝烝乂不格姦'而後自
謂可以爲人子 其求於天下之孝者 亦不過服勞奉養之不匱而已

　細爲分之 則非但身之與國 不可以一律相求 卽身之於家 家之於
國 亦有厚薄之差 曾子固不以己之孝責曾元 而天子使吏治象之國
亦不槩施夫異姓不韙之諸侯也 故曰"理一而分殊" 然原其分殊 而理
未嘗不一 要以帥人而後望人之從 其道同也 故在家無怨者 在邦亦
無怨也

『대학장구』 전(傳) 제10장

　이른바 '평천하(平天下)가 자기 나라를 잘 다스리는 데 달려 있다.'라고 하는 것은 아래와 같은 뜻이다. 윗사람(임금)이 자기 집안의 노인을 노인으로 잘 공경하면 〈아래의〉 백성들이 〈그것을 보고서〉 효(孝)에 흥기하며, 윗사람이 자기 집안의 어른을 어른으로 잘 공경하면 〈아래의〉 백성들이 〈그것을 보고서〉 공경[悌]에 흥기하며, 윗사람이 고아를 구휼하면 〈아래의〉 백성들이 〈그것을 보고서〉 윗사람이 고아를 구휼하는 마음을 저버리지 않는다. 그러므로 군자는 혈구(絜矩)의 도가 있다.

　윗사람에게 싫었던 것 그것으로써 아랫사람들을 부리지 말며, 아랫사람에게 싫었던 것 그것으로써 윗사람을 섬기지 말며, 앞 사람에게 싫었던 것 그것으로써 뒤에 오는 사람에게 앞서 가며 그런 짓을 하지 말며, 뒷사람에게 싫었던 것 그것으로써 앞에 가는 사람을 따라가지 말며, 오른쪽 사람에게 싫었던 것 그것으로써 왼쪽 사람에게 교유하지 말며, 왼쪽 사람에게 싫었던 것 그것으로써 오른쪽 사람에게 교유하지 말라. 이것을 혈구지도(絜矩之道)라고 말한다.

　『시경』의 시에 "화락한 군자이시여, 백성들의 부모이시네."라고 하였으니, 백성들이 좋아하는 것을 좋아하고 백성들이 싫어하는 것을 싫어하는 분, 그런 분을 백성들의 부모라고 말한다.

『시경』의 시에 "높고 높은 저 남산이여, 바위가 우뚝하게 쌓였구나. 현달하고 성대한 태사(太師) 윤씨(尹氏)여, 백성들이 모두 당신을 바라보네."라고 하였으니, 국가를 소유한 사람은 삼가지 않으면 안된다. 〈국가를 소유한 사람이 능히 혈구(絜矩)하지 않고〉 호오(好惡)가 개인의 치우친 감정을 따르게 되면 천하 사람들에게 죽임을 당할 것이다.

『시경』의 시에 "은(殷)나라가 민중의 마음을 잃지 않았을 적에는, 능히 상제(上帝)께 대했었으니, 의당 은나라를 거울로 삼을 지어다, 큰 천명은 보존하기 쉽지 않다."라고 하였으니, 이는 민중의 마음을 얻으면 나라를 얻고 민중의 마음을 잃으면 나라를 잃는다는 것을 말한 것이다. 그러므로 군자는 먼저 덕을 삼간다. 그러니 덕이 있으면 이에 인민을 소유하게 되고, 인민을 소유하면 이에 국토를 소유하게 되고, 국토를 소유하면 이에 재물을 소유하게 되고, 재물을 소유하면 이에 쓰임이 있게 된다.

덕은 근본이고, 재물은 말단이다. 근본을 밖으로 하고 말단을 안으로 하면, 백성을 다투게 하여 겁탈하는 도를 베풀게 된다. 그러므로 재물이 임금에게 모이면 백성들이 흩어지고, 재물이 백성에게 나누어지면 백성들이 모인다. 그러므로 말[言]이 사리에 어긋나서 나간 것은 또한 사리에 어긋나서 나에게 들어오고, 재화(財貨)가 사리에 어긋나서 내게 들어온 것은 또한 사리에 어긋나서 나간다.

『서경』「강고(康誥)」에 말하기를 "오직 천명은 일정한 곳에만 있지 않는다."라고 하였으니, 이는 선(善)하면 천명을 얻고 불선(不善)하면 천명을 잃는다는 점을 말한 것이다. 『초서(楚書)』에 말하기를 "초나라는 보배로 삼을 것이 없고, 오직 선을 보배로 삼는다."라고 하였다.

구범(舅犯)이 말하기를 "망명한 공자(公子)께서는 보배로 삼을 것이 없고, 어버이를 인애(仁愛)함으로써 보배를 삼으셔야 합니다."라고 하였다.

『서경』「진서(秦誓)」에 말하기를 "만약 어떤 한 신하가 성실하고 전일(專一)하며 다른 기예(技藝)는 없으나 그의 마음은 아름답고 아름다워 그는 남을 용납함이 있는 듯 한지라, 남이 가진 기예를 자기가 가진 듯이 하며, 남의 아름답고 통명(通明)함을 그 진심으로 좋아함이〈좋아하되〉 그의 입으로 말하는 것과 같을 뿐만이 아니라면, 이 사람은 남을 포용할 수 있는지라, 우리 자손과 백성을 보호할 수 있을 것이니, 거의 또한 나라에 이로움이 있을 것이다. 남이 가진 기예를 시기하고 질투하여 그를 미워하며, 남의 아름답고 통명함을 거역하여 그로 하여금 통달하지 못하게 하면, 이 사람은 남을 포용할 수 없는지라, 우리 자손과 백성을 보호할 수 없을 것이니, 또한 나라를 위태롭게 할 것이다."라고 하였다.

오직 어진 사람이어야 만이 그런 사람을 추방해 유배하되 사방의 변경으로 내쫓아서 나라 안에 있는 사람들과 함께 살지 못하게 할 수 있으니, 이를 '오직 어진 사람만이 남을 사랑할 수 있고, 남을 미워할 수 있는 일을 한다.'라고 말하는 것이다. 어진 이를 보고서도 그를 능히 천거하지 않으며, 그를 천거하되 능히 자기보다 앞에 두지 않는 것이 태만함이다. 불선한 사람을 보고서도 능히 물리치지 않으며, 그를 물리치더라도 능히 멀리 내치지 않는 것이 잘못이다.

남들이 싫어하는 것을 좋아하며, 남들이 좋아하는 것을 싫어하는 것, 이를 사람의 본성을 거역하는 것이라고 말한다. 이런 사람은 재앙이 반드시 그의 몸에 미칠 것이다. 그러므로 군자는 큰 도를 가지고 있으니, 반드시 충성[忠]과 신실[信]로써 그 도를 얻고, 교만함[驕]과 사치함[泰]으로써 그 도를 잃는다. 재물을 생산하는 데에는 큰 도리가 있다. 그러니 재물을 생산하는 자는 많고 그것을 소비하는 자는 적으며, 재물을 생산하는 것은 빠르고 그것을 소비하는 것은 더디면, 재물은 항상 풍족할 것이다. 어진 사람은 재물을 가지고서 자신을 일으키고, 어질지 못한 사람은 자신을 망쳐 가면서 재물을 일으킨다.

윗사람이 인(仁)을 좋아하는데도 아랫사람이 의(義)를 좋아하지 않는 경우는 아직까지 없었다. 그러니 아랫사람이 의를 좋아하는데도 그 임금의 일이 유종의 미를 거두지 않는 경우는 아직까지 없었으며, 아랫사람이 의를 좋아하는데도 국가의 창고에 있는 재물이 그 임금의 재물 아닌 경우는 아직까지 있지 않았다.

맹헌자(孟獻子)가 말하기를 "수레를 끄는 네 마리 말을 기르는 대부(大夫)는 닭과 돼지 기르는 일을 살피지 않고, 저장한 얼음을 사용하는 경대부(卿大夫)는 소와 양을 기르지 않고, 전차 1백 대를 출동할 수 있는 채지(採地)가 있는 대부는 백성들에게 세금을 가혹하게 거두는 가신(家臣)을 두지 않는다. 백성들에게 세금을 가혹하게 거두는 가신을 두기보다는 차라리 도둑질하는 가신을 두는 것이 더 낫다."라고 하였으니, 이를 일러 '나라는 이익으로써 이로움을 삼지 않고 의리로써 이로움을 삼는다.'라고 하는 것이다. 국가에 최고통치자가 되어서도 재물을 모으려 힘쓰는 것은 반드시 소인이 부추기는 것을 말미암는다. 그러니 저 소인이 임금을 부추겨 나라를 다스리면 천재(天災)와 인재(人災)가 함께 이르는지라, 아무리 훌륭한 인물이 조정에 있을지라도 어떻게 해볼 수 없을 것이다. 이를 일러 '나라는 이익으로써 이로움을 삼지 않고 의리로써 이로움을 삼는다.'라고 하는 것이다.

所謂平天下在治其國者 上老老而民興孝 上長長而民興弟 上
恤孤而民不倍(背) 是以 君子有絜矩之道也 所惡於上 毋以使下
所惡於下 毋以事上 所惡於前 毋以先後 所惡於後 毋以從前 所
惡於右 毋以交於左 所惡於左 毋以交於右 此之謂絜矩之道也
詩云"樂只君子 民之父母"民之所好 好之 民之所惡 惡之 此之
謂民之父母 詩云"節彼南山 維石巖巖 赫赫師尹 民具(俱)爾瞻"
有國者 不可以不愼 辟則爲天下僇矣 詩云"殷之未喪師 克配上
帝 儀(宜)監于殷 峻(駿)命不易"道得衆則得國 失衆則失國 是
故 君子 先愼乎德 有德 此有人 有人 此有土 有土 此有財 有財
此有用 德者本也 財者末也 外本內末 爭民施奪 是故 財聚則民
散 財散則民聚 是故 言悖而出者 亦悖而入 貨悖而入者 亦悖而
出 康誥曰"惟命 不于常"道善則得之 不善則失之矣 楚書曰"楚
國 無以爲寶 惟善 以爲寶"舅犯曰"亡人 無以爲寶 仁親 以爲
寶"秦誓曰"若有一个臣 斷斷兮 無他技 其心 休休焉 其如有容
焉 人之有技 若己有之 人之彦聖 其心好之 不啻若自其口出 寔
能容之 以能保我子孫黎民 尚亦有利哉 人之有技 媢疾以惡之
人之彦聖 而違之 俾不通 寔不能容 以不能保我子孫黎民 亦曰
殆哉"唯仁人 放流之 迸諸四夷 不與同中國 此謂唯仁人 爲能愛
人 能惡人 見賢而不能舉 舉而不能先 命(慢)也 見不善而不能退
退而不能遠 過也 好人之所惡 惡人之所好 是謂拂人之性 菑(災)
必逮夫身 是故 君子有大道 必忠信以得之 驕泰以失之 生財有
大道 生之者衆 食之者寡 爲之者疾 用之者舒 則財恒足矣 仁者

以財發身 不仁者 以身發財 未有上好仁而下不好義者也 未有
好義 其事不終者也 未有府庫財 非其財者也 孟獻子曰 "畜馬乘
不察於鷄豚 伐氷之家 不畜牛羊 百乘之家 不畜聚斂之臣 與其
有聚斂之臣 寧有盜臣" 此謂國 不以利爲利 以義爲利也 長國家
而務財用者 必自小人矣 彼(爲善之)小人之使爲國家 菑害竝至
雖有善者 亦無如之何矣 此謂國 不以利爲利 以義爲利也

전(傳) 제10장

『대학장구』전 제10장에 대한 설

1

　전 제10장은 치국(治國)을 함께 말하였다. 그러므로 "나라를 소유한 자는 삼가지 아니할 수 없다.[有國者 不可以不愼]"라고 하고, "대중을 얻으면 나라를 얻는다.[得衆則得國]"라고 하고, "이것이 바로 나라는 이익으로써 이로움을 삼는 것이 아니라는 말이다.[此謂國不以利爲利]"라고 한 것이다. 혈구(絜矩)의 도, 충신(忠信)의 덕, 말(末)을 바깥으로 하고 본(本)을 안으로 하는 것, 재물로써 자신을 드러내는 것, 현자를 보면 자기보다 위에 등용하는 것, 불선한 이를 물리치되 멀리 내치는 것 등은 모두 나라를 다스리는 큰 법도니, 천하를 다스리는 데에도 통용할 수 있다. 평천하하는 일에는, 덕 있는 이에게 명하여 죄인을 토벌하고 예·악을 제정하는 등의 큰 정사가 있게 마련이니, 위와 같은 일을 가지고 통용할 수 있다. 그런데 반드시 미루어나갈 사람을 기다리는 점에 대해 전문(傳文)에서 언급하지 않았으니[196], 이는 '문왕·무왕의 정치가 서책에 들어 있다.[文武之政 布在方策]'[197]라고 하지만, 학문의 길로 들어선 초학자들이 미리 익힐 바가 아니기 때문이다.

선유들은 전문에 언급하지 않은 뜻을 미루어 경문(經文)에 '천하평
(天下平)'만 말하고 '평천하(平天下)'라고 말하지 않은 뜻을 체득하지
못하였다. 그래서 전 제10장에서 '천하(天下)'를 말한 것은 치국(治國)
이외에 별도로 '평천하'의 도가 없는 것처럼 보았다. 이는 '이치는 하
나이지만 나뉘면 각각 다르다.[理一分殊]'는 뜻에 순응하지 않은 것이
다. 옛날의 천하는 봉건제(封建制)였기 때문에 나라[國]가 반드시 먼
저 다스려져야 하지만, 지금의 천하는 군현제(郡縣制)이기 때문에 사
도(司道)[198]에게 직속된 것과 반드시 다르지 않으며, 오늘날의 천하는
통일되어 한 나라가 되었기 때문에 옛날의 천하로 해석하기가 어렵다
는 점을 살피지 않은 것이다. 맹자가 고인이 살던 세상을 논한다고
한 설[199]은, 독서하는 사람들이 제일 먼저 입문(入門)하는 법인데, 애

---

196) 않았으니 : 대만 하락도서출판사(河洛圖書出版社)에서 표점을 찍어 간행한 책에는
    원문의 '차(且)' 자를 '즉(則)' 자의 오자로 보았다. 그 설을 따라 '즉(則)' 자의 뜻으로
    보아 '~니'로 번역하였다.

197) 문왕……있다 : 이는 『중용장구』 제20장에 보이는 공자의 말씀이다.

198) 사도(司道) : 포정사(布政司)나 안찰사(按察司) 등을 말함. 즉 도백(道伯)을 뜻하는
    말로 쓰였다.

199) 맹자가……설 : 『맹자』 「만장 하」 제8장에 맹자가 제자 만장(萬章)에게 말하기를
    "한 고을의 선한 선비는 한 고을의 선한 선비와 벗하고, 한 나라의 선한 선비는 한
    나라의 선한 선비와 벗하며, 천하의 선한 선비는 천하의 선한 선비와 벗한다. 천하
    의 선한 선비와 벗하면서도 부족하게 여기면, 또 위로 올라가 옛날 사람을 논하여
    그의 시를 읊고 그의 책을 읽는다. 그러니 그 사람을 알지 못하고서 가능하겠는가?
    그러므로 고인이 살던 세상을 논하는 것은 위로 올라가 고인을 벗하는 것이다."라고
    하였다. 원문의 '논세(論世)'는 『맹자』에 보이는 '고인이 살던 세상을 논한다.'는 말
    로, 주자가 『대학』을 해석하면서 고대의 사회 상황이나 제도에 대해 제대로 살피지
    못하였음을 지적하는 말이다.

석하게도 주자는 이점에 소략하였다.

진(秦)나라 이후로는, 치국(治國)은 있었으나 평천하(平天下)는 없었다. 그러니 왕도정치를 할 사람이 태어난다 할지라도 마지막의 한 가지 중요한 사업[200]은 생략할 수밖에 없을 것이다. 그렇기 때문에 천하는 끝내 평천하하기가 쉽지 않을 것이다. 성인이 성스럽고 신령스러운 공덕과 조화로 백성들에게 임할지라도, 긴 채찍을 휘둘러 말의 배에까지 이르게 하기는[201] 어려울 것이다. 지금 옛날 대학(大學)의 도를 말할 적에, 그런 층차(層次)를 돌아보지 않고서, 도가 있던 삼대(三代)의 장점 가운데 그 규모가 이와 같았음을 어찌 알 수 있겠는가?

第十章傳 且俱說治國 故云'有國者 不可以不愼' 云'得衆則得國' 云'此謂國不以利爲利' 絜矩之道 忠信之德 外末內本 以財發身 見賢先擧 遠退不善 凡此皆治國之大經 而可通之於天下者也 若平天下之事 則自有命德討罪制禮作樂之大政 要亦可以此通之 而其必待推者 傳所未及 且所謂文武之政 布在方策 而非入學者所預習也

先儒未能推傳意之所未及 而以體經文言天下平不言平天下之旨 竟於此傳言天下 則似治國之外 今之天下爲郡縣 故不須殊直隷於司道 固亂以今之天下統爲一國者 爲古之天下釋 孟子論世之說 眞讀

書者第一入門法 惜乎 朱子之略此也

自秦以後 有治而無平 則雖有王者起 亦竟省下一重事業 唯其然
是以 天下終不易平 卽以聖神之功化蒞之 亦自難使長鞭之及馬腹
今以說古者大學之道 那得不還他層次 以知三代有道之長 其規模如
彼哉

2

　'그러므로 군자에게는 혈구(絜矩)의 도가 있다.[是以君子有絜矩之
道]'고 하였으니, 효도[孝]를 가르치고, 공경[弟]을 가르치고, 자애
[慈]를 가르치는 것 외에 별도로 하나의 가르치는 도가 있는 것이다.
『대학장구』의 주에 "또한 인심이 같은 바를 볼 수 있어서……[亦可以
見人心之所同]"라고 하였으며, 또 "그러므로 군자는 반드시 그 같은
바를 인하여 미루어서 남을 헤아려야 한다.[是以 君子必當因其所同
推以度物]"라고 하였으니, 효도·공경·자애와 혈구지도를 명확히 나
눈 것이다. '혈구(絜矩)'란 자신에게 간직되어 있는 서(恕)와는 같지
않다. 전문(傳文)에 "〈윗사람에게 싫었던 것〉 그것으로써 아랫사람을
부리지 말며,[毋以使下]", "〈아랫사람에게 싫었던 것〉 그것으로써 윗
사람을 섬기지 말라.[毋以事上]"라고 한 것은 "〈내가 하고자 하지 않
는 것을〉 남에게 베풀지 말라.[勿施於人]"[202]라고 한 것과 문투는 유

---

202) 내가……말라 : 이는 『논어』 「위령공」 제24장에 보이는 내용으로, 서(恕)를 풀이한
　　말이다. 그 전문은 다음과 같다. "子貢問曰 有一言而可以終身行之者乎 子曰 其恕乎

사하지만 의미는 다르다.

　동양 허씨(東陽許氏)[203]만이 이 이치에 깊이 통달했다. 그러므로 그는 "큰 천하—이 구는 병통이 있다.—와 억조의 민중들에게 법과 제도가 있어서, 각자 그들의 본분을 지키게 한다. 그러므로 자기 마음으로써 남의 마음을 헤아리고, 지위와 처지를 각각 헤아려서 그 한계를 삼는다."[204]라고 하였으니, 이는 군자가 혈구지도(絜矩之道)로써 백성들을 다스리는 것을 밝힌 것이지, 스스로 혈구하여 백성들에게 베푸는 것이 아니다. 주자의 '교대관(交代官)'·'동서린(東西鄰)'의 설[205]과 주양요(周陽繇)·왕숙(王肅)의 일[206]은 모두 혈구(絜矩)에 나아가 체득

己所不欲 勿施於人"

203) 동양 허씨(東陽許氏) : 송말원초의 학자 허겸(許謙 1270-1337)을 말함. 자는 익지(益之), 호는 백운(白雲)·동양(東陽), 시호는 문의(文懿)이며, 강서성 금화(金華) 사람이다. 김이상(金履祥)의 문하에서 수학하여 하기(何基) → 왕백(王伯) → 김이상으로 전해진 주자학을 계승하였다. 동시대 북방의 허형(許衡)과 함께 '남북이허(南北二許)'로 불렸다. 저술로『독사서총설(讀四書叢說)』·『시집전명물초(詩集傳名物鈔)』·『춘추삼전소의(春秋三傳疏義)』 등이 있다.

204) 큰……삼는다 : 동양 허씨의 이 말은『대학장구대전』 소주에 보이지 않는다. 이는 동양(東陽) 허겸(許謙)의『독사서총설(讀四書叢說)』 중『대학장구』 전 제10장을 해석한 글에 보이는데, 그 전문은 다음과 같다. "……故上之人盡孝弟慈 而民便興起 可見人同有此明德 而易化矣 則上之人凡所好惡 民無不同者 淵天下之大 兆民之衆 須有規矩制度 使各守其分 以遂其孝弟慈不倍之心 而不拂其好惡之情 然後可 不然則上下無節 不能均齊 一也 是以以己之心 度人之心 品量位置 以爲之限 則天下無不平矣 故有絜矩之道上三句 是化絜矩是推"

205) '교대관(交代官)'……설 :『대학장구대전』 전 제10장 제2절 소주 주자의 설 및『주자어류-대학』에 보인다.『주자어류-대학』에 의하면, 문인이 '所惡於前 毋以先後 所惡於後 毋以從前 所惡於右 毋以交於左 所惡於左 毋以交於右'의 '前後左右'에 대해 묻자, 주자가 답하기를 "이는 비유하자면 관직을 교대하는 것과 유사하다. 앞의 관리가 나를 대우했던 것이 선하지 못한 경우, 나는 앞의 관리가 나를 대했던 것으로 뒤의 관리를 대우하지 말라는 것이다. '좌우'는 동쪽 집·서쪽 집과 같다.'고 하였다.

한 학문으로, 한 사람의 몸에서 취하여 혈구의 뜻을 드러낸 것이지, 그로써 혈구의 도를 논한 것은 아니다.

집안사람들을 가지런히 하는[齊家] 가르침은 노인을 노인으로 잘 받들고, 어른을 어른으로 잘 섬기고, 고아를 구휼하는 데 요점이 있으니, 이를 미루어서 나라 사람들을 가르칠 수 있다. 그러나 나라[國]는 집안[家]에 비해 사람과 땅이 다르고, 이치와 형세도 구별된다. 그러니 감정[情]도 서로 같지 않고, 도(道)도 별도로 세워야 한다. 그 마음과 이치는 같아서 같은 유형으로 통할 수 있지만, 집안사람과 같이 그 아름다운 점과 나쁜 점을 다 알아서 형세에 따라 그들을 이롭게 인도할 수는 없다. 이에 군자가 그 이치는 한 가지임에 근거하여 크게 공정한 법도에서 그 뜻을 구해 먼 곳에 이르러도 차이가 없는 도를 터득함이 있다면, 거리가 현격히 멀어 좋고 나쁜 점을 알지 못해서 그들을 교화시키는 데 시행하지 못할 바가 있을까를 걱정하지 않을 것이다.

한 나라 사람들은 신하도 되고 백성도 된다. 분수에 따라 서로 임하고, 정이 서로 미치고, 일을 서로 함께 하게 되면, 상하·좌우·전

---

206) 주양요(周陽繇)……일 : 『대학혹문』 전 제10장에 보인다. 주양요는 전한(前漢) 때 사람으로 조겸(趙兼)의 아들인데, 그의 부친이 주양후(周陽侯)에 봉해짐으로써 성을 '주양(周陽)'으로 바꾸었다. 한나라 경제(景帝)·무제(武帝) 때 가장 포악한 수령으로 『사기(史記)』 혹리열전(酷吏列傳)에 수록되었다. 그가 하동 태수(河東太守)가 되었을 적에는 도위(都尉)를 경시하였고, 도위가 되어서는 태수를 능멸하였다. 왕숙(王肅)은 위(魏)나라 때 학자로 산기상시(散騎常侍)를 지냈다. 『위지(魏志)』의 사평(史評)에 의하면, 왕숙은 윗사람을 섬기는 데는 방정했지만 아랫사람이 자기에게 아첨하는 것을 좋아했다고 기록되어 있다. 왕숙은 가규(賈逵)·마융(馬融)의 학문을 추종했지만 정현(鄭玄)의 설에 대해서는 모두 반박한 것으로 유명하다.

후가 극진해질 것이다. 그들을 위해 그 도를 세울 적에는, 이 여섯 가지 정이 반드시 이르는 것과 이치가 응해 얻어지는 것을 취해, 법도로써 헤아려 균제(均齊)하고 방정(方正)하게 하여, 후박(厚薄)이 한결같은 데에서 나오고, 경중(輕重)이 그 등급을 맞게 하면, 사람들은 원망하는 마음이 사라지게 되어 효도·공경·자애의 교화를 이룩할 수 있을 것이며, 나라는 이에 잘 다스려질 것이다. 임금이 백성들에게 효도·공경·자애를 극진히 할 수 있는 도구를 준다면, 주자가 "위로는 부모님을 섬기기에 충분하고, 아래로는 처자식을 기르기에 충분하다."[207]라고 한 것이, 그 한 가지 단서일 것이다. 그리고 그들을 위해 지위와 처지에 맞게 각각 구분하여 모두 군자의 가르침을 함께 따르고 말미암을 수 있게 하려면, 동양 허씨(東陽許氏)가 말한 '법과 제도[規矩制度]'가 있은 뒤에야 치도(治道)가 온전히 갖추어지게 될 것이다.

　그렇다면 나라 사람들이 아무리 많을지라도, 자기 집안사람들을 가르치던 것만 믿고서 나라 사람들을 가르치는 것은 아니고, 실제로는 그 이치를 따르고 그 실정을 따라 변통하여 전례(典禮)를 이루는 것이다. 집안사람들을 균평히 대하던 가르침과 상통하는 이치가 되지만, 미루어 넓히는 일은 그 단서로써 하는 것이다. 법도[矩]로써 헤아리게 되면, 군자는 온 나라 사람들로 하여금 서(恕) 속에 함께 살게 하여 상하·전후·좌우가 서(恕)로써 대하지 않는 자가 없을 것이다. 이는 군자가 서(恕)로써 남을 대하여 나라가 곧 다스려지는 것일 뿐만

207) 위로는……충분하다 : 『주자어류-대학』 '혈구(絜矩)'를 질문한 대목의 주자의 답변에 보인다.

이 아니다.

전문(傳文)에 '덕을 밖으로 하고 재물을 안으로 한다.[外德內財]'[208]고 한 것은, 백성들을 다투게 하여 겁탈하는 가르침을 베푸는 것이다. 현자를 사랑하고 불초한 자를 미워하는 것은, 쫓아내고 유배 보내는 법을 엄하게 시행하는 것이니, 시기하고 질투하는 자들이 재주 있고 아름답고 성스러운 사람들을 병들지 못하게 해야 한다. 요컨대, 백성들을 알맞게 절제하여 하나의 정해진 법으로 제한해서, 그들로 하여금 서로 도우며 법도 안에서 함께 살아가게 하는 것이다.

집안사람들을 가지런히 하는 데에는 가르침을 믿고 법을 믿지 않는다. 그러므로 가르침을 세우는 근본은 밖에서 구하기를 빌리지 않는다. 그러나 나라를 다스리는 것은, 가르침을 미루어 변치 않는 정치가 있게 해야 한다. 그러므로 효도·공경·자애로 가르침의 근본을 삼고, 또 법제에 그런 의미를 통하게 해서, 재물을 다스리고 사람을 등용하는 데에 널리 행하게 하여, 백성들을 청명하고 공정한 도로 들어가게 해야 한다. 그러므로 가르침[敎]과 길러줌[養]에는 함께 완성함이 있지만, 정치[政]와 가르침[敎]에는 다른 이치가 없는 것이다. 그렇다면 『대학』의 도에서 백성들을 새롭게 하는 것은, 실제로 백성들을 허물이 적은 곳에서 살게 해주는 것이지, 기운의 기미가 감응함을

---

208) 덕을……한다 : 『대학장구』 전 제10장 제7,8절에는 "德者 本也 財者 末也 外本內末 爭民施奪"이라 하였다. 뒤에 이어지는 문장의 논조로 보아 '내덕외재(內德外財)'라고 한 것은 '외덕내재(外德內財)'를 잘못 표기한 것인 듯하다. 대만(臺灣) 하락도서출판사(河洛圖書出版社) 간행본에는 다음의 '시(是)' 자를 '비(非)' 자의 잘못으로 보았는데, 그보다는 '외덕내재(外德內財)'를 잘못 표현한 것으로 보는 것이 타당할 듯하다. 번역문은 이런 뜻으로 바꾸어 해석한 것이다.

믿는 것만은 아니다. 이점이 곧 자기 나라를 다스리는 것으로써 천하
에 미루어 나가더라도 불가함이 없는 것이다.

　‘是以 君子有絜矩之道’ 須於敎孝敎弟敎慈之外　別有一敎之道在
章句云‘亦可以見人心之所同’云云‘是以 君子必當因其所同 推以度
物’ 明分兩折　而所謂絜矩者 自與藏新之恕不同　所云‘毋以使下’ ‘毋
以事上’云者　與‘勿施於人’ 文似而義實殊也

　唯東陽許氏　深達此理　故云‘天下之大(此句有病) 兆民之衆　須有規
矩制度　使各守其分　是以己之心度人之心　品量位置以爲之限’ 則明
乎君子以絜矩之道治民　而非自絜矩以施之民也　朱子‘交代官東西
鄰’之說　及周陽緜王肅之事　皆且就絜矩上體認學問　姑取一人之身
以顯絜矩之義　而非以論絜矩之道

　齊家之敎　要於老老長長恤孤　而可推此以敎國矣　乃國之於家　人
地旣殊　理勢自別　則情不相侔　道須別建　雖其心理之同　固可類通　而
終不能如家之人　可以盡知其美惡　以因勢而利導之　乃君子因其理之
一　而求之於大公之矩　旣有以得其致遠而無差者　則不患夫分之顯殊
而困於美惡之不知　使敎有所不行也

　一國之人　爲臣爲民　其分之相臨　情之相比　事之相與　則上下左右
前後盡之矣　爲立之道焉　取此六者 情之所必至　理之所應得者　以矩
絜之　使之均齊方正　厚薄必出於一　輕重各如其等　則人得以消其怨
尤　以成孝弟慈之化　而國乃治矣　其授之以可以盡孝弟慈之具　則朱
子所謂仰足事俯足育者　固其一端　而爲之品節位置　使人皆可共率緜
夫君子之敎者　則必東陽所謂規矩制度者　而後爲治道之全也

　唯然　則一國之人雖衆　卽不孤恃其敎家者以敎國　而實則因理因情

變通以成典禮 則固與齊家之敎相爲通理 而推廣固以其端矣 矩之旣
絜 則君子使一國之人 竝行於恕之中 而上下前後左右 無不以恕相
接者 非但君子之以恕待物而國卽治也

若傳所謂內德外財 則是爭鬪其民而施之以劫奪之敎 愛賢惡不肖
爲嚴放流之法 而不使媢疾者 得以病有技 彦聖之人 要皆品節斯民
限以一程之法 使相胥而共絲於矩之中也

齊家恃敎而不恃法 故立敎之本 不假外求 治國推敎而必有恒政
故旣以孝弟慈爲敎本 而尤必通其意於法制 以旁行於理財用人之中
而納民於淸明公正之道 故敎與養有兼成 而政與敎無殊理 則大學之
道 所以新其民者 實有以範圍之於寡過之地 不徒恃氣機之感也 此
則以治其國 而推之天下 亦無不可矣

3

주양요(周陽繇)와 왕숙(王肅)이 능히 그렇게 한 것[209]은 난세의 일

---

209) 주양요(周陽繇)와……것 : 『대학혹문』전 제10장에 그 내용이 보인다. 주양요는
전한(前漢) 때 사람으로 조겸(趙兼)의 아들인데, 그의 부친이 주양후(周陽侯)에 봉해
짐으로써 성을 '주양(周陽)'으로 바꾸었다. 한나라 경제(景帝)·무제(武帝) 때 가장
포악한 수령으로『사기(史記)』혹리열전(酷吏列傳)에 수록되었다. 그가 하동 태수(河
東太守)가 되었을 적에는 도위(都尉)를 경시하였고, 도위가 되어서는 태수를 능멸하
였다. 왕숙(王肅)은 위(魏)나라 때 학자로 산기상시(散騎常侍)를 지냈다. 『위지(魏
志)』의 사평(史評)에 의하면, 왕숙은 윗사람을 섬기는 데는 방정했지만 아랫사람이
자기에게 아첨하는 것을 좋아했다고 기록되어 있다. 왕숙은 가규(賈逵)·마융(馬融)
의 학문을 추종했지만 정현(鄭玄)의 설에 대해서는 모두 반박한 것으로 유명하다.

이니, 이 점에 대해서는 말할 것이 못된다. 예컨대 숙손통(叔孫通)[210]
이 초안한 한나라 의례(儀禮)와 소하(蕭何)[211]가 제정한 한나라 법제
가, 어찌 크게 공정한 법도를 따라 헤아려 정제한 것이었던가? 이들
이 법제와 의례를 만들 적에 하나의 허점이 원래 있었으니, 그런 법으
로 군수(郡守)·도위(都尉)를 가르치면, 서로 능멸하고 깔볼 것이다.
주양요는 한 무제(漢武帝)로 임금을 삼고 겁탈하는 가르침을 베풀어
남들이 싫어하는 것을 좋아하였으니, 어찌 그 호란(胡亂)을 불러오게
한 것이 아니겠는가? 백곤(伯鯀)[212]은 한 번 천명을 거역하고 족류(族
類)를 무너뜨렸을 뿐이다.[213] 그는 아랫사람에게 싫었던 것으로 윗사
람을 섬기고,―천명을 거역한 것이다.― 윗사람에게 싫었던 것으로 아랫사
람을 부리다가,―족류를 무너뜨린 것이다.― 바로 오랑캐 땅으로 쫓겨났다.
순(舜)임금 조정에서는 윗사람과 아랫사람들이 인(仁)·양(讓)[214] 속
에서 사이가 좋았으니, 주양요·왕숙 같은 자들이 어찌 그들의 뜻을

---

210) 숙손통(叔孫通) : 전한 때 학자로 노국(魯國) 설(薛) 땅 사람이다. 진(秦)나라 말에
　　박사가 되었으며, 한 고조(漢高祖) 유방(劉邦)이 황제가 되자 제자들과 함께 조정의
　　의례를 제정하였다. 태상(太常)·태자태부(太子太傅) 등을 지냈다.

211) 소하(蕭何) : 사수(泗水) 패(沛) 땅 사람으로, 시호는 문종(文終)이다. 한나라를
　　세운 유방(劉邦)의 핵심 참모로, 상국(相國)에 봉해졌다. 한나라가 건국한 뒤 율령(律
　　令)·제도 등을 완비하였다.

212) 백곤(伯鯀) : 중국 고대 전설상의 인물로 전욱(顓頊)의 아들이며, 하(夏)나라 우(禹)
　　임금의 아버지이다. 숭(崇) 땅에 거주하여 숭백(崇伯)이 되었다. 요(堯)임금 때 사악
　　(四岳)이 천거하여 치수(治水)를 하게 하였는데, 9년 동안이나 노력하였지만 공을
　　세우지 못하였다. 순(舜)임금 때 우산(羽山)에서 처형되었다.

213) 천명을……뿐이다 : 이 내용은 『서경』「요전(堯典)」에 보인다.

214) 인(仁)·양(讓) : 『대학장구』 전 제9장 제3절에 보이는 '一家仁 一國興仁 一家讓
　　一國興讓'의 '인(仁)'과 '양(讓)'을 가리킨다.

펼 수 있었겠는가?

그러므로 나라를 다스리는 도는 획일적으로 혈구의 도를 세워야 한다. 사람들이 감발하여 흥기하는 것만 전적으로 믿고서, 감동을 받지 못한 사람들에게 거슬리도록 해서는 안 된다.[215) 『대학혹문』에 "혈구(絜矩)는 반드시 궁리(窮理)·정심(正心)으로부터 나온다."라고 하였으니, 한결같이 자신을 새롭게 한 데에 근본을 하여 백성들을 새롭게 한다면, 백곤(伯鯀)처럼 오만하고 사납지 않은 자는 가르칠 수 있어서 형벌을 필요로 하지 않을 것이다.─주양요는 가르침이 받아들여지지 않을 인물이고, 왕숙과 같은 자는 가르칠 수 있는 자이다.─

周陽繇王肅所以能爾者 自是亂世事 此故不足道 如叔孫通所草漢儀 蕭何所制漢法 何嘗從大公之矩絜得整齊 固原留一滲漏 教郡守教尉 可以互相陵傲 而鯀則以武帝爲之君 又施劫奪之教 而好人所惡 如何不教成他胡亂 若伯鯀只一方命圮族 以惡於下者事上(方命)惡於上者使下(圮族) 便迸諸四夷 則虞廷上下 交好於仁讓之中 如鯀肅者 豈得以肆其志哉

故治國之道 須劃一以立絜矩之道 旣不可全恃感發興起 以致扞格於不受感之人 而或問謂絜矩必自窮理正心來 一皆本自新者以新民則傲很苟不如伯鯀者 亦可教而不待刑也(周陽繇便教不入 若王肅自可教)

4

　백성들이 좋아하는 것과 백성들이 싫어하는 것은, 법도가 생겨나는 바이다. 혈구의 도가 있으면 백성들이 좋아하는 것을 좋아하고, 백성들이 싫어하는 것을 싫어하게 된다. 전문에 "윗사람에게 싫었던 것, 그것으로써 아랫사람들을 부리지 말라.[所惡於上 毋以使下]"라고 한 것은, 상관이 된 자는 반드시 사적인 것을 이롭게 여기지 않음이 있어야 한다는 것이며, "아랫사람에게 싫었던 것, 그것으로써 윗사람을 섬기지 말라.[所惡於下 毋以事上]"라고 한 것은, 아랫사람이 된 자는 반드시 자기 욕심을 채우려 하지 않음이 있어야 한다는 것이다. 군자는 천리와 인정에 바탕을 두고 균평하고 방정한 법도를 헤아려, 온 나라 사람들로 하여금 그것을 말미암게 할 뿐이다. 백성들이 좋아하는 것을 좋아하되 백성들 중에 좋아하지 않는 자가 있더라도 그것이 좋아할 수 없는 것은 아니며, 백성들이 싫어하는 것을 싫어하되 백성들 중에 싫어하지 않는 자가 있더라도 그것이 마땅히 싫어하지 않을 바는 아니다.

　예컨대 현자를 방해하고 나라를 병들게 하는 사람 중에, 사적으로 친한 사람과 붕당을 하여 벼슬자리에 있는 것을 다행스럽게 여기고 쫓겨나는 것을 두려워하는 자가, 또한 어찌 없겠는가? 백성들을 다투게 하고 겁탈하는 가르침을 베푸는 정치에 이르러도, 어찌 사람들을 통틀어 모두 미워하겠는가? 왕개보(王介甫)[216]가 청묘전(靑苗錢)[217]

---

216) 왕개보(王介甫) : 북송 때의 정치인 왕안석(王安石 1021-1086)을 말함. 개보(介甫)
　　는 그의 자이며, 호는 반산(半山), 시호는 문(文)이다. 강서성 무주(撫州) 사람으로

을 나누어줌 때, 처음 나누어줄 적에 어떤 자는 뛸 듯이 기뻐하며 받기를 원했고, 다 나누어준 뒤에 어떤 자는 그로 인해 이익을 챙기기도 하였으니, 한 번도 억지로 분배한 적이 없었다. 그러므로 백성들이 좋아하고 싫어하는 것이 서로 다르게 되어, 갑에게는 이익이 되고 을에게는 병폐가 되었다. 어떻게 하면 백성들이 좋아하고 싫어하는 것을 쓰면서 부모처럼 공평하게 할 수 있을까? 오직 이 혈구의 도를 믿고서 그들이 좋아하고 싫어하는 것을 정제하여 공평히 시행하면, 천하의 이치를 얻고 군자의 마음도 편안하지 않음이 없을 것이다.

'부모(父母)'[218]란 「시구(鳲鳩)」[219]의 어미 새가 일곱 새끼에 대해 균평하게 대하는 뜻이니, 균평하고 전일하여 치우치거나 인색하지 않은 것이다. 그렇지 않으면 일곱 새끼가 먹여주기를 기다릴 적에, 어찌 자기가 많이 얻기를 원치 않겠는가? 먹여주는 것은 여기에 있고, 원망은 저들에게 있다. '민(民)'이라고 한 것은 공적인 말이니, 상하·전후·좌우를 합하여 모두 싫어함이 없는 것이다. 그러므로 『대학혹문』에 "사물[物]이 이르고 앎[知]이 지극해지면 천하 사람들의 뜻에 통함이 있고, 생각[意]이 진실해지고 마음[心]이 바르게 되면 한 사람

　　1042년 진사가 되어 한림학사 등을 지냈다. 선유들의 주석을 모두 무시하고 독단적으로 『시경』·『서경』·『주례』를 주석하였는데, 이를 '삼경신의(三經新義)'라 하였다. 신법(新法)을 시행하다가 많은 사람들로부터 비난을 받았다.

217) 청묘전(靑苗錢) : 송나라 신종(神宗) 때 왕안석이 시행한 신법으로, 상평청(常平廳)의 곡식을 자본으로 하여 봄에 백성들에게 대출해 주었다가, 가을에 2할의 이자를 덧붙여 거두어들이던 제도를 말한다.

218) '부모(父母)' : 『대학장구』 전 제10장 제3절에 보이는 '民之父母'의 '父母'를 가리킨다.

219) 「시구(鳲鳩)」 : 『시경』 조풍(曹風)의 편명이다.

자기의 사욕을 이김이 있다."²²⁰⁾라고 하였으며, 또 "사람의 마음은, 이치를 궁구해서 자기 마음을 바르게 하여, 자신을 사랑하고 남을 다스리는 것을 모두 바른 데에서 나오게 한 뒤에야, 이런 데 나아가 남에게 미칠 수 있다."²²¹⁾라고—백성들은 그렇게 할 수 없다. 그러므로 윗사람이 그들을 위해 그런 점을 헤아려야 한다.— 하였다. 대체로 사물의 이치가 이르고[格物] 앎이 지극해지면[致知], 좋아하고 미워하는 것이 그 변화를 곡진히 하여, 사사로운 생각을 믿어 치우친 데에서 자신을 잃는 데까지 이르지는 않을 것이다. 생각이 진실해지고[意誠] 마음이 바르게 되면[心正], 좋아하고 미워하는 마음이 한결같이 도를 따르게 되어, 사욕을 미루어 사물을 이롭게 여겨서 넘치는 데로 백성들을 인도하는 데까지 이르지는 않을 것이다. 그러므로 전문에 '남들이 미워하는 것을 좋아하고, 남들이 좋아하는 것을 미워한다.[好人之所惡 惡人之所好]'고 한 것은, 그들이 '사람의 본성을 어기는 것[拂人之性]'에 대해 지척한 것이지, 그들이 '사람의 정을 어기는 것[拂人之情]'에 대해 말한 것은 아니다.

자연히 천리가 응하여 얻어지는 곳에 성명(性命)이 각각 바른 경우, 그들로 하여금 위로는 부모를 섬기고 아래로는 처자식을 기르는 정을 이룰 수 있게 하지 않음이 없다. 군자의 도는 천지와 함께 흘러 앎은 명확하고 조처는 타당하여 인정이 모두 화협(和協)하게 된다. 이런 도는, 집안사람들을 균평히 대하는[齊家] 데에 그러하니, 이로

---

220) 사물[物]이……있다 : 이는 『대학혹문』 전 제10장을 해석한 내용에 보인다.
221) 사람의……있다 : 이는 『대학혹문』 전 제9장을 해석한 내용에 보이는데, 이곳에 인용된 문장과 조금 다르다.

써 천하에 미루어나가도 마땅치 않음이 없을 것이다. 집안에 있어서
는 인정이 가까워 미혹되기 쉽기 때문에 앎[知]으로써 좋아하고 미워
함을 다스려야 하고, 나라에 있어서는 인정이 달라 통일하기 어렵기
때문에 법도[矩]를 가지고 좋아하고 미워함을 가지런히 해야 한다.
그러므로 집안에서의 정사는 가르침에 달려있어 별도의 정사가 필요
없지만, 나라에서의 가르침은 정사에 달려있어 정사가 모두 가르침
이 된다. 이것이 '이치는 하나이지만 나뉘면 각각 다르게 되는[理一分
殊]' 것의 기준이다.

　　民之所好 民之所惡 矩之所自出也 有絜矩之道 則已好民之好 惡
民之惡矣 乃所惡於上 毋以使何 則爲上者必有不利其私者矣 所惡
於何 毋以事上 則爲下者 必有不遂其欲者矣 君子只於天理人情上
絜著個均平方正之矩 使一國率而繇之 則好民之所好 民卽有不好者
要非其所不可好也 惡民之所惡 民卽有不惡者 要非其所不當惡也
　　如妨賢病國之人 又豈無朋黨私暱幸其得位而恐其見逐者 乃至爭
民施奪之政 亦豈盡人而皆惡之 若王介甫散靑苗錢 當其始散 或踊躍
而願得之 迨其旣散 或亦因之而獲利 未嘗一出於抑配 故民之好惡
直恁參差 利於甲者病於乙 如何能用其好惡而如父母 唯恃此絜矩之
道 以整齊其好惡而平施之 則天下之理得 而君子之心 亦不安矣
　　所謂父母者 鳲鳩七子之義 均平專壹而不偏不吝也 不然則七子待
哺 豈願己之多得 而哺在此 且怨在彼矣 曰民者 公辭也 合上下前後
左右而皆無惡者也 故或問曰"物格知至 有以通天下之志 意誠心正
有以勝一己之私"又曰"人之爲心 必當窮理以正之 使其所以愛己治
人者 蓋出於正 然後可以卽是而推之人"(民不能然 故須上爲絜之) 蓋格物

知至 則所好所惡者 曲盡其變 不致恃其私意 而失之於偏 意誠心正
則所好所惡者 一準於道 不致推私欲以利物 而導民於淫 故傳於好
人所惡惡人所好者 斥其拂人之性 而不言拂人之情也

自然天理應得之處 性命各正者 無不可使逡仰事俯育之情 君子之
道 斯以與天地同流 知明處當 而人情皆協者也 此之爲道 在齊家已
然 而以推之天下 亦無不宜 特以在可則情近易迷 而治好惡也以知
在國則情殊難一 而齊好惡也以矩 故家政在教而別無政 國教在政而
政皆教 斯理一分殊之準也

5

전문의 '선신호덕(先愼乎德)'에 대해 '덕(德)은 이른바 명덕(明德)이
라는 것이다.[德卽所謂明德]'라는 설이, 『대학장구』의 주와 『대학혹
문』 두 곳에서 모두 말하였다. 그러나 나는 그것이 잘못되었다고 의
심한다. 주자는 '명덕(明德)'을 해석하면서 "사람이 하늘에서 얻은 것
으로, 허령불매하여 온갖 이치를 갖추고서 만사에 응하는 것이다."[222]
라고 하였다. 이를테면 '그것을 삼간다.'고 말할 경우, 그가 하는 일에
임하여 불선한 것을 분간하고 선을 잡는 것을 말한다. 그러므로 『서
경』에 "그 몸을 삼간다.[愼厥身]"[223]라고 한 것이다. 몸은 소체(小體)

---

222) 사람이……것이다 : 이는 『대학장구』 경일장 '大學之道 在明明德……' 아래의 주에
　　보인다.
223) 그 몸을 삼간다 : 이는 『서경』 「고요모(皐陶謨)」에 보인다.

를 따르는가, 대체(大體)를 따르는가에 따라 선·악이 나뉜다. 『논어』
에 "공자께서 삼가신 바는 재계와 전쟁과 질병이셨다.[子之所愼 齊戰
疾]"[224]라고 하였다. 이는 생존하느냐 망하느냐, 얻느냐 잃느냐 하는
교차점에서 생존과 얻음을 보존하고, 잃음과 망함을 멀리하는 것이
다. 『예기』에 '신독(愼獨)'을 말한 것이 모두 세 번인데[225], '독(獨)'은
생각[意]이 일어나기 전의 기미이거나 선악을 살피지 아니한 것이다.
허령불매한 본체가 내 마음속에 보존되어 있으면, 선은 있고 악은 없
을 것이며, 얻는 것은 있고 잃는 것은 없을 것이다. 그러니 어찌 그
불선을 분간하여 그 선을 외로이 보존하길 기다리겠는가? 이를 통해
'명덕(明德)'에 대해 '명(明)'을 말할 수 있지만, '신(愼)'을 말할 수 없
음을 알겠다.

　혹 주자의 생각에, '명덕을 밝히는 것'을 '명덕(明德)'으로 생각하였
다면, 그것이 밝지 않았을 적에는 '명(明)'이라 말할 수 없으며, 밝아
진 뒤에도 삼갈[愼] 필요가 없으니, 어찌 '군자는 그 덕을 밝히는 것을
먼저 삼간다.'고 말할 수 있겠는가? 명덕 공부는 격물·치지·성의·정
심이 그것이다. 전문에 '성의(誠意)'에 대해서만 '신(愼)'을 말한 것[226]
은, 생각[意]은 일이 있는 데서 일어나기 때문이다. 생각으로 일에 임
하면, 또한 마음[心]으로 생각에 임하게 된다. 마음에 대해서는 '삼감
[愼]'을 말할 수 없다. 그러므로 생각은 성찰(省察)에 있고, 마음은 오

---

224) 공자께서……질병이셨다 : 이는 『논어』 「술이」 제7장에 보인다.
225) 『예기』에……세 번인데 : 이는 『예기』의 「예기(禮器)」·「중용」·「대학」에 각기 보
　　인다.
226) 전문(傳文)에……것 : 『대학』에서는 전 제6장인 성의장(誠意章)에서만 오직 '신기
　　독(愼其獨)'을 두 번 말했을 뿐이다.

직 존양(存養)하는 것이다. 성찰하기 때문에 삼가지 아니할 수 없지만, 존양은 삼감을 기다릴 필요가 없으니, 마음은 사물에 인연하지 않고서도 악으로 가기 때문이다. 치지·격물하는 데 있어서, 널리 배우고[博學] 자세히 캐묻고[審問] 명확히 분변하고[明辨] 그리고 신중하게 생각하는[愼思][227] 것이 그 중에 들어 있으니, 이 '삼감[愼]'은 격물치지의 공부를 극진히 할 수 없을 때의 일이 분명하다. 그러니 어떻게 '신(愼)'이라는 한 글자를 가지고 '명덕(明德)'의 온전한 학문을 덮어버릴 수 있겠는가? 그러므로 '덕(德)'으로 '명덕(明德)'을 삼는 설[228]은 무시해도 괜찮을 것이다.

덕(德)은 어떤 일을 행하여 마음속에 터득함이 있는 것을 말한다. 즉 어떤 일을 행하고 터득함이 있는 것은 모두 덕이라고 할 수 있다. 그러므로『서경』에 "〈덕이 오직 하나이면 움직일 때마다 길하지 않음이 없지만〉 덕이 둘·셋으로 여럿이면 움직일 때마다 흉하지 않음이 없다.[〈德惟一 動罔不吉〉 德二三 動罔不凶]"[229]라고 하였으며,『주역』에 "그 덕을 항상하지 못하면[不恒其德]"[230]이라고 하였으며,『시경』에 "그 덕을 둘, 셋으로 한다.[二三其德]"[231]라고 하였다. 살펴보건대, 이 덕은 균일하게 선이 되고 악이 없는 것이 아니다. 일정함이 없이 이리저리 옮겨 다니며 어긋나게 얻어 스스로 근거하는 것도 덕이라

---

227) 널리……생각하는 : 이는『중용장구』제20장에 보인다.

228) '덕(德)'으로……설 : 이는『대학장구』전 제10장 '君子 先愼乎德'의 '德'을 주자가 '卽所謂明德'이라 주석한 것을 비판하는 말이다.

229) 덕이……없다 : 이는『서경』「함유일덕(咸有一德)」에 보인다.

230) 그……못하면 : 이는『주역』항괘(恒卦) 구삼효(九三爻)의 효사에 보인다.

231) 그……한다 : 이는『시경』위풍(衛風)「맹(氓)」에 보인다.

한다. 그러므로 삼가지 않을 수 없는 것이다.

그러므로 하늘에서 얻어 허령불매한 것은, 반드시 '밝음[明]'으로써 연계시킨 뒤에야 선에 순수해진다. 사람이 일정함이 없이 이리저리 옮겨 다니며 어긋나게 얻어 스스로 근거하는 것도 비록 마음에서 얻지 않은 것은 아니지만, 마음이 다 같이 여기는 것에 돌이켜보면 얻은 것은 떠돌다 모인 정(情)이고 잃은 것은 많게 된다. 그러므로 '덕(德)'에 대해 말한 것 중에 10분의 9는 모두 선이다. 10분의 9가 선이기 때문에 삼간 뒤에는 '덕이 있다.[有德]'고 말하지만, '아름다운 덕이 있다.[有懿德]'고 말할 필요는 없다. 그러나 불선한 자라고 해서 얻는 바가 없는 것이 아니기 때문에 군자는 덕에 대해 반드시 삼간다.

'신(愼)'이란 바른 데에 어떤 점을 삼가서 치우침이 있게 하지 않는 것이다. 바른 데에 삼가 치우침이 있게 하지 않는 것은 좋아하고 미워함[好惡]이다. 좋아하고 미워함은, 군자가 안으로 생각[意]을 엄하게 하고 밖으로 몸[身]을 닦는 것이다. 생각은 좋아하고 미워함이 드러난 단서가 되고, 몸은 좋아하고 미워함이 본받아 움직이는 바가 된다.─몸은 말하고[言] 실천하고[行] 행동하는[動] 것으로써 말한 것이다.─ 그러니 군자가 밖으로 나가 백성들에게 임할 적에는 마음속에 터득한 것을 가지고 행사에 드러내야 한다. 그러기 때문에 전문에 "그러므로 군자는 먼저 덕을 삼간다.[是故 君子先愼乎德]"라고 한 것이다. 여기서 '그러므로[是故]'라고 말한 것은, 백성들이 좋아하고 미워하는 것을 헤아려 그것을 좋아하고 미워하면 '백성들의 부모[民之父母]'[232]가 된다는

---

232) 백성들의 부모 : 이는 『대학장구』 전 제10장 제3절에 보인다.

것이며, 그들이 좋아하고 미워하는 것이 치우친 대로 맡겨두어 덕이 두세 가지로 나뉘면 '천하 사람들에게 죽임을 당하게 된다.[爲天下僇]'²³³⁾는 것이다. 그러므로 인민(人民)·토지(土地)·재물(財物)·재용(財用)을 소유한 군자는 먼저 이런 데에 덕을 삼가야 한다. 또 전문에 "덕이 있으면 이에 인민을 소유하게 된다.[有德此有人]"라고 하였으니, 좋아하고 미워하는 기미를 삼가 마음으로 터득한 자는 사람 마음이 다 같이 그러한 바에 만족할 것이며, 좋아하고 미워하는 용심(用心)을 잡고 도에 맞게 행하는 자는 대중들 마음이 좋아하는 바를 극진히 할 것이다. 그러므로 신하와 백성들은 급박하게 하지 않는 공정한 조처를 한결같이 따를 것이며, 임금이 크게 공정하고 지극히 바른 줄 알아 그에게 귀의할 것이다.

『대학』의 가르침은, 이치는 하나이지만 나뉘면 각기 다르다. 본래의 이치는 하나이니, 모든 선은 명덕(明德)에 함께 근원한다. 그러므로 "명덕이 근본이 된다.[明德爲本]"²³⁴⁾라고 말한 것이다. 나뉘어져 각기 다른 점으로 보면, 몸[身]에는 절로 그 몸에 관한 일이 있고, 집안[家]에는 절로 그 집안의 규범이 있고, 나라[國]에는 절로 그 나라의 정법(政法)이 있고, 천하(天下)에는 절로 그 천하의 떳떳한 도[經道]가 있다. 근본은 말단을 통솔하고, 근본을 말미암아 말단으로 향하니, 줄기·큰 가지·작은 가지·잎이 제멋대로 뻗어나감을 용납하지 않는다. 전문에 "인민이 있으면 이에 국토가 있게 되고, 국토가 있게 되면 이에 재물이 있게 되고, 재물이 있게 되면 이에 재용(財用)이 있

---

233) 천하……된다 : 이는 『대학장구』 전 제10장 제4절에 보인다.
234) 명덕이……된다 : 이는 『대학장구』 경일장 '物有本末……'의 주에 보인다.

게 된다."라고 하였으니, 한 나라가 지치(至治)를 본받을 적에는 그 차서가 위와 같이 서로 이어지는 것이다. 이와 같이 점차적으로 미치는 말을 한 뒤에야, 나라가 지치에 이르는 것이 쉽지 않다는 것을 알 수 있다. '군자가 그 명덕을 소유하면, 마침내 인민을 소유하게 된다.'고 한다면, 이는 단계를 건너뛰어 촉박한 말이 된다. 그러니 어찌 그 차서를 무시할 수 있겠는가?

명덕(明德)은 신민(新民)의 근본이 되니, 백성이 새로워지는 데에서 그 효과를 미리 예측할 수 있는 것이 아니다. 그러므로 몸이 닦여진[身修] 뒤에, 반드시 세 단계[235]를 거쳐서 평천하(平天下)에 이른다. 신민은 밝은 임금의 덕에 본원을 하지만, 거기에 제가·치국·평천하의 공부를 반드시 더해야 한다. 어찌 임금의 덕이 밝아졌다고 해서 천하가 곧바로 평치(平治)되겠는가? 그러므로 격물·치지·성의·정심은 성과가 몸이 닦여지는[身修] 데에 있고, 수신·제가·치국의 공적은 천하가 평치되는[天下平] 데에 있는 것이다. 그러므로 명덕·신민은, 이치는 하나로 관통되어 있지만, 해와 달이 함께 운행하면서도 어긋나지 않는 것처럼 두 표준을 드러내 세운 것이다. 지금 이 점으로 치국·평천하의 이치를 말하면, 덕이 있으면 인민을 소유하게 된다는 것이다. 이런 공으로 이런 효과를 취하는 것은 그림자·메아리처럼 빠르니, 그것은 신민의 덕이 됨이 분명하다.

신민의 덕은 명덕에 본원하지 않음이 없으니, 백성들에게 미치는 덕을 소유하게 된다. 그러므로 좋아하고 미워하는 것이 공부가 되어,

---

235) 세 단계 : 수신(修身)에서 제가(齊家), 제가에서 치국(治國), 치국에서 평천하(平天下) 세 단계를 가리킨다.

안으로 성의(誠意)를 엄밀히 하고, 밖으로 혈구지도(絜矩之道)를 드
러낸 뒤에야, 인민·국토·재물·재용에 응접함이 이루어질 것이다.
만약 그렇지 않으면, 『대학』의 도는 하나의 '명덕(明德)'이 그 일을 다
할 것이니, 무엇을 가지고 '〈대학의 도는〉 신민(新民)에 있다.[在新
民]'고 말하겠는가? 더구나 사물에 나아가고[格], 앎을 극진히 하고
[致], 생각을 진실하게 하고[誠], 마음을 바르게 하는[正] 일은, 백성
들에게 임하기 전의 일인데, 갑자기 인민·국토·재물·재용이 거기에
귀속되길 기약한다면, 이는 마음을 바르게 하고[正心] 몸을 닦는[修
身] 학문을 가지고 가만히 앉아 숭고하고 부귀하게 되는 것을 앉아서
취하는 것이다. 이는 일을 먼저 하고 얻는 것을 뒤에 하며[先事後
得]²³⁶⁾, 문장을 이룩하고 현달하는 것을 뒤로 한다.[成章後達]²³⁷⁾는 공
맹의 가르침과 다르다.

  『대학』은 처음부터 끝까지 그 차례와 절목이 통일되어 이일분수(理
一分殊)로써 경위(經緯)를 삼았다. 그러므로 정자(程子)는 이 책을 「서
명(西銘)」²³⁸⁾과 함께 덕으로 들어가는 문으로 삼은 것이다. 주자는 살
피지 못한 점이 있으니²³⁹⁾, 물이 흘러가다 구덩이를 만나면 구덩이를
다 채운 뒤에 나아가는 것²⁴⁰⁾을 기다리지 않고 단계를 뛰어넘은 것이

---

236) 일을……하며 : 이는 『논어』「안연」제21장에 보인다.

237) 문장을……한다 : 이는 『맹자』「진심 상」제23장에 보이는 "流水之爲物也 不盈科
  不行 君子之志於道也 不成章不達"의 '不成章不達'을 달리 표현한 것이다.

238) 「서명(西銘)」: 북송 때 학자 장재(張載)가 지은 글의 이름이다.

239) 주자는……있으니 : 『대학장구』전 제10장 제6절 '先愼乎德'의 '德'을 주자가 곧바
  로 '명덕(明德)'이라고 주석한 것에 대해 비판한 말이다.

240) 물이……것 : 이는 『맹자』「이루 하」제18장에 보인다.

다, 이와 같은 경우는 잘못을 면할 수 없다. 동이(董彝)[241]는 "'명덕(明德)'은 자수(自修)를 말한 것이고, '신덕(愼德)'은 천하를 다스리는 것을 말한 것이다."라고 하여, 주자의 『대학장구』를 따르지 않았으니, 주자에게 공이 있다고 생각된다.

'先愼乎德' 德卽所謂明德 章句或問凡兩言之 而愚竊疑其爲非 朱子之釋明德曰 "人之所得乎天 而虛靈不昧 以具衆理而應萬事者也" 若不愼之云者 臨其所事 揀不不善而執不善之謂也 故書曰 "愼厥身" 身則小體大體之異從而善惡分也 論語曰 "子之所愼 齊戰疾" 臨不存亡得失之交 保其存與得而遠不失如亡也 禮記凡三言愼獨 獨則意之先幾善惡之未審者也 乃若虛靈不昧之本體 存乎在我 有善而無惡 有得而無失 抑何待揀其不善者以孤保其善哉 此以知明德之可言明而不可言愼也

或朱子之意 以明其明德者 謂之明德 則當其未明 不可言明 及其已明 亦無待愼 而豈其云君子先愼明其德哉 且明德之功 則格物致知誠意正心 是已 傳獨於誠意言愼者 以意緣事有 以意臨事 則亦以心臨意也 若夫心故不可言愼矣 是以 意在省察 而心唯存養 省察故不可不愼 而存養則無待於愼 以心之未緣物而之於惡也 至於致知格物 則博學審問明辨 而愼思特居其一 是愼不可以盡格致之功 明矣 安得以愼之一言 蔽明德之全學乎 是故 以德爲明德者 無之而可也

德者 行焉而有得於心之謂也 則凡行而有得者 皆可謂之德矣 故

書曰“德二三 動罔不凶”易曰“不恒其德”詩曰“二三其德‘ 審夫德者 未必其均爲善而無惡乃至遷徙無恒 佹得以自據者 亦謂之德 故不可以不愼也

是以 所得於天而虛靈不昧者 必繫之以明 而後其純乎善焉 但夫人之遷徙無恒 佹得以自據者 雖非無得於心 而反諸心之同然者 則所得者 其浮動翕取之情 而所喪者多 故凡言德者 十九而皆善 十九而善 故旣愼之餘 竟言有德 而不必言有懿德 然以不善者之非無所得也 故君子之於德 必愼之也

愼者 愼之於正而不使有辟也 愼於正而不使有辟者 好惡也 好惡者 君子之以內嚴於意 而外修其身者也 唯意爲好惡之見端 而身爲好惡之所效動(身以言行動言) 則君子出身加民 而措其有得於心者以見之行事 故曰“是故 君子先愼乎德”是故云者 以絜民之好惡而好惡之 則爲民之父母 任其好惡之辟而德二三 則爲天下僇 故君子之撫有人土財用者 必先愼之乎此也 又曰“有德 此有人”則以愼其好惡之幾 得之於心者 慊乎人心之所同然 而措夫好惡之用行之於道者 盡夫衆心之攸好 故臣民一率其擧措用緩之公 知其大公至正而歸之也

且大學之敎 理一分殊 本理之一 則衆善同原於明德 故曰“明德爲本”因分之殊 則身自有其身事 家自有其家範 國自有其國政 天下自有其天下之經 本統乎末 而繇本向末 莖條枝葉之不容夷也 今云‘有人 此有土 有土 此有財 有財 此有用’則一國之效乎 治者 其次序相因 必如是以爲漸及之詞 而後足以見國之不易抵於致 乃云‘君子 有其明德而遂有人’則躐等而爲迫促之詞 是何其無序耶

夫明德爲新民之本 而非可早計其效於民新 故身修之後 必三累而至乎天下平 則新民者 固原本於已明之君德 必加之以齊治平之功

豈德之旣明 而天下卽無不明乎 故格致誠正 其報成在身修 而修齊
治之底績在天下平 是以明德新民 理雖一貫 而顯立兩綱 如日月之
並行而不相悖 今此以言治平之理 則有德有人 以是功取是效 捷如
影響 必其爲新民之德 審矣

　新民之德 非不原本於明德 而固自有所及於民之德 故好惡之爲功
內嚴於誠意 而必外著之絜矩之道 然後人土財用之應 成焉 使其不
然 則大學之道 一明德盡之 而何以又云‘在新民’乎 又況爲格爲致爲
誠爲正者 未嘗有以及乎民 而遽期夫人土財用之歸 是以 其心身之
學 坐弋崇高富貴之獲 抑異夫善事後得 成章後達之敎者矣

　大學一書 自始至終 其次第節目 統以理一分殊爲之經傳 故程子
以此書與西銘並爲入德之門 朱子或有不察 則躐等而不待盈科之進
如此類者 亦所未免 董氏彛云‘明德言自修 愼德言致天下’不徇章句
乃以爲有功於朱子

6

　오계자(吳季子)[242]는 거교(鉅橋)[243]의 곡식을 백성들에게 풀어준
것[244]을 ‘재물이 흩어지는[財散]’ 것으로 보았는데, 그 일은 무왕(武

---

242) 오계자(吳季子) : 남송 말의 학자로 자는 절경(節卿)이며, 소무(邵武) 사람이다.
　　보우연간(寶祐年間 1253-1258) 과거에 급제하여 국자감승(國子監丞) 등을 역임하였
　　다. 저술로 『대학강어(大學講義)』가 있다.
243) 거교(鉅橋) : 하북성 곡주현(曲周縣) 동북쪽에 있던 주나라 때의 곡식창고 이름이다.
244) 거교(鉅橋)의……것 : 이 내용은 『서경』 「무성(武成)」에 보인다.

王)이 한 때의 임시방편으로 시행한 것이어서 계승할 만한 선정이 아
닌 줄 모른 것이다. 은(殷)나라 주왕(紂王)이 축적해 놓은 것을 가져
오지 않았다면, 어디서 곡식을 얻어 나누어주었겠는가? 그러므로 진
진(陳臻)이 당읍(棠邑)의 창고 곡식을 다시 풀어주도록 왕에게 건의
하라는 요청에 대해, 맹자는 풍부(馮婦)²⁴⁵⁾에 견주어 그렇게 하면 선
비들에게 비웃음을 당할 것이라고 말했으니²⁴⁶⁾, 그것은 제(齊)나라 왕
이 백성들의 산업을 제정하는 문제에 대해서는 힘쓰지 않고 부드러운
말로 작은 은혜나 베풀었기 때문이다.

　'재물이 모이는 것[財聚]'은 재물을 모으는 자가 있은 뒤에 모인다.
'재물이 흩어지는 것[財散]'은, 재물은 절로 흩어지니 모으지 않으면
절로 흩어진다. 동양 허씨(東陽許氏)²⁴⁷⁾는 "마땅히 얻을 것만 취하고,
지나치게 거두어들이지 않는 것이다."²⁴⁸⁾라고 하였으니, 그의 논의가
절로 타당하다.

---

245) 풍부(馮婦) : 전국시대 진(晉)나라 사람으로 호랑이를 맨손으로 잡을 정도로 용력
　　이 있던 무부였는데, 뒤에 학업을 익혀 착한 선비가 되었다. 그런데 훗날 어느 고을을
　　지날 적에 사람들이 호랑이를 잡아달라고 요청하자, 옛날 버릇을 버리지 못하고 팔
　　을 걷어 부치고 수레에서 내려 호랑이를 때려잡았다. 이를 두고 선비들이 과거의
　　비루한 버릇을 고치지 못한 사람이라 비웃었다고 한다. 이 이야기는『맹자』「진심
　　하」제23장에 보인다.

246) 맹자는……말했으니 : 이는『맹자』「진심 하」제23장에 보인다.

247) 동양 허씨(東陽許氏) : 송말원초의 학자 허겸(許謙 1270-1337)을 말함. 자는 익지
　　(益之), 호는 백운(白雲)・동양(東陽), 시호는 문의(文懿)이며, 강서성 금화(金華) 사
　　람이다. 김이상(金履祥)의 문하에서 수학하여 하기(何基) → 왕백(王伯) → 김이상으
　　로 전해진 주자학을 계승하였다. 동시대 북방의 허형(許衡)과 함께 '남북이허(南北二
　　許)'로 불렸다. 저술로『독사서총설(讀四書叢說)』・『시집전명물초(詩集傳名物鈔)』・
　　『춘추삼전소의(春秋三傳疏義)』등이 있다.

248) 마땅히……것이다 : 이는『대학장구대전』전 제10장 제9절 소주에 보인다.

재물이 모이는 것은 임금에게 모이는 것뿐만이 아니다. 『시경』에 "〈세 명의 유사(有事)를 뽑았는데〉 재물을 많이 간직하고 있는 자들이었네.[亶侯多藏]"[249]라고 한 것과 『서경』 「반경(盤庚)」에 "재물과 보배를 모으다.[總于貨寶]"[250]라고 한 것은, 강한 호족으로 토지를 겸병한 가문에서 백성들의 재산을 긁어모아 백성들이 살 곳을 잃고 떠돌아다니게 한 것을 말한 것이다. 혈구의 도가 행해지면 그렇게 될 수 없다.

'백성들이 흩어진다.[民散]'고 말한 것은, 『시경』에 "너를 떠나가서, 저 즐거운 땅으로 가리.[逝將去女 適彼樂土]"[251]라고 한 경우이니, 또한 이런 점을 아는 것으로 나라 다스리는 것을 삼아서 말한 것이다. 만약 천하로써 통일해 말하면, 모든 세상 사람들이 다 흩어져도 갈 곳이 없다는 것이다. 그러므로 군현제(郡縣制)의 세상에서는 재물이 위에 다 모이게 되어 백성들은 죽든지 배반하든지 할 뿐, 흩어지질 수도 없다.

吳季子以發鉅橋之粟爲財散 不知彼固武王一時之權 而爲不可繼之善政也 倘不經紂積來 何所得粟而發之 故孟子以發棠擬之馮婦而謂見笑於士 以其不務制民之産 而呴呴以行小惠也

財聚者 必因有聚財者而後聚 財散者 財固自散 不聚之而自無不散也 東陽許氏云'取其當得者而不過' 其論自當

---

249) 세……자들이었네 : 이는 『시경』 소아(小雅) 「시월지교(十月之交)」에 보인다.
250) 재물과……모으다 : 이는 『서경』 「반경 하(盤庚下)」에 보인다.
251) 너를……가리 : 이는 『시경』 위풍(魏風) 「석서(碩鼠)」에 보인다.

乃財聚者 非僅聚於君而已 如詩所云'宣侯多藏' 盤庚所云'總於貨寶'者 彊豪兼幷之家 皆能漁獵小民 而使之流離失所 絜矩之道行 則不得爲爾矣

民散云者 詩所謂逝將去女 適彼樂土'者也 卽此 亦以知此爲治國而言 若以天下統言之 共此四海之內 散亦無所往 故郡縣之天下 財殫於上 民有死有叛而已矣 不能散也

7

충성[忠]·신의[信]로 얻는 것과 교만[驕]·방자[泰]로 잃는 것에 대해, 『대학장구』의 주에는 천리(天理)의 존망으로 말하였는데[252], 매우 분명치 않다. 쌍봉 요씨(雙峯饒氏)[253] 때부터 이미 혼란스러움이 있었다. 그는 "충성·신의는 선을 얻는 도이고, 교만·방자는 선을 잃는 도이다."라고 하여, 두 개의 '지(之)' 자[254]를 '도(道)'라고 하였다. 속유들은 이 설이 한 편을 끝맺는 말로 순조롭다고 생각하여 한결같

---

252) 주자……말하였는데 : 『대학장구』 전 제10장 "是故 君子有大道 必忠信以得之 驕泰以失之"의 주에 "章內三言得失 而語益加切 蓋至此而天理存亡之幾 決矣"라고 하였다.

253) 쌍봉 요씨(雙峯饒氏) : 남송 말기의 학자 요로(饒魯)를 가리킴. 자는 백여(伯輿), 호는 쌍봉(雙峯)이며, 강서성 여간(餘干) 사람이다. 황간(黃幹)·이번(李燔)에게 주자학을 배웠다. 저술로 『오경강의(五經講義)』·『학용찬술(學庸纂述)』·『학용십이도(學庸十二圖)』·『논맹기문(論孟紀聞)』 등이 있다.

254) 두……'지(之)' 자 : 『대학장구』 전 제10장 "是故 君子有大道 必忠信以得**之** 驕泰以失**之**"의 진하게 표시한 두 개의 '之' 자를 가리킨다.

이 이 설을 따랐다. 오직 오계자(吳季子)만이 "충성·신의는 혈구(絜矩)를 잘하여 행하는 바가 모두 선한 것이니, 어찌 민중들의 마음을 얻지 않겠는가? 교만·방자는 혈구에 불능하여 행하는 바가 모두 선하지 않은 것이니, 어찌 민중들의 마음을 잃지 않겠는가?"라고 하여 일관되게 말했으니, 이 설이 도리어 어긋나지 않는다.

『대학장구』의 주에 "'군자(君子)'는 지위로 말한 것이다. '도(道)'는 그 자리에 있으면서 자신을 닦고 남을 다스리는 기술을 말한다."[255]라고 하였다. 이 '도'는 지위[位]와 서로 배합된 것으로, 자신에게 도를 모으면 곧 지위를 지키게 되니, "재물을 생산하는 데에는 큰 도가 있으니[生財有大道]"라고 말한 것과 마찬가지다. 전문에 "생산하는 자는 많고 소비하는 자는 적으며, 그 일을 하는 것은 빠르고 그 물품을 쓰는 것은 더디다.[生之者衆 食之者寡 爲之者疾 用之者舒]"라고 한 것처럼 하지 않으면, 그 도를 잃게 되어 재물이 생산되지 않을 것이다. 쌍봉 요씨는 천리가 극진하지 않은 것이라고 생각했으니[256], 어찌 주자의 뜻을 살필 수 있었겠는가?

혈구(絜矩)를 하느냐 혈구를 하지 않느냐에 따라 천리(天理)가 되느냐 천리가 되지 않느냐를 따진다면, 모르기는 하지만 하늘이 인간을 낳은 뒤 그들의 임금을 세우고, 임금이 천명을 받들어 백성들을 다스리며 그 나라의 보물을 보존하는 것이, 어찌 한결같이 천리가 아

---

255) '군자(君子)'는……말한다 : 이는 『대학장구』 전 제10장 "是故 君子有大道 必忠信以得之 驕泰以失之"의 주에 보인다.

256) 쌍봉 요씨는……생각했으니 : 『대학장구』 전 제10장 "生財有大道……" 아래 소주의 쌍봉 요씨의 설은 다음과 같다. "財者末也 財雖是末 亦是重事 若要生財 亦自有箇大道理 生財至用舒 此四者 不可缺一 乃生財之正路 外此 皆邪徑也"

니겠는가? 옛날 사람들은 이에 대한 터득이 투철하여 복(福)을 덕(德)과 두 가지로 보지 않았다. 그러므로 "하늘이 명한 것을 성이라 한다.[天命之謂性]"²⁵⁷⁾라고 한 것과 "무왕이 말년에 천명을 받았다.[武王末受命]"²⁵⁸⁾라고 한 것을 통합하여, 모두 명(命)이라고 하였다. 교화의 자취는 다르지만 큰 근본은 한 가지다. 이는 문자에 의지해 해석하려는 자들이 알 수 있는 바가 아니다.

거꾸로 보는 관점에서 논하면, '민중의 마음을 얻으면 나라를 얻고[得衆則得國]', '민중의 마음을 잃으면 나라를 잃는다.[失衆則失國]'²⁵⁹⁾고 한 것은, '민중의 마음을 얻음으로써 그것을 얻고[得衆以得之]', '민중의 마음을 잃음으로써 그것을 잃는다.[失衆以失之]'는 뜻이라고 할 수 있다. 다만 충성·신의 및 교만·방자는 임금의 마음에 근원해 말한 것이니, 곧바로 엉성하고 모호하며 두루뭉술하게 말해서는 안 된다. 그러므로 혈구를 잘하느냐, 혈구를 잘하지 못하느냐 하는 점을 끄집어내 이와 함께 조리를 세운 것이다. 오계자(吳季子)의 설은, 그 뜻이 분명하고 극진하기는 하지만 본문의 명쾌한 내용에 비해 변질된 감이 없지 않으니, 주자가 '천리(天理)' 2자를 가지고 크게 융합하여 해석한 것²⁶⁰⁾이 넓고 크고 깊고 절실하여 흠이 없는 것만 못하다.

"민중의 마음을 얻으면 나라를 얻고……[得衆則得國]"라는 한 단계를 없애고, 도(道)를 얻었느냐 도를 잃었느냐 하는 점만 가지고 따진

---

257) 하늘이……한다 : 이는 『중용장구』 제1장 첫머리에 보인다.

258) 무왕이……받았다 : 이는 『중용장구』 제18장에 보인다.

259) 민중의……잃는다 : 이는 『대학장구』 전 제10장 제5절에 보인다.

260) 주자가……것 : 『대학장구』 전 제10장 제18절 "是故 君子有大道……"의 주에 "章內三言得失 而語益加切 蓋至此而天理存亡之幾 決矣"라고 한 것을 가리킨다.

다면, 충(忠)·신(信)의 밖에 도가 있게 될 것이다. 그러면 충·신은 구도자가 두드리는 문 밖의 벽돌이 될 것이니, 또한 어긋난 것이 아니겠는가? 군자의 대도(大道)는 비록 일이 존재하는 데 있지만, 이는 충·신이 마음속에 충만하여 발현된 것이 아니겠는가? 그러므로 증자(曾子)가 "선생님의 도는 충(忠)·서(恕)일 뿐이다."[261]라고 말한 것이다. 이 뜻을 진실로 보게 되면, 쌍봉 요씨의 설[262]이 그릇된 줄을 알 것이다. 쌍봉 요씨는 '도'를 꼭두각시로 여기고, 충·신을 끈으로 여겨 꼭두각시를 끌어당겨 움직이며 한결같이 살아있는 것처럼 생각하였으니, 도를 아는 자는 반드시 이런 말을 하지 않을 것이다.

혹자는 "쌍봉 요씨의 설은 정자(程子)가 '「관저(關雎)」·「인지지(麟之趾)」의 정밀한 뜻[263]이 있게 된 뒤에 『주관(周官)』[264]의 법도가 행해질 수 있다.'[265]고 한 말과 같은 뜻이니 충·신이 어찌 도를 얻는 방법이 아니겠는가?"라고 의심한다. 그러나 이는 정자의 말이 원래 병통이 없는 것을 모른 것이다. 후인들이 본뜻을 이해하지 못하고서 '『주

---

261) 선생님의……뿐이다 : 이는 『논어』 「이인」 제15장에 보인다.

262) 쌍봉 요씨의 설 : 『대학장구』 전 제10장 제18절 "是故 君子有大道……" 아래 소주에 보이는 쌍봉 요씨의 설은 다음과 같다. "此得失字 又串前兩段得失字而言 由上文觀之 固知得衆得國 而又知善則得之矣 然所以得此善者 亦曰忠信 則得善之道 驕泰則失善之道矣 忠信卽是誠意 驕泰乃忠信之反也 以此觀之 可見誠意不特爲正心修身之要 而又爲治國平天下之要"

263) 「관저(關雎)」……뜻 : 「관저」와 「인지지」는 『시경』 국풍(國風) 주남(周南)의 첫 편과 마지막 편이다. 이는 곧 주남에 실린 첫 편부터 마지막 편까지의 차례와 내용이 『대학』의 팔조목 중 수신·제가·치국·평천하를 상징한다고 보는 설이다.

264) 『주관(周官)』 : 『주례(周禮)』를 말함. 『주례』의 본래 이름이 『주관(周官)』이었다.

265) 「관저(關雎)」……있다 : 정자(程子)의 이 말은 사고전서에 수록된 청대 육롱기(陸隴其)의 『송양강의(松陽講義)』·『삼어당문집(三魚堂文集)』 등에 보인다.

관』의 법도는 흩어진 엽전과 같고,「관저」·「인지지」의 정밀한 뜻은 끈과 같다.'고 생각하였기 때문에 크게 어긋난 것이다. 엽전과 끈은 원래 두 종류의 물건으로 판이하게 달라 본디 서로 연관되지 않는데, 사람들이 끈에다 엽전을 꿴 것이다. 엽전이 사람에 의해 끈에 꿰어져 얽매이고 강제로 합쳐진 것인데, 이점을 까마득히 모른 것이다. 『주관』에 실린 법도 중에 한 가닥이 「관저」·「인지지」의 정밀한 의미가 나온 것이 아니겠는가? 주공(周公)이 이법도를 만들었으니[266], 원래 정밀한 뜻이 그 속에 들어 있어 사물을 만나면 드러나게 된다. 그러므로 정자는 주공의 본령(本領)을 곧바로 지적하여 사람들로 하여금 보게 한 것이다. '「관저」·「인지지」의 정밀한 뜻이 있게 되었다.'는 것은, 곧 주공을 가리킨다. 어찌 '후세 사람들이 먼저 법도를 버리고 정밀한 뜻을 배운 뒤에 그 법도를 시행할 수 있다.'고 말하는 것이겠는가? 왕개보(王介甫)는 『주례』를 배웠지만, 그 정밀한 의미를 체득하지 못했으니, 법도 또한 어찌 『주례』와 같을 수 있었겠는가? 그의 청묘전(靑苗錢)[267]을 보면, 국복(國服)의 제도[268]와 차이가 많이 난다.

　그러므로 『대학』의 도는 '명덕(明德)'을 가진 자가 백성들을 새롭게

---

266) 주공(周公)이……만들었으니 : 주공(周公)은 주나라 초기에 문왕·무왕을 도와 주
　　나라의 문물제도를 완비한 사람이다. 『주례』를 지은 사람이 주공이라고 전해지기
　　때문에 그렇게 말한 것이다.

267) 청묘전(靑苗錢) : 송나라 신종(神宗) 때 왕안석이 시행한 신법으로, 상평청(常平廳)
　　의 곡식을 자본으로 하여 봄에 백성들에게 대출해 주었다가, 가을에 2할의 이자를
　　덧붙여 거두어들이던 제도를 말한다.

268) 국복(國服)의 제도 : 『주례』 지관(地官) 「천부(泉府)」에 보이는 제도로, 관청에서
　　상인들에게 물건을 대출(貸出)해 준 뒤 상환(償還)을 받을 적에는 그 나라에서 시행
　　하는 현물(現物)로 이자를 받는 제도를 말한다.

하는[新民] 데에 미루어 넓혀나가는 것이다. 그래서 "명덕은 근본이
되고, 신민은 말단이 된다."[269]라고 말한 것이다. 말(末)은 본(本)이
생기는 바이다.─'생긴다[生]'고 말할 수 있지만, '얻는다[得]'고 말할 수는 없다.─
그러니 어찌 '명덕'으로 뼈대[骨子]를 삼아 '신민'을 떠받치고서 발버
둥 치게 하며, '명덕'으로 기관(機關)을 삼아 '신민'을 희롱하면서 움
직이게 하며, '명덕'으로 주살[矰繳]을 삼아 '신민'을 주살질해서 속히
포획하게 하는 것을 말하는 것이겠는가? 이점을 알면 여러 의문들이
얼음 녹듯이 풀릴 것이다.

　忠信之所得　驕泰之所失　章句以天理存亡言之　極不易曉　雙峯早
已自惑亂在　其云'忠信則得善之道　驕泰則失善之道'　竟將二之字　指
道說　俗儒見得此說易於了帳　便一意從之　唯吳季子云'忠信則能絜
矩　而所行皆善　豈不得衆乎　驕泰則不能絜矩　而所行皆不善　豈不失
衆乎'一串穿何　卻是不差
　章句云'君子　以位言之　道謂居其位而修己治人之術'　是道與位相
配　而應道卽以守位　一如生財有大道　非生衆食寡爲疾用舒　則失其
道而財不能生也　雙峯認天理不盡　如何省得朱子意
　倘只靠定絜矩作天理　乃不知天生人而立之君　君承天理民而保其
大寶　那一般不是天理來　古人於此見得透亮　不將福之與德　打作兩
片　故天命之謂性　與武王未受命　統喚作命　化迹則殊　而大本則一　此
自非靠文字求解者之所能知

---

269) 명덕은……된다 : 이는 『대학장구』 경일장 "物有本末……" 아래의 주에 보인다.

若論到倒子處 則必得衆得國 失衆失國 方可云'以得之''以失之'
特爲忠信驕泰 原本君心而言 不可直恁疎疎闊闊 籠統說去 故須找
出能絜矩不能絜矩 與他做條理 但如吳季子之說 意雖明盡 而於本
文直截處 不無騰頓 則終不如朱子以天理二字大槩融會之爲廣大深
切而無滲也

若抹何得衆得國一層 只在得道失道上捎煞 則忠信之外有道 而忠
信爲求道之敲門磚子 不亦悖與 君子之大道 雖是儘有事在 然那一
件不是忠信充滿發現底 故曰"夫子之道 忠恕而已矣"只於此看得眞
便知雙峰之非 雙峰則以道作傀儡 忠信作線索 拽動他一似生活 知
道者必不作此言也

或疑雙峰之說 與程子所云'有關雎麟趾之精意 而後周官法度作散
錢 關雎麟趾之精意作索子 所以大差 錢與索子 原是兩項物事 判然
本不相維繫 而人爲穿之 當其受穿 終是拘繫強合 而漠不相知 若一
部周官法度 那一條不是關雎麟趾之精意來 周公作此法度 原是精意
在中 遇物發現 故程子直指出主公底本領敎人看 所謂有關雎麟趾之
精意者 卽周公是也 豈後人先丟下者法度 去學個精意 然後可把者
法度來行之謂乎 如王介甫去學周禮 他不曾隨處體認者精意 便法度
也 何曾相似 看他靑苗錢 與國服之制 此得許遠

故大學之道 以明德者 推廣之新民 而云'明德爲本 新民爲末'末者
本之所生也(可云生 不可云得) 豈以明德作骨子 撑架著新民 使挣扎著
以明德作機關 作弄著新民 使通盪 以明德作繒矢+敫 弋射著新民
使速獲之謂乎 知此則群疑可以氷釋矣

8

옛날 사람들이 충(忠)·신(信)에 대해 말한 것은 곧장 밝고 쉽게 말해 인정에 가까웠으므로 사람마다 터득한 듯하다. 정이천(程伊川)[270]은 "자신을 극진히 하는 것을 충(忠)이라 하고, 그 충으로써 채워나가는 것을 신(信)이라 한다."[271]라고 하였으며, 정명도(程明道)[272]는 "자기의 마음을 발하여 스스로 극진히 하는 것이 충(忠)이 되고, 사물의 이치를 따라 거역함이 없는 것이 신(信)이 된다."[273]라고 하였다. 그런데 이런 해석은 높고 깊고 은미하고 희미한 말을 덧붙여 도리어 사람들로 하여금 그 경계가 어디인지를 모르게 한 듯한 점이 있다. 아! 이런 점을 잘 살피지 않으면, 이른바 '은미한 말이 끊어져 대의가 그로 인해 숨어버리게 된다.'는 데에 이를 것이다.

이정(二程) 선생의 말은 충·신의 덕을 드러낸 것으로 착수할 곳을 실제로 지적한 것이지, 그런 말로 충·신의 뜻을 해석한 것이 아니다. 이는 대개 '반드시 이와 같이 한 뒤에야 충(忠)이 되고, 이와 같이 한

---

270) 정이천(程伊川) : 북송 때의 학자 정이(程頤 1033-1107)을 말함. '이천(伊川)'은 그의 호이다. 자는 정숙(正叔), 시호는 정공(正公)이며, 하남성 낙양(洛陽) 사람이다. 태학에서 공부한 뒤 숭정전 설서(崇政殿 設書) 등을 지냈다. 주돈이(周敦頤)에게 수학하였으며, 형 정호(程顥)와 함께 '이정(二程)'으로 불렸다. 저술로 『이정집(二程集)』이 있다.

271) 자신을……한다 : 이는 『이정유서(二程遺書)』 권11 「사훈(師訓)」에 보인다.

272) 정명도(程明道) : 북송 때의 학자 정호(程顥 1032-1085)를 말함. '명도(明道)'는 그의 호이다. 자는 백순(伯淳), 시호는 순공(純公)이며, 하남성 낙양(洛陽) 사람이다. 1058년 진사가 되어 태자중윤(太子中允) 등을 지냈다. 동생 정이(程頤)와 함께 주돈이(周敦頤)에 배웠으며, '이정(二程)'으로 불렸다. 저술로 『이정집(二程集)』이 있다.

273) 자기를……된다 : 이는 『이정유서(二程遺書)』 권11 「사훈(師訓)」에 보인다.

뒤에야 신(信)이 된다.'고 말한 것이다. 두 선생은 본디 그런 점을 가지고 있어서 절로 안 것이니, 공부(工夫)와 체단(體段)을 한꺼번에 말한 것이다. 그런데 이런 경지에 도달해 보지 못한 사람은, 그들이 일부러 은미하고 희미한 말을 한 것은 아닐까 도리어 의심한다. 두 선생은 이점에 대해 자기 소견을 드러내는 데 스스로 극진하지 않음이 없었고, 충·신의 의리를 따르며 털끝만큼도 어기지 않았다. 그래서 천하 사람들을 가르치는 학문으로 충·신을 삼은 것이 깊고 절실하고 분명하였다. 그 분들의 가슴속에서 우러나오는 말을 제외하고는 바야흐로 이런 몇 글자만을 말했다. 그런데 후학들은 그 경지로 나아가는 길목을 물을 만한 것이 있는데도 충(忠)을 구하되 충이 아니고 신(信)을 구하되 신이 아닌 것을 걱정하지 않는다.

정명도가 '자기의 마음을 발하여 스스로 극진히 한다.[發己自盡]'고 한 것은 곧 정이천이 말한 '자신의 마음을 극진히 한다.[盡己]'는 것을 말하고, 정이천이 '충으로써 채운다.[以實]'고 한 것은 정명도가 '사물의 이치를 따라 거역함이 없다.[循物無違]'는 것을 말한 것이다. 충(忠) 자의 해석에 정이천의 설이 비교적 분명하나, 정명도의 말이 아니면 그 조리를 알 수 없다. 신(信) 자의 해석에 정명도가 지적해 증명한 것이 있지만, 정이천이 이른바 '충으로써 채운다.'고 한 것은 문장이 구하기 쉽고 의미가 특별히 깊다.

대체로 이른바 '기(己)'란 자신이 보존하고 있는 것을 말한다. 정명도가 말한 '자기의 마음을 발하여[發己]'는 '자기가 마음속에 보존하고 있는 것을 발한다.'는 뜻이다. '충(忠)' 자를 풀이하면서 '발(發)'의 의미로 본 것은, 공이 없는 것이 아니다. 주자가 자기에게 나온 모든 것을 '자기의 마음을 발하여[發己]'로 말한—『성리대전(性理大全)』「성리 9」

에 보인다.─ 것은, 그의 문인들이 발(發)을 질문한 것이 분발(奮發)의 의미가 되어 견강부회할 혐의가 있기 때문에 평범한 말로 답한 것이다. 이 '발(發)' 자에는 '발생(發生)'의 발(發)과 같은 뜻이 있으니, 본체를 말미암아 작용을 발생한다는 뜻이 있다. 또 '발(發)' 자에는 '곡식을 발한다.[發粟]'의 발(發)과 같은 뜻이 있으니, 창고에 쌓아두었던 것을 풀어 민중들에게 나누어준다는 뜻이 있다. 따라서 주자처럼 자기에게서 나온 모든 것을 '발기(發己)'라고 말하는 것은 불가하다. '발(發)'이라는 글자가 범범하게 하는 말이 아닌 뒤에야, 발하는 바의 '자기[己]'가 사욕(私欲)·사의(私意)가 아니며, '스스로 극진히 하는 [自盡]' 것도 도를 어기면서 명예를 구하는 것이 아닐 것이다.

'스스로 마음을 극진히 한다.[自盡]'는 것은 그것이 발하는 것으로써 말한 것이니, 그 의미 또한 쉽고 분명하다. 자기가 배워 얻은 것, 앎이 미친 것, 생각이 통한 것, 마음이 믿는 것 등은 마땅히 발할 바를 만나면 성대하게 흘러나와 인색함이 없다. 일로써 증험해 보면, 맹자가 이른바 "그것이 의가 아닌 줄 알면 속히 그만둔다.[知其非義 斯速己]"[274]라고 하였으니, 그만두어 기대하는 바가 없는 것이 곧 그것을 발하는 공이다. 바야흐로 발할 때를 당해서는 곧장 찬란해지니, "만 잎이 붉고 천 잎이 붉으니 모두 봄이로세.[萬紫千紅總是春]"[275]라고 한 것이 그런 뜻이다.

---

274) 그것이……그만둔다 : 이는 『맹자』「등문공 하」 제8장에 보인다.
275) 만……봄이로세 : 이는 주자의 『회암집(晦庵集)』에 수록된 「춘일(春日)」이란 시의 한 구이다. 「춘일」이란 시의 전문은 다음과 같다. "勝日尋芳泗水濱 無邊光景一時新 等閒識得東風面 萬紫千紅總是春"

정이천이 말한 '자신의 마음을 극진히 한다.[盡己]'고 한 진(盡) 자에는 힘을 씀이 많이 들어 있으니, 그 안에 발(發) 자의 뜻을 겸하고 있다. 또한 하늘과 땅이 만물을 낳을 경우, 죽거나 말라버린 것은 제외하고 살아 있는 것에만 시행할 수 있으니, 하늘과 땅 사이에 원기가 일제히 진행하지 않음이 없는 것이다. 그러므로 한 번 충성[忠]을 말하면, 자기에게 허(虛)와 위(僞)가 없는 것이 극진해진 것이다. '충성으로 가득 채우는 것을 믿음이라 한다.[以實之謂信]'의 믿음[信]은, 허위와 상대적으로 말한 것이 아니니, 사물이 실제로 그러함을 인하여 그것을 쓰는 것이다. 이를 이해하지 못하면 충성 외에 다시 믿음이 없게 된다. 그렇지 않으면 충성 밖에 다시 허와 위가 없기를 기다려 비로소 믿음이 될 것이니, 이른바 충성이라고 한 것은 또한 충성이 아닐 것이다.

'믿음[信]'은 어긋나지 않는 것이니 명분과 실상이 어긋나지 않고, 앞과 뒤가 어긋나지 않는 것을 말한다. 명분과 실상이 어긋난 뒤에 앞과 뒤가 어긋나게 된다. 「오행지(五行志)」[276]에 "오얏나무에서 오이가 열렸다.[李樹生瓜]"라고 한 것이, 명분과 실상이 어긋난 것이다. 그러므로 그 앞에도 오이가 열리지 않았을 것이고, 그 뒤에도 오이가 열리지 않았을 것이다. 그런데 오얏나무에 오이가 열렸으니, 앞과 뒤가 이로 인해 어긋나게 된 것이다.

'순(循)'은 '의지하고 인연하여 따라 말미암는다.[依緣而率繇]'는 말이다. 사물의 실체에 의지하고, 사물의 이치에 인연하여 본디 그런

---

276) 「오행지(五行志)」: 『한서(漢書)』 등의 사서(史書)에 실린 「오행지」를 말한다.

것을 따라 말미암는다는 것이다. 공연히 일률적으로 하나의 조롱박을 매달지 않으면 그 생물은 열매를 맺어 공이 있을 수 있으니, 모두 내가 대상에 행하는 것이 어긋날 수 없는 데에서 증험할 수 있다. 그 도에 순응하여 능멸하거나 거역하는 마음이 없으면, 봄이 오면 싹이 나고 가을이 되면 열매를 맺을 것이며, 노인을 만나면 편안하게 해주고 젊은이를 만나면 품어줄 것이며, 복숭아나무를 심으면 복숭아가 열리고 오얏나무를 심으면 오얏이 열릴 것이다. 또 윗사람에게 마음을 둘 적에는 충성스럽고, 아랫사람에게 마음을 둘 적에는 예의를 갖추어, 처음부터 끝까지 본래의 마음을 한결같이 유지하여 두세 가지로 어긋나는 덕이 없을 것이다.

　군자는 여기에서 만물이 나에게 갖추어져 있음을 보게 되니, 내가 만물에 행하는 것들은 어느 하나도 천리(天理)가 유행하고 혈맥이 관통하는 것을 따라 나오지 않음이 없는 것이다. 그러므로 하늘에 있으면 "구름이 운행하고 비나 내려 모든 사물이 형체를 이룬다.[雲行雨施 品物流形]"[277]라고 하였으니, 하늘이 '자기를 발하여 스스로를 극진히 하는[發己自盡]' 것은, 다시는 인색하게 머물러 자기에게 사적으로 하지 않는 것이다. 또 "건도(乾道)가 변화하여 각각 성명을 바르게 한다.[乾道變化 各正性命]"[278]라고 하였으니, 하늘이 '사물의 이치를 따라 어김이 없는[循物無違]' 것은, 자기의 생각을 방자하게 하여 생물을 살리거나 죽이면서 일정함이 없이 변동하지 않는다는 것이다. 또 군자가 "모든 만물보다 먼저 나와서 모든 나라가 모두 편안해진다.[首

---

277) 구름이……이룬다 : 이는 『주역』 건괘(乾卦)에 보인다.
278) 건도(乾道)가……한다 : 이는 『주역』 건괘(乾卦)에 보인다.

出庶物 萬國咸寧]"[279]라고 하였으니, 도가 이로써 크게 되고, 법도[矩]
가 이로써 확립되며, 헤아림[絜]이 이로써 균평(均平)해지고, 민중이
이로써 제자리를 얻게 되며, 천명이 이로써 영원해지는 것이다. 그러
므로 천리가 보존된 곳에는 존재하지 않는 것이 없으며, 기미가 결정
되는 것도 물러나 있는 은밀한 데에서 결정될 따름이다.

그렇지 않으면, 안으로는 자기의 마음을 극진히 발하지 못하여 사
사로운 욕심이 끼어들게 되고, 밖으로는 만물에 순순히 응하지 못해
사사로운 생각이 사물의 이치를 어기게 될 것이다. 사욕이 자신에 개
입되면 사물에 대한 인식은 부족하고, 사물을 통해 느끼는 것은 많을
것이다. 그리고 사사로운 생각이 사물의 이치를 어기면, 추구(芻狗)[280]
가 사물을 보는 것처럼 자처함이 교만해질 것이다. 그것이 극에 달하
면 말재주를 가진 사람이 자기에게 아첨하는 것을 좋아하게 되어 사
람의 본성을 어기면서 그를 총애해 등용할 것이다. 또 재용(財用)을
긁어모으는 것을 이롭게 여겨 잘못 들어오는 것이 많이 쌓이는 것을
돌아보지 않아서 망하는 것을 재촉하기도 한다. 사물의 법도를 잃고
혈구(絜矩)를 베풀 대상을 안일하게 대하다가 나라를 잃고 목숨을 잃
으니, 천리가 반드시 그러한 것이다. 그러므로 전문에 "충실하고 신
의 있게 해서 그것을 얻고, 교만하고 방자해서 그것을 잃는다."라고
한 것이다. 군자의 큰 도는 반드시 따를 바를 선택하여 그 해로움을
피한다.

---

279) 모든……편안해진다 : 이는 『주역』 건괘(乾卦)에 보인다.

280) 추구(芻狗) : 풀로 만든 개로, 중국 고대 신에게 바치던 물건이다. 여기서는 허수아
    비처럼 주체적인 시각이 없는 것을 비유한 말이다.

위로 천리(天理)에 미루어보면, 하늘이 사물에 이치가 되는 것이 그러한 줄을 알게 되고, 아래로 인사(人事)에 미루어보면, 천리가 선악·길흉에 유행하는 것이 그렇지 않음이 없음을 알게 된다. 이점이 바로 전문(傳文)을 지은 이가 성학(聖學)의 종지(宗旨)를 얻은 사람이 아니라면, 한 마디 말로 이와 같이 결단할 수 없는 까닭이다. 그리고 두 분 정자(程子)가 아니었으면, 천도를 극진히 하고 자기 마음에 돌이켜 그 공이 이와 같은 줄 볼 수 없을 것이다. 그렇지 않다면 속이지 않는[不欺] 것을 충(忠)이라 하고, 어긋남이 없는[不爽] 것을 신(信)이라 하는 것은—이 해석 또한 옳다.— 사람들이 모두 알고 있는 것이지만, 어떻게 능히 속이지 않고 어떻게 능히 어긋나지 않게 할 수 있겠는가? 마음속에 품고 있는 생각을 궁구해 보면, 마치 맹인이 지나온 길을 익히 기억하는 것과 같지만, 또한 그 맹인이 어디로부터 출발했는지를 어찌 알겠는가? 남쪽을 북쪽이라 하고, 양자강(揚子江)을 회수(淮水)라고 의심하는 잘못을 면치 못할 것이다.

古人說個忠信 直爾明易近情 恰似人人省得 伊川乃云‘盡己之謂忠 以實之謂信’明道則云‘發己自盡爲忠 循物無違爲信’有如增以高深隱晦之語 而反使人不知畔岸者然 嗚呼 此之不察 則所謂微言絶而大義因之以隱也

二程先生之語 乃以顯忠信之德 實實指出個下手處 非以之而釋忠信也 蓋謂夫必如是而後爲忠 如是而後爲信也 二先生固有而自知之 則並將工夫體段一齊說出 未嘗得到者地位人 自然反疑他故爲隱晦之語 而二先生於此發其所見 無不自盡 循忠信之義 毫釐不違 以敎天下之學爲忠信者 深切著明 除是他胸中口下 方說得者幾字出 而

後學亦有津涘之可問 不患不求忠而非忠 求信而不信矣

　所謂發其自盡者 卽盡己之謂也 所謂以實者 則循物無違之謂也 說忠字 伊川較直截 而未明道之語 則不知其條理 說信者 明道乃有指徵 而伊川所謂以實者 文易求而旨特深也

　蓋所謂己者 言乎己之所存也 發己者 發其所存也 發之爲義 不無有功 而朱子以凡出於己者言發己(見性理) 則以其門人所問發爲奮發之義 嫌於矯强 故爲平詞以答之 乃此發字 要如發生之發 有緣體生用之意 如亦發粟之發 有散所藏以行於衆之意 固不可但以凡出諸己者言之也 唯發非汎然之詞 然後所發之己 非私欲私意 而自盡者 非違道以干譽矣

　若所謂自盡者 則以其發而言 義亦易曉 凡己學之所得 知之所及 思之所通 心之所信 遇其所當發 沛然出之而無所吝 以事徵之 則孟子所謂知其非義 斯速已 而無所待者 乃其發之之功 而當其方發 直徹底煥然 萬紫千紅總是春者 是也

　若伊川所云'盡己'盡字 大有力在 兼發字意在內 亦如天地生物 除卻已死已槁 但可施生 莫不將兩間元氣 一齊迸將去 所以一言忠 則在己之無虛無僞者已盡 而以實謂信之實 則固非對虛僞而言 乃因物之實然者而用之也 於此不了 則忠外更無信 不然 亦且於忠之外 更待無虛無僞而始爲信 則所謂忠者 亦非忠矣

　信者 不爽也 名實不爽 先後不爽之謂也 唯名實爽而後先後爽 如五行志所載李樹生瓜 名實旣爽 故前此初不生瓜 後此仍不生瓜而生李 則先後亦因之而爽矣

　循者 依緣而率緣之謂也 依物之實 緣物之理 率緣其固然 而不平白地劃一個葫蘆與他安上 則物之可以成質而有功者 皆足以驗吾所

行於彼之不可爽 抑順其道而無陵駕倒逆之心 則方春而生 方秋而落
遇老而安 遇少而懷 在桃成桃 在李成李 心乎上則忠 心乎下則禮 徹
始徹終 一如其素 而無參差二三之德矣

　　君子於此 看得物之備於我 己之行於物者 無一不從天理流行 血
脈貫通來 故在天則雲行雨施 品物流形 天之發己自盡者 不復吝留
而以自私於己 乾道變化 各正性命 天之循物無違者 不恣己意以生
殺而變動無恒 則君子之首出庶物 萬國咸寧者 道以此而大 矩以此
而立 絜以此而均 衆以此而得 命以此而永 故天理之存也 無有不存
而幾之決也 決於此退藏之密而已矣

　　不然 則內不盡發其己 而使私欲據之 外不順循乎物 而以私意違
之 私欲據乎己 則與物約而取物泰 私意違乎物 則芻狗視物而自處
驕 其極 乃至好佞人之諛己 而違人之性以寵用之 利聚財之用 而不
顧悖入之移畜以厚亡 失物之矩 安所施絜 而失國失命 皆天理之必
然矣 故曰 "忠信以得之 驕泰以失之" 君子之大道所必擇所從而違其
害者也

　　上推之天理 知天之爲理乎物者則然 下推之人事 知天理之流行於
善惡吉凶者 無不然 此非傳者得聖學之宗 不能一言決之如此 而非
兩程子 則亦不能極之天道 反之己心 而見其爲功之如是者 不然則
不欺之謂忠(此解亦是) 人具知之 而何以能不欺 何以能無爽 究其懷來
如盲人熟記路程 亦安知發足之何自哉 則謂南爲北 疑江爲淮 固不
免矣

9

　정명도(程明道)는 "충(忠)과 신(信)은 표리를 말한 것이다."라고 하였고, 정이천(程伊川)은 "충과 신은 내외이다."라고 하였다. 표리와 내외는 글자가 저절로 구별된다. 남헌(南軒)[281]이 충·신을 체(體)·용(用)으로 말한 것은 잘못이다. 정명도가 말한 '표리'는 한 벌 옷의 속과 겉일 뿐이며, 정이천이 말한 '내외'는 한 물건의 안과 밖일 뿐이다. 마찬가지로 '충신'도 하나의 덕일 뿐이다. 마음가짐[居]으로 안[內]을 삼고, 행하는 것으로 밖[外]을 삼는다면, 충·신은 모두 자기에게서 끌어내 남에게 미치는 것이니, 이렇게 분별할 수 없다. 천리가 혼돈한 것을 본 정자의 견해를 따르면, 우리 마음에 보존된 것을 리(裏)라 하고, 사물의 이치에 흩어져 나타나는 것을 표(表)라 하는데, 이 이치가 나에게 있느냐 사물에 있느냐에 따라 나뉘는 것이지, 일이 나에게 간직되어 있느냐 사물에 시행되느냐에 따라 나뉘는 것은 아니다.

　재물을 생산하는 도의 경우, 자신이 먼저 이해하여 상세하고 분명하게 알면, 전문에 "생산하는 자는 많고 먹는 자는 적으며, 만드는 것은 빠르고 사용하는 것은 느리다."라고 한 경륜의 조리가 가슴속에 있을 것이다.—이는 속[裏]을 말한다.— 철저히 이를 가지고 한 나라를 요리하면, 자기에게 이롭지 않다고 해서 뻔히 알면서도 행하지 않는 경

---

281) 남헌(南軒) : 주희(朱熹)와 동시대 학자 장식(張栻 1133-1180)이 호이다. 자는 경부(敬夫), 시호는 선(宣)이며, 사천성 광한(廣漢) 사람이다. 장준(張浚)의 아들로 가학을 계승하였으며, 호굉(胡宏)을 통해 정자(程子)의 학문을 배웠다. 주희(朱熹)·여조겸(呂祖謙)과 함께 '동남삼현(東南三賢)'으로 불렸다. 저술로 『논어해(論語解)』·『맹자해(孟子解)』·『남헌역설(南軒易說)』 등이 있다.

우는 없을 것이니, 이것이 바로 정자가 말한 '자기를 발하여 스스로 극진히 하는 것[發己自盡]'이다. 밖으로 사물의 이치를 따라, 생산하는 것은 이와 같이 해야 많아지고, 소비하는 것은 이와 같이 해야 적어지며, 만드는 것은 이와 같이 해야 빨라지고, 쓰는 것은 이와 같이 해야 더뎌질 것이다. 그러면 인정에 순응하고 사물의 이치에 합하여 오래도록 어긋나지 않을 것이다.—이는 겉[表]을 말한다.— 자기의 생각이 마음대로 움직여 머리만 있고 꼬리는 없는 것을 믿지 않으니, 이것이 바로 '사물의 이치를 따라 어김이 없는 것[循物無違]'이다. 이 두 가지가 서로 극진해지면 '생산하는 자는 많고 먹는 자는 적으며 만드는 것은 빠르고 사용하는 것은 느린' 하나의 도리를 함께 이룰 것이니, 자신을 극진히 하는 것이 곧 사물의 이치를 따라 어김이 없는 것이고, 사물의 이치를 따라 어김이 없는 것이 곧 자신을 극진히 하는 것이다. 그러므로 "이는 하나의 덕일 뿐이다."라고 말하는 것이다.

이 덕은 온갖 경우에 모두 사용할 수 있다. 천리가 유행하여 돈독하게 변화시키는 것이 이 한 근원을 함께 하기 때문에, 정밀하거나 거칠거나 안이거나 밖이거나 어느 곳인들 존재하지 않음이 없다. 이 덕으로 도를 삼으면, 도 또한 이로써 행하게 된다. 따라서 군자가 자신을 닦아 남을 다스리는 것이 여기에 이르러 합치된다. 또한 재물을 생산하는 도는, 임금이 '생산하는 자는 많고 먹는 자는 적으며 만드는 것은 빠르고 사용하는 것은 느린 방도'를 가지고 스스로 극진히 해야 할 도리를 행하는 데에 달려 있을 따름이니, 자신이 그것을 극진히 하는 것이다. 그리고 재물의 이치는, '생산하는 자는 많고 먹는 자는 적으며 만드는 것은 빠르고 사용하는 것은 느리게 하면' 항상 풍족한 것이니, 그 이치를 따라 어김이 없는 것이다. 이것이 충(忠)과 신(信)

이 하나로 합한 큰 틀이니, 대도(大道)는 반드시 충과 신을 기다려 있게 되는 것이다.

　한 구절을 거론해 보면, '생산하는 자는 많고[生之者衆]'의 경우, 반드시 자기의 마음을 극진히 하여 '생산하는 자가 많게 되는 까닭'을 구해서 힘껏 행해야 한다. 백성의 도는, 그들의 힘으로 재물을 생산하는 일을 충분히 맡을 수 있는 자가 본래 많다. 그러니 그들이 생산할 수 있는 것을 따라 물건을 생산하게 해서 그들의 본성에 순응하게 하는 것, 그것이 바로 충과 신이 세밀한 것이고, 충과 신이 대도 가운데서 유행하는 것이다.

　그리고 군자는 자기가 극진히 하지 아니함이 없는 마음과 사물의 이치를 혹시라도 어김이 없는 마음을 통일하여 망령됨이 없는 성실한 자세를 한결같이 유지해서 사물을 만나면 바로 발할 수 있도록 해야 한다. 그래서 재물을 다스릴 적에 이런 도로써 하고, 사람을 등용할 적에 이런 도로써 하며, 나라에 가르침을 세우고 천하에 정사를 펼 적에 이런 도로써 하지 않음이 없는 것이다. 이 충과 신이 크게 시행되어 하늘이 명을 내려 선한 자에게 복을 주고 음란한 자에게 화를 내리는 것과 사람이 인정을 베풀어 원수를 모후(母后)처럼 어루만져 주는 것 등이 모두 이 발하는 바가 마음속에 보존된 데에서 어긋나지 않고, 사물의 이치가 진실로 그러하여 어길 수 없는 것이다. 그러므로 한 생각을 붙잡는 것이지만, 천리가 보존되느냐 망하느냐가 결정된다.

　明道曰"忠信 表裏之謂" 伊川曰"忠信 內外也" 表裏內外 字自別 南軒以體用言 則誤矣 表裏只共一件衣 內外共是一件物 忠信只是

一箇德 若以居爲內 以行爲外 則忠信皆出己及物之事 不可作此分別 緣程子看得天理渾淪 其存於吾心者 謂之裏 其散見於物理者 謂之表 於此 理之在己在物者分 非以事之藏於己施於物者分也

如生財之道 自家先已理會得詳明 胸中有此‘生衆食寡 爲疾用舒’的經綸條理(此謂之裏) 便徹底將來爲一國料理 不緣於己未利 知而有所不爲 此是發己自盡 乃以外循物理 生須如此而衆 食須如此而寡 爲須如此而疾 用須如此而舒 可以順人情 愜物理 而經久不忒(此之謂表) 不恃己意橫做去 教有頭無尾 此是循物無違 及至兩者交盡 共成一生衆食寡 爲疾用舒之道 則盡己者 卽循物無違者也 循物無違者卽盡己者也 故曰 “只是一箇德”

此之爲德 凡百俱用得去 緣天理之流行敦化 共此一原 故精粗內外 無所不在 旣以此爲道 而道抑以此而行 君子修己治人 至此而合 且如生財之道 在人君止有生衆食寡 爲疾用舒 爲所當自盡之道 而旣已盡之 而財之爲理 唯生衆食寡 爲疾用舒 則恒足 而卽循用其理而無違 此是忠信合一的大腔殼 大道必待忠信而有者也

乃隨擧一節 如生之者衆 必須盡己之心 以求夫所以衆之道而力行之 乃民之爲道 其力足以任生財者本衆也 卽因其可生而敎之生 以順其性 此是忠信細密處 忠信流行於大道之中者也

而君子則統以己無不盡 物無或違之心 一於无妄之誠 遇物便發得去 理財以此 用人以此 立敎於國 施政於天下 無不以此 是忠信底大敷施 而天之所以爲命以福善禍淫 人之所以爲情而后撫仇虐 亦皆此所發之不謬於所存 而物理之信然不可違者也 故操之一念 而天理之存亡以決也

10

　'발(發)' 자와 '순(循)' 자[282]를 등한히 보면, 공부에 관한 글자가 있지 않게 된다. 그러니 '스스로 마음을 극진히 한다.[自盡]'와 '어김이 없다.[無違]'는 것은, 일에 나타나는 것일 뿐, 충(忠)과 신(信)의 근본은 확립되지 않은 것이다. 발(發)은 마음이 일어나는 것으로 발하는 것이고, 순(循)은 마음이 따르는 것으로 구하는 것이다. 이것이 아니면 스스로 극진히 할 방법이 없으며, 사물의 이치도 어김이 없게 할 길이 없을 것이다. '자신의 마음을 극진히 한다.[盡己]'는 것은 공부가 진(盡) 자에 있으며, '그로써 채운다.[以實]'는 것은 공부가 이(以) 자에 있다.[283]—'이(以)'는 쓰다[用]는 뜻이다.— 그러니 이와 한 가지 이치이다. —'이실(以實)'은 자기의 사사로운 생각을 쓰지 않고, 사물의 본래 그러한 실제의 이치를 쓰는 것이다.—

　發字循字 若作等閒看 不作有工夫字 則自盡無違 只在事上見 而忠信之本 不立矣 發者 以心生發之也 循者 以心緣求之也 非此 則亦無以自盡而能無違也 盡己 功在盡字上 以實 功在以字上(以 用也) 與此一理(以實者 不用己之私意 而用事物固然之實理)

---

282) '발(發)' 자와 '순(循)' 자 : 정명도(程明道)가 '충(忠)'과 '신(信)'을 해석한 '發己自盡'과 '循物無違'의 '發'과 '循'을 가리킨다.

283) 자신을……있다 : 이는 주자가 '충(忠)'과 '신(信)'을 정의한 '盡己之謂忠 以實之謂信'을 말한 것이다.

찾아보기

옮긴이 **최석기**

1954년 강원도 원주에서 태어나 성균관대학교 한문교육과를 졸업하고 동 대학교 대학원에서 문학박사 학위를 취득하였다. 일찍이 한문고전 번역에 관심을 갖고 한국고전번역원 연수부 및 상임연구원 과정을 졸업하고 전문위원을 역임하였다. 1989년부터 경상대학교 인문대학 한문학과 교수로 재직하고 있다. 한국경학을 전공하면서 조선경학의 내재적 발전양상을 밝히는 데 주력하여『조선시대『대학 장구』개정과 그에 대한 논변』, 『조선시대 대학도설』, 『조선시대 중용도설』, 『성 호 이익의 시경학』등을 저술하였으며, 경학연구의 토대를 다지기 위해『한국경 학가사전』을 저술하고『유교경전과 경학』, 『대학』, 『중용』등을 번역하였다. 한 편 지방학에도 관심을 가져 선인들의 지리산 유람록과 유선시를 모아 여러 책 번역하였고, 남명학 연구에도 지속적인 관심을 갖고 있다.

왕부지의 대학 읽기

2017년 8월 10일 초판 1쇄 펴냄

지은이 왕부지
옮긴이 최석기
펴낸이 김흥국
펴낸곳 도서출판 보고사

등록 1990년 12월 13일 제6-0429호
주소 경기도 파주시 회동길 337-15 보고사 2층
전화 031-955-9797(대표), 02-922-5120~1(편집), 02-922-2246(영업)
팩스 02-922-6990
메일 kanapub3@naver.com / bogosabooks@naver.com
http://www.bogosabooks.co.kr

ISBN 979-11-5516-708-3 93140
ⓒ 최석기, 2017

정가 16,000원